社会主義体制下の上海経済

上海経済 計画経済と公有化のインパクト

加島 潤

東京大学出版会

Shanghai's Economy under the Socialist System:
The Impact of the Planned Economy and Socialist Transformation

Jun KAJIMA

University of Tokyo Press, 2018
ISBN 978–4–13–046124–5

目　次

序章　中国社会主義体制へのアプローチ

1.　問題設定

　20世紀に中国において形成された社会主義体制の歴史的意義とは何であったか．これが本書の主たる問いである．

　社会主義体制の出現は，1917年のロシア革命とそれに続くソ連の成立を嚆矢とし，第二次世界大戦後の冷戦時期においてはアメリカを中心とする資本主義圏と世界を二分する社会主義圏を形成したという点で，20世紀の世界経済を特徴づける現象であったと言える．また，その政府主導の開発イデオロギーは，直接的に社会主義体制を採用した国のみならず，第二次世界大戦後に植民地支配から独立した途上国の経済発展戦略にも大きな影響を与えた．社会主義体制自体は，1991年のソ連崩壊に象徴されるように，20世紀末に事実上世界から姿を消していくことになるが，社会主義体制の構築という人類の営為を歴史的に検証することは，20世紀の世界経済の長期的な展開を十全に把握するために不可欠な作業であると考える．本書はそうした試みの一環をなすものである．

　議論をはじめる前に，まず本書における社会主義体制の定義を明らかにしておきたい．そもそも社会主義という概念については多様な見解が存在し，共通の定義があるわけではない[1]．それはあるときには思想として，またあるときには体制，とりわけ経済体制として扱われる．この点について，本書では，体

---

1)　社会主義観の多様性については，差し当たり塩川［1999］pp. 1-25を参照．また例えば，社会主義体制について包括的に論じたコルナイ・ヤーノシュは，基本的に共産党によって統治されている国を社会主義国と見なし，それらの国に共通する社会・政治・経済システムを社会主義システムとして分析している．Kornai［1992］pp. 4-5, 9-11.

制としての社会主義に関する既存のいくつかの定義を踏まえて[2]，社会主義体制を，(1) 生産手段の公有，(2) 計画にもとづく資源分配，(3) 一党による政治権力の一元的掌握という三つの要素を併せ持つ経済体制と定義する．その理由は，これらの要素こそが，社会主義体制が他の経済体制と明確に区別される特徴であり，社会主義体制を固有の経済体制として取り扱うために最低限必要な要素と考えるためである．言い換えれば，本書の関心は，生産手段の公有や計画にもとづく資源分配といった，20 世紀に出現した社会主義体制の経済体制としての特徴とそれがもたらした影響にあり，本書の定義はそうした関心にもとづくものである．

　こうした定義からすれば，21 世紀の今日には，社会主義体制の要素を全て備えた体制は存在せず，それはすでに歴史的存在であると言える[3]．本書の考察対象である中国について見れば，その社会主義体制は，1949 年 10 月の中国共産党（以下，「中共」と略記）による中華人民共和国（以下，「人民共和国」と略記）成立以後，1953 年の第 1 次五ヵ年計画の開始（＝計画にもとづく資源分配の実施）と 1956 年の社会主義改造の完成（＝生産手段の全面的な公有化）により確立され，1978 年末の改革開放政策の実施以降，解体されていった．その意味で，1956 年から 78 年までの約 22 年間こそが，中国において社会主義体制が存在した期間ということになる．この点について，人民共和国政府は，1992年に「社会主義市場経済」という概念を提起し，現在も自己を社会主義国家であると規定しているが[4]，本書の定義からすれば，1978 年以降の改革開放政策により，(1) 生産手段の公有と (2) 計画にもとづく資源分配という要素が段階的に放棄されたため，社会主義体制とは見なさない．

　社会主義体制をこのように定義するとして，次に問題となるのは，なぜ本書

---

2)　社会主義体制の定義については，岡ほか [1976]，塩川 [1999]，奥村 [1999] p.21 を参考にした．なお奥村の定義は毛里 [1990b] および和田 [1992] のものによっている．

3)　同様に社会主義を歴史的存在とみなす観点として，和田 [1992]，塩川 [1999] が挙げられる．

4)　「社会主義市場経済」とは，政府のマクロ・コントロールの下で市場が資源配分に対して基本的機能を発揮するメカニズムを指す．1992 年 10 月の中共 14 回党大会において江沢民により報告され，1993 年 11 月の中共 14 期 3 中全会において (1) 現代企業制度の確立，(2) 全国統一的で開放的な市場体系の構築，(3) 政府の間接的なマクロ管理機能の確立を柱とする「社会主義市場経済システムを確立するうえでの若干の問題についての中共中央の決定」が採択された．天児ほか [1999] p.459，加藤・上原 [2004] pp.67-68.

が中国の社会主義体制を対象とするのかという点であろう．その理由としてま
ず挙げられるのは，王朝時代，特に清代以降，領域の拡大と人口の急増を経験
しつつ「銀銭二貨制」に代表される独特な経済構造を有していた中国が，20
世紀後半に社会主義体制という特異な経済体制を経験したことは，どのような
意味を持ったのかという問いへの関心である［黒田 1994; 岡本 2013］．マディソ
ンの推計によれば，1820 年時点での中国の世界における GDP シェアは 32.9%
で，人口では 36.6% を占めたとされる[5]．GDP シェアについては，これ以後，
産業革命を経た欧米諸国の拡大により急激に下降し，1952 年には 5.2% となる
が，人口は 1952 年でも 21.8% と，そのシェアを下げつつも一定の規模を保っ
ていた．こうした巨大な社会が一定期間社会主義体制の下に置かれたことの歴
史的意義は，十分検討に値するものであり，本書が中国の社会主義体制に注目
する理由の一つはここにある[6]．

　さらに，中国の社会主義体制は，東アジアの長期的な経済発展過程を理解す
る上でも重要な位置を占めている．第二次世界大戦後の東アジアは，経済成長
に注目すれば，1950 年代半ばから 70 年代初頭までの日本の高度成長，1960 年
代以降の韓国・台湾・香港のアジア NIEs としての勃興，1980 年代以降の改
革開放政策下での中国の台頭という，タイムラグを伴いつつ共通して高成長を
達成した一地域として捉えられる［堀 2016］．しかし，これらの諸地域が第二
次世界大戦後に置かれた政治経済的な環境はそれぞれ大きく異なり，とりわけ
中国が 1950-70 年代において社会主義体制を経験したことは特異な事例である
と言える．それゆえ，この中国の社会主義経験を，第二次世界大戦後の東アジ
アの経済成長という文脈のなかでどのように位置づけるかという問題は，重要
な論点となろう．

　ここで，これらの問題に接近する手がかりとして，中国経済の長期的な展開

---

5)　Maddison［2007］p. 44, Table 2. 1, 2. 2a．なお，マディソン推計の問題点については，斎藤
　　［2008］pp. 81-91 などで指摘されているが，ここでは大まかな規模と傾向を示すために同推計の
　　数値を用いている．また，中国の世界に対する人口シェアは，1950 年から 80 年にかけて一貫し
　　て 22% 程度であった．久保ほか［2016］p. 12.

6)　加えていえば，中国がソ連・東欧以外の社会主義国としては例外的に，相対的に整った社会主
　　義体制を長期間維持していたという点も重要である．すでに述べたように，本書の関心は経済体
　　制としての社会主義体制の影響にあり，中国の社会主義体制は非ソ連・東欧地域への社会主義体
　　制の適用事例として興味深い．

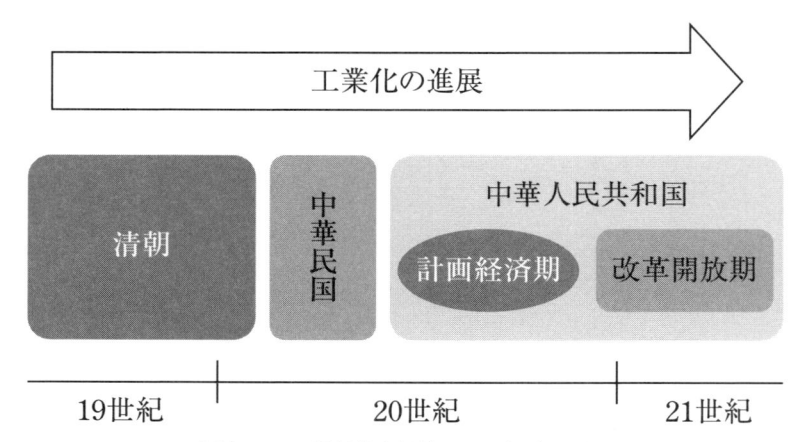

図序-1　19 世紀後半以降の中国経済の展開

出所：筆者作成.

過程において，社会主義体制が存在していた時期がどのような位置を占めていたのかを，マクロ統計にもとづいて一瞥しておこう[7]．まず，19 世紀後半以降の過程を大まかに時期区分するとすれば，それは図序-1 で示したように，1843 年の開港から中華民国期（1912-49 年）にかけての工業化の始動期，人民共和国政府下で社会主義体制が導入された計画経済期（1949-78 年），社会主義体制が解体され高度経済成長が実現した改革開放期（1978 年-）に分けられる．

　こうした時期区分を念頭に置いた上で，次に，中国経済の長期的なパフォーマンスの推移を見てみよう．図序-2 は，中国の長期経済統計に関する近年の成果である南・牧野［2014］の推計にもとづき，1930 年代から 2010 年までの実質 GDP とその成長率を示したものである．ここから見て取れるのは，中華民国期（データの制約から 1932-40 年のみ）の相対的に低い成長率と，計画経済期の高率ではあるが大幅なマイナス成長を含む不安定な成長，そして改革開放期の安定的な高成長というそれぞれの時期の特徴である．とりわけ，改革開放期の急激な経済成長は実質 GDP の推移にも明確に表れており，同時期にそれ以前とは一線を画する高度経済成長を実現したことが読み取れる．一方，計画経済期は，よく知られているように，大躍進政策（1958-60 年）や文化大革命

---

7)　以下の記述は，主に久保ほか［2016］pp. 7-20 に依拠している.

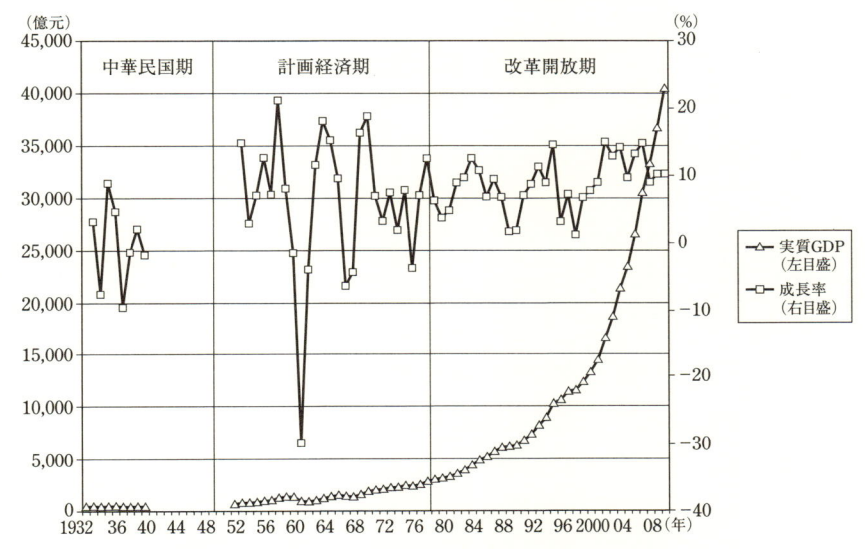

図序-2　中国実質 GDP と成長率（1932-40 年，1952-2010 年）

注：実質 GDP は，原表の 1952 年参照年価格表示.
出所：久保ほか［2016］p. 17. 原データは南・牧野［2014］p. 360，統計表 0. 1.

（1966-76 年）などの急進的な政策や政治体制の混乱を主な要因とするマイナス成長を経験しており，こうした「不安定な高成長」こそが計画経済期の大きな特色であった.

　また，図序-3 から長期的な産業構造の変化について見ると，1933-52 年は農林水産業が 50% 以上を占めていた一方で，印象的なのは 1952 年以降の鉱工業等の拡大である. 1952 年の時点で 25% 程度であった鉱工業等の比率は，1960 年には 50% を超え，その後も同程度の水準を維持している. 1980 年以降は，サービス業等の比率上昇と農林水産業の低下という変化が見られるが，鉱工業が中心的な位置を占める構造自体は 2010 年時点でも変化していない. こうした産業構造の形成は，明らかに計画経済期に政府主導で強力に推進された工業化の結果であったと言える. とりわけ，当時採用された政策方針は「重工業優先発展戦略」と呼ばれ，重工業への積極的な投資が顕著であった. 図序-4 は，1933 年から 80 年までの製造業生産額の業種別比率を示したものであるが，中華民国期の中国工業は，綿業などの軽工業が中心であり，重工業比率は 1953

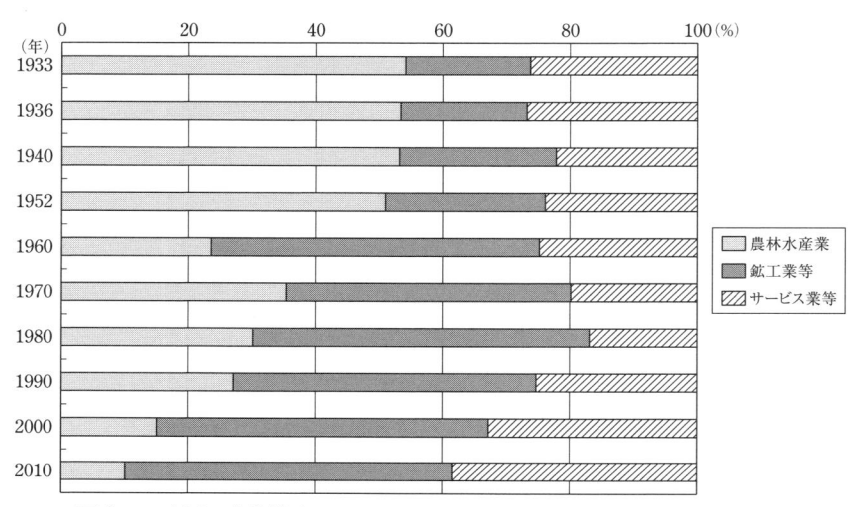

図序-3　中国の産業構造（当年価格粗付加価値額の産業別構成比, 1993-2010 年）

注：「鉱工業等」「サービス業等」の内訳は以下の通り.
　　　鉱工業等：鉱工業，電気・ガス，運輸・通信.
　　　サービス業等：サービス業，商業，金融・保険業，政府サービス，その他.
出所：南・牧野［2014］p. 20，表 0.8 の数値をもとに作成.

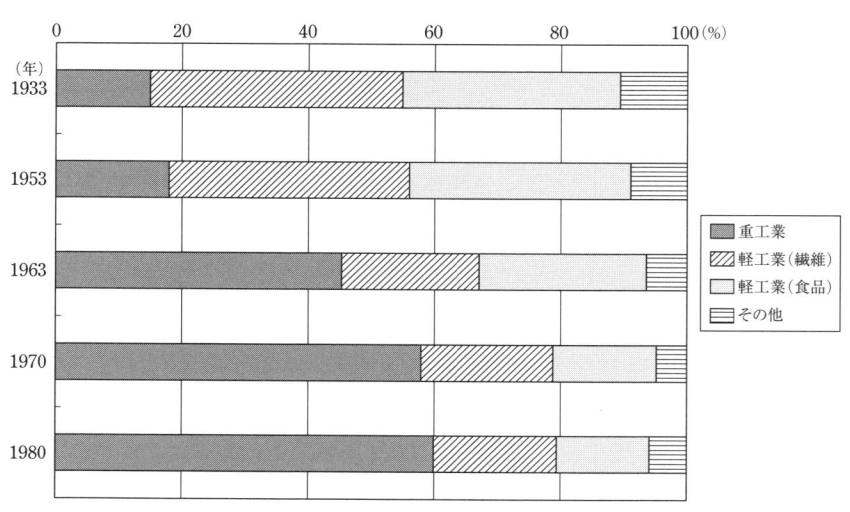

図序-4　中国製造業生産額の業種別構成比の推移（1933-80 年）

注：「重工業」は，原表の「金属」「機械」「化学」の合計.
出所：久保ほか［2016］p. 73.

年段階で 20% 以下であった．しかし，その後 1953 年から 1963 年にかけて重工業比率は大幅に拡大し，1980 年には 60% に達している．つまり，中国の工業化は，計画経済期の政府主導の「重工業優先発展戦略」によって大きく促進されたのである．

　これらのマクロ統計からも示されるように，計画経済期は，中国経済の長期的な展開過程のなかでユニークな特徴を持つと同時に，重要な転換期であったと言える．同時期の「不安定な高成長」は，政府主導の経済開発の成果と歪みを体現しており，また，農林水産業を中心とする産業構造から鉱工業中心への転換が推進されたという意味で，19 世紀後半以降の工業化の始動期と改革開放以後の高度成長期を結びつける重要な時期であった．こうした中国の過程は，第二次世界大戦後に経済成長を遂げた日本やアジア NIEs といった東アジア諸地域との比較においても，興味深い参照軸を提供するであろう．本書の目的は，このように中国経済に少なからぬ変化をもたらした計画経済期，すなわち社会主義体制が形成され解体へと向かうまでの過程を一つの歴史的事象として捉え，その経済体制の形成と構造，そして中国経済へのインパクトを歴史的文脈のなかに位置づけることにある．

2.　先行研究

　ここで，本書の問題意識に関連する先行研究について検討しよう．

　まず指摘すべきは，中国の社会主義体制に関する研究が，これまで必ずしも継続的に積み重ねられてきたとは言えないということである．そうした研究状況には，中国の経済体制自体の変化が大きく影響している．中国の社会主義体制は，1950 年代の形成以後，とりわけ独自路線を標榜した 1950 年代後半からソ連型に代わる新たな社会主義体制として世界的な注目を集めた．その一方で，中国政府が情報公開を制限したため，謎につつまれた中国社会主義体制の実態を限られた情報から明らかにしようとする努力が，主に同時代の日本，台湾，欧米圏においてなされた．その代表的なものが石川滋，パーキンス，ドニソーン，ラーディなどの研究である[8]．しかし，1978 年の改革開放政策による経済体制の転換により，中国の国内外における研究上の関心は改革開放期の経済発

展や体制移行へと移り，後述する改革開放期の初期条件として計画経済期に注
目する研究や，中国近現代経済史の視角からの研究の出現まで，十分顧みられ
ることはなかったのである．

　こうした研究潮流を踏まえた上で，あらためて経済体制としての中国社会主
義体制の特徴と先行研究の問題点について見ていきたい．まず，社会主義体制
一般の基本的な特徴を確認しておくと，簡潔に言えばそれは，生産手段の公有
化を前提とした指令型経済システム（あるいは「行政的＝指令的」システム）にあ
るとされる[9]．指令型経済システムとは，基本的には部門別の縦割り管理方式
を中心としたシステムである．すなわち，中央政府内の部門別の工業管理官庁
が，傘下の企業を垂直的に従属させ，行政的指令によってその活動を統制する
ものであった．ただし現実には，その縦割り的性格と中央官庁の計画化能力の
不完全性から，しばしば横の調整を欠き，経済運営を円滑に行い得ないため，
他の様々な補完的要素が必要とされた．指令型経済システムの典型とされてい
る1930年代初頭に成立したソ連の体制も，貨幣・税・金融・契約等の市場的
カテゴリーを全面的に消滅させたものではなく，「不完全な市場的カテゴリー
を組み込んだ指令経済」と特徴づけられるものであった．このような部門別の
縦割り管理方式を中心としてそれをいくつかの要素が補完する構造を，指令型
経済システムに共通する基本型と考えることができる．

　こうした社会主義体制一般の基本的特徴を前提とした上で，その国ごとや時
期ごとの相違を形成する要素となるのは，「不完全な市場的カテゴリー」や
「企業の相対的自立性」等の範囲，国家独占の完成度（部分的に許容された私的
セクターの比率），経済運営における分権性の度合いである［塩川1999, pp. 112-
114］．そして中国の社会主義体制の構造的特徴として多くの研究が指摘してい
るのは，そのソ連・東欧の体制に比べて相対的に分権的，あるいは「緩い集
権」的な性格である［中兼1979; 塩川1999］．

　中国経済研究者の中兼和津次は，中国の毛沢東モデル（主に1958-76年に中国
において現実に適用されようとした理念・政策の体系を指す[10]）の経済制度の骨格は，

---

8)　石川［1960］，Perkins［1966］，Donnithorne［1967］，Lardy［1978］．
9)　塩川［1999］pp. 109-116．以下の社会主義体制の基本的性質についての記述も多くは同書に
　　依拠している．

人民公社制度と精神的刺激（インセンティブ）を重視する制度を除きソ連の制度に近く，その意味で基本的に集権的であるとしている．そしてその上で，ソ連・東欧型集権制が「きつい」ないしは「厳格な」（tight）集権制であるのに対し，中国のそれは「緩い」ないしは「弛緩した」（slack）集権制であると特徴づけた［中兼 1979, pp. 297-309］．

　中兼によれば，「きつく集権的」な状態とは，中央の計画当局から発せられた指令が何層かの意思決定段階を経由しつつ正確に末端にまで到達し，逆に末端からの報告が正確に中央にまで届き，かつ末端においてその指令が一応実行される（現実的結果は別にして）場合である．換言すれば，情報伝達と実行の規制が明確に制度化されている場合を指す．他方，「緩い集権制」とは，それとは正反対に制度内における役割・権限の体系が未確立であり，指令・報告の規制が不徹底ないしは未整備である場合をいう．

　中兼の「緩い集権制」という定義は，要約すれば，制度の外形としては集権的でありつつ中央—末端間の指令・報告の伝達とその実行が制度化されていない体制ということになろう．また中兼は，中国の計画化制度においては，地方が中央の指令を無視することさえある例を挙げ，制度として「集権」であるべき部分も，現実には（分権というよりは）「分散」的に，あるいは勝手に決定・実行されることがあったとしている［中兼 1979, p. 302］．中兼が分権ではなく「分散」という表現を用いるのは，制度的に保障された形で権限が分け与えられているわけではない点を重視するためと思われるが，いずれにせよ集権的な制度のなかで実態として分権的であるかのような決定や実行がなされていたことを示唆している．

　これと関連して，もう一つ重要なのは，社会主義体制における分権（分散）の対象は，中央政府工業管理官庁傘下の企業と，地域的な行政単位である地方政府という二つに区別されるという点である［Schurmann 1966, pp. 175-176; 中兼 1979, p. 298］．つまり，上述した部門別の工業管理官庁と傘下の企業という縦割りラインにおける集権・分権の関係と，行政単位の上下にもとづく横割りライ

---

10)　中兼［1979］p. 265．なお「毛沢東モデル」が最も突出していた時代は，1940 年前後の「延安時代」，1958-59 年の「大躍進」期，1966-68 年の「文化大革命」期であるとされる（かぎ括弧は引用文献のまま）．

ンにおける集権・分権の関係という二種類が存在していた．

　例えばブルスは，社会主義体制一般における集権・分権を考える基本的な枠組みとして，あらゆる経済的決定を，(1) 経済発展の一般的方向を規定する基本的なマクロ経済的諸決定（国民所得の成長率，国民所得に占める投資と消費の割合，個々の分野や部門間への投資支出の配分，さまざまな社会グループおよび職業グループ間への消費資金〔引用元では「フォンド」〕の配分原則など），(2) 経常的（もしくは部門的）諸決定（特定部門もしくは企業の産出量と産出構造の細目，供給源と販売先，部門内もしくは企業内の人員構成と報酬の形態および方法など），(3) 個人的諸決定（家計収入の枠内での購入消費財の構造，職業および就労選択など）の3グループに区別している．そしてその上で，計画経済における「集権化対分権化」問題の範囲は，原則的には第2グループの諸決定に限定されるとしているが，この分類は，基本的に中央工業管理部門とその傘下の企業の関係を想定したものである［ブルス 1978］[11]．

　この点に関して，エルマンは，中国の社会主義体制において中央計画が重要な役割を果たしていることを認めつつ，中央工業管理部門型の垂直的調整とは反対の，省およびその他のレベルの地方政府を単位とする水平的調整が重要性を持っていた点を強調している［エルマン 1982］．エルマンと同様に中国における地方単位での分権性に注目した研究は少なくなく，石原享一は，1950 年代から 1970 年代までの中国の経済管理制度を検討し，集権的な制度的枠組みと衝突するような中央―地方政府間での分権化・分散化が実態として進行していた点を指摘している［石原 1990］．政治体制論からアプローチした趙宏偉の重層的集権体制という概念も，基本的には同様に地方単位での枠組みを重視する立場に立っていると言えよう［趙 1998］[12]．

　そして田島俊雄は，中国の国有企業における「分級管理」（地方国有企業はい

---

11)　なおブルスは，計画経済における「集権化対分権化」問題の範囲が第2グループに限定される理由について，社会主義計画経済では，集権化の最小限度として，少なくとも第1グループの諸決定は中央計画当局によって行われなければならないこと，また分権化の最小限度として，第3グループの諸決定は基本的に個人によってなされること（中央が個人の決定に影響を与えることはあっても，それに代わって決定を行うことはないこと）を挙げている．

12)　また周［1997］は，中国の国家統治制度について，政治経済の静態的な制度枠組みの特質を「仕切られた国家」，制度枠組と各政治経済的な主体との動態的な相互作用の特質を「組織された混乱」として特徴づけている．

ずれかの地方政府主管部門に必ず所属する）的特徴に注目し，財政および産業の視点から地方政府の構造と機能に検討を加え，中国において見られる資源および所有権の公有化にともなう各地方政府の属地的な領域支配を「属地的経済システム」として特徴づけた［田島 1990; 1994; 2000］．無論，ラーディが 1950 年代後半の地方分権化政策を検証するなかで主張したように，分権化のなかでも資源分配の大枠においては中央の主導的な地位が維持されたことは留意すべきである［Lardy 1978］．しかし，上記の先行研究の指摘から，中国社会主義体制の分権性の特徴は，中央官庁—企業という縦割りラインよりは行政単位の上下にもとづく横割りのラインにあったと見ることができる．

　中国の社会主義体制の特徴が，集権的な制度を掲げつつも地方行政単位を主体とする分権性にあるとして，問題となるのは，(1) なぜ中国の社会主義体制は地方分権的な要素が強いのかという点と，(2) そうした地方分権的な特徴を持つ社会主義体制が実態としてどのように機能し，また既存の中国経済の構造にどのような変化をもたらしたかという点である．

　(1) の点については，従来の中国社会主義論，例えばガリー［1978］などでは，集権的なソ連モデルとは異なる独自の社会主義体制を追求する毛沢東モデルの特徴と認識されてきた．しかしこれに対して，小杉修二および奥村哲は，毛沢東モデルにおける地方の主体性を重視する発展戦略の採用は，主要には米ソ両大国との対立を背景とした毛沢東の人民戦争戦略にもとづくものであるとした［小杉 1988; 奥村 1999, pp. 154-155］．すなわち，1956 年のソ連でのスターリン批判以降，中ソ関係が徐々に悪化するなかで，自国での核兵器開発を行いつつ，比較的少ない国家投資で達成可能な工業化の戦略として採用されたのが，日中戦争時期の中共によるゲリラ戦を源流とする農業・工業の地域的な自給自足を前提とした人民戦争戦略であった，としている[13]．筆者は，中国の社会主義体制において地方分権的なスタイルが採用された理由が，ソ連モデルの克服という社会主義の理念上の発想によるものではなく，米ソ両大国との総力戦態勢の一環として採られたという議論は，説得的であると考える．

　一方で，(2) の点については，先行研究において必ずしも十分検討されてい

---

13)　中国共産党のゲリラ戦に関する古典的研究としては，セルデン［1976］がある．

ない．人民戦争戦略からの説明は，あくまで地方を主体とする戦略の導入理由を説明するものであって，それが実態としてどう機能し，既存の中国経済の構造とどう関連したかという問題は別に考察されなければならない．この点を解明するためには，社会主義体制の導入前後の構造変動を長期的に検討する視点が必要であり，さらに地域の実態に即したケーススタディーが不可欠である．

　しかしこうした研究視角は，従来の多くの中国社会主義論および中国経済研究に不足していたと言ってよい．例えば，中国社会科学院経済研究所および何建章・王積業の業績などに代表される，中国において発表・刊行された経済制度の紹介・解説に主眼を置く研究（あるいはそれを外国語に翻訳・紹介した研究）は[14]，制度運営の当事者側から見た公式の見解であり，制度や政策の外形に関して豊富な情報を提供してくれるものの，制度や政策がもたらす実態経済の構造変動に関する分析という点では不十分である．また，同時代になされた中国国外の研究は，マクロ的な統計分析や制度分析という点で今なお参照する価値があるが，史料的な制約からミクロの経済主体にまで分析が及ばず，それゆえ体制内の経済主体間の相互関係を十分に解明できない点で限界があった．

　そして，さらに重大な問題は，これらの研究がその分析の始点を 1949 年としているため，中華民国期までに形成された経済構造との関係が視野に入ってこないことである．この点は，改革開放期の経済発展の初期条件，あるいは歴史的起源として計画経済期に注目した現代中国経済研究も，同様の問題を抱えている［中兼 1992; 1999; 2012; 白石 2016 など］．

　これに対して，従来，清朝末期から中華民国期の中国経済を対象としてきた中国近現代経済史研究において，2000 年代以降の中国での史料公開の進展を契機として 1950 年代を対象とした研究が数多く発表されているのは，歓迎すべきことである[15]．また，四川省の事例から計画経済期の経済の再評価を試みたブラモールの研究や［Bramall 1993］，現代中国経済研究者が自身の研究分野を意識的に歴史的視野から捉えなおした中兼和津次らの共同研究［中兼 2010］，

14）　中国社会科学院経済研究所［1978］，何・王［1984］．また，日本語で制度・政策を詳細に解説したものとして，三木［1971］，南部［1991］などが挙げられる．

15）　例えば，泉谷［2000］，［2001］，［2002］（すべて泉谷［2007］に収録．以下，同書を引用元とする），張［2006］，桂［2006］，孫［2006］など．

産業史の視角から 19 世紀後半以降の中国経済を通観する田島俊雄らの研究
[田島 2005; 2008; 田島ほか 2010]，市場経済や経済政策といった特定のテーマから
中国経済を長期的なスパンで捉えようとする加藤弘之および久保亨の試みも存
在する［久保 1996; 加藤・久保 2009］．しかし，特に中国近現代経済史研究にお
いては，1950 年代は，清末以来の民間企業や市場経済を中心とした発展が断
絶された時期として位置づけられており，社会主義体制の導入による影響は正
面から検討されていない[16]．また長期的な視角からの研究は，計画経済期に関
する実証研究の蓄積が少ないため，中華民国期と改革開放期を十分架橋できて
いるとは言いがたい．

　なお，中国においては，1949 年から現在までを対象とした人民共和国経済
史研究という分野が存在する［武 1999; 呉・董 2001］．しかし，これらの研究で
は，これまでの中国近現代経済史研究の成果や 1950-70 年代に日本や欧米で行
われた現代中国経済研究の蓄積が十分活用されておらず，本書の問題意識に応
えるものではない[17]．

3.　課題と方法

　以上のような先行研究の状況から，課題として浮かび上がってくるのは，集
権的な制度的枠組みの下での地域的な分権性という特徴を持った中国社会主義
体制の構造と機能の解明，そして既存の経済構造に対するインパクトの検証で
ある．そして研究視角として重視すべきは，(1) 社会主義体制導入による制度
転換を意識した歴史的視角と，(2) 地域レベルでの構造変動を分析する視角と
いう 2 点である．そこで，本書では中国社会主義体制の構造と機能を，地域レ
ベルの実態に即して歴史的に解明することを課題とする．そしてそのなかでも，
本書の分析において特に注目するのは，地方政府と企業の関係である．

　すでに見たように，ブルスは，社会主義体制下の集権・分権を論じるなかで
中央工業管理部門とその傘下の企業の関係に焦点を当てた．また，ハンガリー

---

16)　民間企業の発展について言えば，1956 年の全面的な社会主義改造がその終着点と位置づけら
　　れている．この点については，加島［2008a］，［2012a］を参照．
17)　人民共和国経済史研究の問題点については，加島［2007b］を参照．

の経済学者コルナイが指摘した社会主義体制の特徴である「不足」の経済も，政府と企業の関係を問題にしている［コルナイ 1984; 塩川 1999, pp. 114-116］．「不足」の経済とは，社会主義体制において慢性的に需要が供給を超過する状態を指すが，コルナイはその発生原因を，企業財務における「ソフトな予算制約」に求めている．すなわち，生産ノルマの達成を目的とする企業経営者は，政府からの補助や事後的に交渉可能な信用システムにより予算制約を超えても不利益が生じないという意識のもとで，できる限り多くの原材料・労働力を確保しようとし，この投入財に対する飽くなき需要が「不足」を導くとしている．こうした「不足」の経済の存在は，計画経済における生産要素の分配の非効率性と価格の需給調節機能の低さを示すものであると考えられ，社会主義体制における経済活動を特徴づけるものであった．

　ここから，社会主義体制の構造を分析するうえで政府と企業の関係が重要なポイントとなることが示唆される．中国の社会主義体制が中央—地方間における分権性という特徴を持つとするならば，その体制内の経済活動を観察する上で鍵となるのは，地方政府と地域内の企業との関係であると言えよう．本書ではこうした認識にもとづき，地方政府と企業の関係に注目して分析を行う．

　分析の対象地域としては，19世紀後半以来，中国の商業・工業・金融業の中心地であり多数の企業が集積していた上海を取り上げる．より具体的に言えば，（1）上海において，社会主義体制がいかに形成され，地方政府と企業がどのような関係にあったか，（2）その下で上海の経済構造がどのように変化したかという点を検討課題とする．

　ここで，上海を対象地域とする意義と限界について述べておきたい．本書が上海に注目する理由は，上海が19世紀後半から中華民国期までの中国の経済発展の中心地であったということのみならず，社会主義体制の導入時点において民間企業の占める割合が相対的に大きかったことによる．経済的な重要性で言えば，東北地域は満洲国から引き継いだ旧日本資本の重工業の存在によって人民共和国の重要な経済的基盤となっていたが，その多くが1949年以前にすでに国営化されており，国営企業の占める割合が相対的に高かった[18]．すでに述べたように，社会主義体制を形成する主要な要素のひとつは生産手段の公有化であるが，民間企業が多数存在した上海は，その制度の導入過程において最

も大きな影響を受けた都市のひとつであったと言える．

　また，歴史的に形成された上海の世界経済との窓口としての性格も，本書が上海を対象とする理由の一つである．後述するように，19世紀後半以降の上海の経済発展を特徴づけるのは，開港による対外貿易の拡大であり，また欧米の租界を基盤とした近代的な技術・制度の流入である．これに対して，中国における社会主義体制の形成は，朝鮮戦争を契機とする東アジアにおける冷戦体制の形成という国際環境の変化に強い影響を受けており，それは中国と社会主義圏以外の諸国との経済関係を大きく制限した．こうした国際環境の変化は，中華民国期までに世界経済と密接に結びついていた中国経済にとって極めて大きな転換であったのであり，上海はその影響を最も直接的に体現する都市であった．

　もっとも，上海はその経済規模の大きさから極めて特殊性の強い都市であり，社会主義体制における地方政府と企業の関係を論じる上での典型的な事例とは言いがたい．それでも本書が上海を対象とする理由は，上海が社会主義体制の導入によって被った経済的影響の相対的な大きさに注目するためであり，上海に対する考察を通じて，社会主義体制が中国経済にもたらした構造変動の重要な一部分を明らかにできると考えている．

4.　本書の構成

　本書の構成は以下の通りである．

　まず，第Ⅰ部「上海経済と社会主義体制の形成」では，本書全体の議論の前提として上海経済の基本的な構造を確認した上で，1949年の人民共和国成立以後，上海において社会主義体制がいかに形成されたのかを検討する．具体的には，第1章「上海経済の基本構造」において，上海の地理的範囲と歴史的な経済発展の過程を概観しつつ，マクロ統計を用いて長期的な経済変動を検討する．そして第2章「人民共和国の成立と上海企業」および第3章「朝鮮戦争と社会主義体制の形成」では，1950年代前半に実施された上海における私営

---

18)　人民共和国成立時点での東北地方の国有化率の高さについては，奥村［2001］を参照．

（民間）企業政策，とりわけ政府の私営企業に対する委託加工・発注政策に注目しつつ，1956年の社会主義改造にいたる社会主義体制の形成過程を考察する．

　次に，第II部「社会主義財政システムと上海」では，社会主義体制の根幹をなす財政システムの形成過程とその上海経済への影響，そして上海市の地方財政モデルの全国的な位置づけについて検討する．まず第4章「税財政制度の変革と上海市」では，主に上海市における徴税過程と税収の関係に注目し，社会主義財政システムの導入にともなう税財政制度の変革が上海市財政に与えたインパクトを分析する．続く第5章「上海市財政と企業」では，第4章で論じた税財政制度の変革の結果生じた上海市財政と市所属企業との密接な関係について，地方財政収支の分析を通じて検討する．そして，第6章「地方財政構造の地域間比較——上海モデルの位置」では，第4章，第5章で明らかになった社会主義体制下での上海市財政の特徴について，独自に作成した各省・市・自治区の地方財政データベースにもとづき地域間比較の視点から分析する．

　第III部「上海の産業発展と社会主義体制」では，上海市における地方政府と企業の関係をより多面的に考察するために，複数の個別産業をケースとして取り上げ，中国の社会主義体制下における産業発展のあり方を検討する．第7章「社会主義体制下の産業発展——紡織工業と機械工業」は，中華民国期までの軽工業発展の中心であった紡織工業と，計画経済期において重点的に投資がなされた重工業の代表である機械工業を取り上げ，その展開過程を比較する．第8章「産業組織の再編——ゴム加工業」では，原料の輸入依存と零細企業の多さという特徴を持つゴム加工業を事例として，社会主義体制の形成による産業組織の変動を検討している．第9章「物資分配と需給関係——セメント産業」は，社会主義体制における経済活動を規定する物資管理制度に注目し，セメント産業を事例として，上海市の地域的な需給関係と地方政府の関わりを分析する．第10章「地域内統合と広域的の分配——電力産業」では，社会主義体制の導入による地域的な統合と広域ネットワークの形成について，電力産業を事例として検討する．

　最後に，終章において，改革開放期の上海経済について概観した上で，本書各章の議論を総括し，中国社会主義体制の歴史的意義を検討する．

第Ⅰ部　上海経済と社会主義体制の形成

第1章 上海経済の基本構造

第二次世界大戦後に上海市長に就任した呉国楨（在職1946年5月-1949年4月）は，自身の在職当時の上海を，「中国の神経中枢」と表現した［裴斐ほか1999, p. 30］．これは，上海の動静が中国経済全体の命脈を左右しうるという意味であり，当時の中国経済における上海の重要性を表したものである．序章で述べた通り，本書が上海を事例として扱うのは，こうした経済的プレゼンスの大きさに注目するためであるが，それでは上海経済はどのような歴史過程を経て発展を遂げ，また1949年以降の計画経済期を通じてその構造をどのように変化させていったのであろうか．本章では，本書全体の議論の導入部分として，1949年までの上海経済の発展過程を概観した上で，20世紀後半以降の上海経済の構造変動をマクロ統計にもとづき確認する．

1. 上海市の形成と発展過程

本書が分析対象とする行政区画としての上海市が形成される過程は，やや複雑である[1]．都市としての上海の起源は，10世紀から本格化した長江デルタの開発と商品経済の発展のなかで，黄埔江岸に集市が立ったことによるとされ，南宋末の13世紀半ばには華亭県（後の松江県）に上海鎮が設置された．上海鎮は，元代の1292年に県に昇格して松江府上海県となり，1553年には倭寇対策として県城（県の中心部を囲む城壁）が築かれ，江南随一の経済的中心地である蘇州の外港として発展していくこととなる．

---

1) 以下の「上海市」の形成に関する叙述は，主に大阪市立大学経済研究所［1986］pp. 19-23，高橋・古厩［1995］pp. 2-233，尾上［1971］pp. 257-327，宮田［2006］pp. 15-22，岡本［2013］p. 206による．

　上海にとっての大きな転機は，1843 年の開港を契機として欧米の租界が上海県城の北部に建設されたことであった．1845 年にイギリス租界が成立すると，アメリカ，フランスもそれに続いた（英米の租界は 1863 年に合併し，以後は共同租界と呼ばれた）．租界では，外国による治外法権が認められており，時代が下るにつれてその面積も拡張した．一方，上海県の租界以外の部分では，中国人が主体となる都市形成の試みが見られ，1927 年に中華民国南京国民政府により上海特別市が設立される（1930 年に上海市へ改称）など，租界と中国政府が行政権を握る地域とが並立する状況が出現した．その後，第二次世界大戦中の日本による租界占領と親日的な汪精衛政権（南京国民政府）への租界返還をへて，1945 年にようやく現在につながる形の単一の行政区画としての上海市が誕生する［大阪市立大学経済研究所 1986, pp. 29-30］．

　もっとも，1949 年の人民共和国成立以後も，上海市の区画は変化した．1949 年 5 月の時点での上海市の面積は，20 の市区（市街地，82.40 km^2）と 10 の郊区（近郊地区，529.43 km^2）を含む 636.18 km^2 であった[2]．しかし，1958 年に江蘇省に属する近隣 10 県（嘉定，宝山，上海，松江，金山，南滙，川沙，奉賢，青浦，崇明）が上海市に組み入れられたことにより，市の面積は 5,910.01 km^2 と 9 倍以上に拡大した[3]．この際に，それまでの郊区は全て郊県（市に所属する県）という単位に再編され，市区の合併・調整を経て，図 1-1 のように 10-12 の市区（140.86 km^2）を 10 の郊県が取り囲む体制が形成された．この体制は，基本的に 1980 年代まで続くことになる[4]．

　上海経済の長期的な発展にとって大きな画期となったのは，やはり 1843 年の開港である．すでに述べたように，上海は開港以前から国内貿易の拠点として発展し，特に 18 世紀後半以降は中国沿海部（東北・長江下流・華南地域）を結

---

2)　1949 年 5 月時点での市区は，黄埔，老閘，新成，静安，江寧，普陀，長寧，邑廟，蓬莱，嵩山，盧湾，常熟，徐滙，閘北，北站，虹口，北四川路，提籃橋，楡林，楊浦であり，郊区は，新市，江湾，呉淞，大場，真如，新涇，龍華，高橋，洋涇，楊思であった．なお，この上海市面積には黄浦江・蘇州河の水面面積 24.35 km^2 も含んでおり，以下に述べる 1958 年の近隣県の編入により水面面積は 47.13 km^2 に増加した．上海市統計局［1984］p. 51，［2001］pp. 3-5.

3)　なお，この年に，旧来の郊区を再編して浦東県が生まれたが，1961 年に撤廃され，農村部分を川沙県に，都市近郊部分の城鎮を黄浦・南市・楊浦の 3 区に分割した．また，1970 年には郊県が拡大し，市面積は 6,185.48 km^2 に拡大している．上海市統計局［2001］pp. 4-5.

4)　1980 年代末からは，既存の郊県を市区に切り替える傾向が顕著になってくる．上海市統計局［2001］pp. 4-5.

図 1-1　上海市の行政区画地図（1958 年）

出所：大阪市立大学経済研究所［1986］p. 229 の図 IV-1-12 を整理して作成.
　　　原地図は，上海社会科学院『上海経済年鑑』編輯部［1983］巻頭地図とされる.

ぶ沿海市場圏の要衝となった［宮田 2006, pp. 15-22; 高橋・古厩 1995, pp. 28-33］.
しかし，開港による近代的な技術・制度の流入や対外貿易の拡大などが，その
後の上海の特異な発展を方向づけたこともまた事実である．ここでは，1843

年から 1949 年までの上海経済の発展過程をごく大まかに 4 つの時期に区分し，各時期について概述しよう[5]．

(1)　開港から第一次世界大戦まで（1843-1914 年）

　開港後，上海の対外貿易は必ずしもすぐに拡大したわけではなく，欧米の汽船会社の進出はむしろ既存の沿海市場圏を強化したとされる［宮田 2006］．その対外貿易の本格的な展開は，国際的な銀価低落を契機に一次産品の輸出が活発になる 1880 年代以降のことであった．これにより上海は，輸出用一次産品の生産地を後背地として包含する開港場市場圏を形成し，国内のみならず東アジア貿易の結節点としての地位を確立する［古田 2000; 木越 2012］．また，上海に形成された欧米の租界は，近代的な技術・制度の流入の拠点となる一方，その相対的な安全性の高さから，特に 1851-64 年の太平天国の乱を契機として，長江下流域の多くの中国人富裕層（地主や商人）と労働者をも吸収することとなった．

　上海における近代工業の出現は，こうした開港場を中心とした商業・金融の集積を基盤とする．その端緒は，汽船業の進出にともなう外国人経営のドック建設であり，1895 年の下関条約により開港場における外資企業の製造業参入が承認されると，その進出はより本格化した．一方，中国資本企業についても，1865 年に官営の軍需工場である江南製造局，1880 年には中国最初の機械制綿業企業となる官督商辦（官の援助・監督の下に民間人の出資によって企業を組織・運営する形態）の上海機器織布局が設立されるなど［波多野 1961; 鈴木 1992］，政府主導による近代工場の設立が見られた．同時に，小規模ながら民間工場も現れ，1869 年にはすでに近代的機器を備えた民営の船舶・機械修理工場である発昌機器工廠（1863 年以前に設立）が存在していたとされる［徐・黄 1998, pp. 44-45］．

(2)　第一次世界大戦から日中戦争まで（1914-37 年）

　上海の工業化が本格的に進展する契機となったのは，第一次世界大戦の勃発である．欧州からの工業製品輸入が途絶し価格が高騰すると，上海に「黄金

---

5)　以下の叙述は，主に尾上［1971］pp. 257-327，上海社会科学院経済研究所［1980］pp. 1-42，高橋・古厩［1995］による．

期」と呼ばれる民間企業設立ブームが到来した．その中心は，日本資本の在華紡との競争を通じて中国企業の成長が見られた綿業であり，申新紗廠（1915 年設立）のような中国民間資本を代表する企業が生まれた．これに加え，製粉業，タバコ製造業，化学工業，マッチ，セメントなどの多様な業種の民間企業が出現し，主に軽工業を中心とした発展がみられるようになる．これらの工業企業は，基本的に国内市場向け製品を生産する輸入代替的なものであり，その成長は持続的な一次産品輸出の増加による国内農業部門の所得向上および工業製品需要の拡大と深く結びついていた．また，国内農業部門からの原材料供給は上海の工業化を支えた．こうした，主に長江下流域（上海）と中・上流域を柱とする国内貿易は，長江市場圏と呼びうる強固な経済関係を形成していった［木越 2012, 第 4 章］．

　1927 年に成立し全国政権となった南京国民政府は，こうした緩やかに形成されつつあった上海を中心とする国内経済の統合を基盤とし，それをさらに推し進めるものであった．国民政府による関税自主権の回復と保護関税の設定は，上海の工業発展を促進した．1929 年の世界恐慌発生後に起こった国際的な銀価格の上下動は中国経済を大きく揺さぶり，1934 年には上海に金融恐慌をもたらす［城山 2011, 第 II 部］．しかし，1935 年の国民政府による幣制改革は，銀本位制からの脱却と法幣（紙幣）による全国的な貨幣の統一を達成するとともに，恐慌からの景気回復を実現した［久保 1999, 第 8 章］．1932 年の満洲国成立により東北地方は中華民国から切り離されたが，1937 年までに上海を中心とする中華民国内の経済的統合が一定程度進展していたのである．

(3)　日中戦争時期（1937-45 年）

　1937 年 7 月に日中戦争が勃発すると，上海は同年 8 月 13 日に始まる第二次上海事変で戦場となり，租界以外の全市が日本軍の占領下に入ることとなった．一部の中国資本の民間工場の施設は，国民政府の重慶遷都とともに四川・貴州・湖南などへの内陸移転を行ったが[6]，その他の企業は，日本軍の管理を経

---

6)　内陸移転に際しては，上海工廠遷移監督委員会と上海工廠連合遷移委員会が設立されその実行を取り仕切った．民営工場 146 の内訳は，機械金属業 66，造船業 4，製鋼業 1，電気器具業 18，ガラス陶磁業 5，化学工業 20，文化印刷業 14，紡績捺染業 7，食品業 6，その他 5 とされる．高

た後に日本資本企業の経営下に置かれるか，欧米による治安が維持されていた租界に避難した．なお，租界に避難した企業は，国内・対外貿易の継続や避難民の流入による安価な労働力の獲得などの有利な条件も重なり，「孤島の繁栄」と呼ばれる好景気を享受していたことが知られている．

　しかし，1941年12月に太平洋戦争が勃発すると，上海は租界を含めた全地域が日本による統治の対象となった．欧米企業が接収され，中国資本企業も日本企業による委任経営や日中合辦などの名目でその管理下に置かれたほか，厳しい物資統制が施行されたため，上海の経済活動は全体的に萎縮したとされる．なにより，上海経済にとっては，開港以後の発展を特徴づけてきた対外貿易と，戦前までに形成されていた長江流域を中心とする国内貿易関係が断絶されたことが，大きな痛手となった．

(4)　戦後国民政府期（1945-49年）

　第二次世界大戦後の上海は，再び全国経済の中心地としての地位に返り咲く．戦後の中華民国の領土は，台湾と東北地域を組み入れる形で再編されたが，1946年の上海の輸入額は対全国比で85%，輸出額62%，国内移入額では31%，移出額で68%を占め，戦前と同じく対外・国内貿易の中心であった［海関総税務司署統計科1947, pp.124, 129］．工業については，国連の救済物資の大量流入，国民政府の性急な貿易自由化政策による輸入の激増，電力需給の逼迫などの要因により復興が阻害された側面もあった．しかし一方で，戦後の軽工業製品に対する需要増加や，戦前に中国製品と競合していた日本製品の市場からの退出という有利な条件も存在していた[7]．

　戦後の上海経済の発展を著しく阻害したのは，国民政府の通貨政策であり，その結果としてのインフレーションである．まず，戦時中に上海を中心とする華中・華南地域で汪精衛政権が発行していた儲備銀券の回収にあたり，法幣との交換レートを不当に低く設定したため，旧儲備銀券流通地域での物価の高騰を招いた［木越2012, 第7章］．また，国民党と共産党の内戦が本格化すると，国民政府は軍事支出の増大にともない法幣を増発したため，インフレはさらに

　　橋・古厩［1995］p.207.
　7)　金［2006］pp.93-97，上海市工商行政管理局ほか［1979］p.56，本書第8章.

激化し，上海経済は混乱に陥った［宮下 1967, pp. 35-36］．国民政府は，1948年
8月に法幣に代わり金圓券を発行するが，その価値を維持することができず，
上海は記録的なハイパー・インフレのなか，人民解放軍の軍事占領を迎えるこ
ととなるのである．

　以上のように，開港後の上海は，対外貿易の拡大，租界の形成，外資企業の
進出といった外的な要素と，それと呼応する国内貿易の成長，商業・金融の集
積，軽工業を中心とした工業発展などの内的な要素が相互に結びつく形で，中
国経済の中心地となっていった．その発展は，歴代中国政府による諸政策や日
中戦争，国共内戦といった政治・軍事的な要素の影響を受けていたとはいえ，
基本的には，国内外の市場動向に反応した民間の経済主体――それは具体的に
は，輸出用の一次産品を生産する農民，その輸出や外国製品の輸入を担う中国
商人と外国商社，主に中国国内向け製品を生産する中国および外資工業企業，
それらの活動を資金面で支える金融機関などを指す――の旺盛な活動によって
形づくられたものであった．その意味で，開港後の上海の発展は，19世紀半
ばから20世紀半ばにかけて中国経済が世界経済に組み入れられていく過程で
生じた，様々な経済主体の相互反応を集約的に体現したものであったと言える．

2.　上海経済の長期変動

　前節で確認した中華民国期までの上海経済が，1949年以降の社会主義体制
の導入を経てどのように変化したのか，という点こそが，本書が明らかにすべ
き課題である．ここでは，この課題に接近する第一歩として，利用可能なマク
ロ統計にもとづいて上海経済の長期的な変遷を見てみよう．なお，すでに述べ
たように，本書が対象とする単一の上海市が行政区画として成立するのは第二
次世界大戦以降であり，利用する統計は，部分的に中華民国時期のものを参考
として挙げる以外は，主に1949年以降のものである．また，ここでは比較対
象として，改革開放期にあたる1980年代以降のデータも取り上げることとす
る．

　まず，上海市の経済規模と産業構造について，人民共和国の公式統計上の名
目GDPを整理した表1-1にもとづいて見てみよう．上海市の域内GDP（域内

表 1-1　上海市の域内 GDP（名目）と産業構造（1952-2010 年）

（単位：億元）

	上海市	対全国 比率（%）	第一次産業 比率（%）	第二次産業 比率（%）	第三次産業 比率（%）
1952 年	36.7	5.4	5.9	52.4	41.7
1957 年	69.6	6.5	3.9	58.7	37.5
1960 年	158.4	10.9	2.7	77.9	19.4
1965 年	113.6	6.6	5.7	73.0	21.3
1970 年	156.7	6.9	4.7	77.1	18.1
1975 年	204.1	6.8	4.0	77.2	18.8
1978 年	272.8	7.5	4.0	77.4	18.6
1980 年	311.9	6.9	3.2	75.7	21.1
1990 年	781.7	4.2	4.4	64.7	30.9
2000 年	4,771.2	4.8	1.6	46.3	52.1
2010 年	17,166.0	4.2	0.7	42.1	57.3

出所：上海市　1952-2000 年　上海市統計局・国家統計局上海調査総隊［2009］pp. 68-69.
　　　　　　　2010 年　　　上海市統計局・国家統計局上海調査総隊［2013］p. 60.
　　　全国　　1952-2000 年　国家統計局国民経済綜合統計司［2010］p. 9.
　　　　　　　2010 年　　　中華人民共和国国家統計局［2015］p. 58.

で生産された付加価値額の合計）の全国 GDP に対する比率は，1952 年の 5.4% か
ら上昇し，大躍進期（1958-60 年）にあたる 1960 年には 10.9% に達している．
しかし，その後は 1950 年代後半の水準に戻り，6% 台後半から 7% 台前半で推
移していた．そして 1990 年以降は低下に向かい，5% 以下となっている．浦
東新区開発に代表される 1990 年代以降の上海の発展のイメージからするとや
や意外に映るが，公式統計が表す GDP の対全国比で見る限り，改革開放期の
上海経済の全国におけるプレゼンスは計画経済期に比べて縮小した．逆に言え
ば，計画経済期の上海はそれだけ重要な位置を占めていたのである．
　また，産業構造については，まず 1952 年の段階では，第二次産業が 52.4%
と過半を占め，第三次産業が 41.7% とそれに次ぐ構造であったことが確認で
きる．そして印象的なのは，1957 年に第二次産業がさらに拡大し，1960 年に
は 77.9% に達して，以後 1980 年まで一貫して 70% 台を維持していた点であ
る．こうした第二次産業の拡大は，中華民国期までの上海を特徴づけていた商
業・金融業を含む第三次産業の相対的縮小をもたらし，そのシェアは 1960 年
以降 20% 前後にまで低下した．高橋孝助・古厩忠夫編『上海史』は，中華民
国期から計画経済期にかけての上海経済の変化を，「多機能型都市から生産都

表1-2 上海市の工業生産額と軽工業・重工業比率（1933-2010年）

（単位：億元）

	上海市	対全国比率（%）	軽工業比率（%）	重工業比率（%）
1933 年	*10.5	48.1	79.3	18.3
1952 年	66.6	19.1	79.3	20.7
1957 年	118.8	16.9	71.0	29.0
1960 年	299.0	18.3	45.0	55.0
1965 年	230.8	16.5	56.1	43.9
1970 年	312.2	14.7	51.9	48.1
1975 年	420.4	13.1	48.5	51.5
1978 年	514.0	12.1	51.8	48.2
1980 年	598.8	11.6	55.3	44.7
1990 年	1,642.8	6.9	51.5	48.5
2000 年	7,023.0	8.2	41.3	58.7
2010 年	31,038.6	4.4	21.6	78.4

注：* = 法幣（億元）．なお，同数値は，原動力使用かつ職員・労働者30人以上の工場生産のみを対象とし，外資企業および東北（＝満洲国）を含む．また，同年の重工業比率は，原表の「冶煉業」，「機器及金属製造業，交通用具製造業」，「化学工業」，「建築材料業」，「水電気業」の合計で，軽工業は「紡織工業」，「服用品製造業」，「皮革及其制品業」，「橡膠品製造業」，「飲食品工業」，「造紙印刷業」の合計．1952年以降の分類詳細は不明．

出所：上海市 1933 年 　　徐・黄［1998］pp. 338-339. 原データは劉［1937］等.
　　　　　　 1952-2000 年 　上海市統計局・国家統計局上海調査総隊［2009］pp. 276-279.
　　　　　　 2010 年 　　　上海市統計局・国家統計局上海調査総隊［2013］p. 252.
　　　　全国 　1933 年 　　黄［1989］p. 66, 注1. 原データは巫［1947］3章1表, 汪［1947］.
　　　　　　 1952-2000 年 　国家統計局国民経済綜合統計司［2010］p. 40.
　　　　　　 2010 年 　　　国家統計局工業統計司［2012］p. 21.

市へ」と表現したが［高橋・古厩1995, p. 249］，それはこのデータからも裏づけられる．その後，第三次産業のシェアが本格的に回復しはじめるのは改革開放期の1990年代に入って以降のことである．

　第二次産業の中心である工業について，表1-2によりもう少し詳しく見てみよう．ここでは，劉大鈞『中国工業調査報告』およびそれにもとづく研究成果により，1933年の数値を参照することができる．なお，同表の工業生産額は，中間財生産を含むすべての産出額の合計（Gross Industrial Output Value）である．

　表1-2でまず目を引くのが，1933年の上海の対全国比率が48.1%に上っている点である．これは，手工業等の小規模工場を含まないという原調査の性質が影響していると見られるが，当時の近代工業部門における上海の突出した地位を示していると言える．1949年以降に目を移すと，上海の対全国比率は，

1952 年の 19.1% から 1950 年代半ば以降は 10% 台後半となり，1970 年代には 15% 以下へと減少するなど，全体的には緩やかな低下傾向にあったことが見て取れる．表 1-1 で示したように，上海市が計画経済期を通じて第二次産業に傾斜していたこと，また上海市の工業生産額が多少の上下動を繰り返しつつ基本的には増加傾向にあったことを考えると，この対全国比率の低下は，三線建設などに代表される中央政府による内陸部への重点的投資とそれによる工業拠点の分散化の結果であると考えられる［小杉 1988, pp. 194-198］．また，1990 年以降はその比率はさらに低下するが，これは同時期に上海の工業機能が近隣の江蘇省・浙江省へ外延的に拡大していったことが影響していると見られる［関 1997, pp. 24-28］．

一方，工業生産額における軽工業・重工業比率では，1933 年と 1952 年において軽工業が 80% 近い割合を占めており，上海がまさに軽工業を中心とした中華民国期の工業発展を体現する都市であったことが確認できる．こうした構造が大きく変化するのが，1958-60 年の大躍進期であり，1960 年には重工業比率が 55.0% と初めて軽工業を上回った．その後，1965 年に重工業比率は一旦低下するが，1970 年代には軽工業と重工業が 50% 前後で拮抗する構造が続いた．こうした重工業比率の上昇という変化は，序章でみた中国全体の重工業化と軌を一にするものである．ただし，上海では軽工業が 1990 年まで 50% 程度のシェアを維持しており，計画経済期の上海は，中華民国期までに形成された軽工業と，社会主義体制下で重点的に投資がなされた重工業の両方を兼ね備えた工業都市であったと捉えるのが妥当であろう．

19 世紀後半以降の上海の発展を特徴づけた対外貿易についてはどうだろうか．表 1-3 は上海の輸出入額とその対全国比率の推移を示したものであり，中華民国期にあたる 1912-36 年の海関統計による数値も含んでいる．ここからまず確認できるのは，中華民国期における上海の貿易港としての突出した地位であり，その対全国比率は 1912-36 年を通じて輸出入ともに 40-50% を占めていた．一方，1949 年以降は，1952 年に輸出で 14.5%，輸入に至っては 0.5% となり，それ以後も貿易額の対全国比率は中華民国期と比較して低下している点が注目される．

計画経済期の中国全体の貿易は，後述するように，1950 年の中国の朝鮮戦

表 1-3　上海市貿易額（1912-2010 年）

（単位：億 US ドル）

	輸出額 （A）	対全国 比率（%）	輸入額 （B）	対全国 比率（%）
1912 年	#1.7	44.7	#2.1	43.2
1926 年	#3.6	41.9	#6.0	52.1
1936 年	*3.6	51.3	*5.6	58.8
1952 年	1.2	14.5	0.1	0.5
1957 年	4.5	28.3	0.4	2.5
1960 年	6.2	33.4	0.5	2.7
1965 年	7.7	34.3	0.6	3.0
1970 年	8.7	38.4	0.5	2.0
1975 年	22.2	30.6	1.1	1.4
1978 年	28.9	29.7	1.3	1.2
1980 年	42.7	23.5	2.4	1.2
1990 年	53.2	8.6	21.1	4.0
2000 年	253.5	10.2	293.6	13.0
2010 年	1,807.8	11.5	1,880.9	13.5

注：1) # = 海関両（億両），* = 法幣（億元）．なお，1936 年の対全国比率の全国には東北地域を含まない．
　　2) 1952-90 年の上海市の数値は，原表注によれば，上海市商務委員会（元上海市外経貿委）の統計基準によるものであり，2000 年以降は海関統計の上海市輸出入額とされる．また，1978 年以前の全国の数値は外貿業務統計数であり，1980 年以降は海関統計の全国輸出入額とされる．

出所：上海市　1912-36 年　Hsiao [1974] pp. 177-179.
　　　　　　　1952-2000 年　上海市統計局・国家統計局上海調査総隊 [2009] pp. 152-153.
　　　　　　　2010 年　上海市統計局・国家統計局上海調査総隊 [2013] p. 141.
　　　　全国　1912-36 年　Hsiao [1974] pp. 22-25.
　　　　　　　1952-2000 年　国家統計局国民経済綜合統計司 [2010] p. 60.
　　　　　　　2010 年　中華人民共和国国家統計局 [2015] p. 356.

争参戦を契機として資本主義諸国との貿易が制限され，1950-60 年代には主要な貿易相手がソ連・東欧にシフトした［久保ほか 2016, pp. 142-147］．同時期の貿易額は，1952 年の輸出 8.23 億ドル，輸入 11.18 億ドルから 1970 年の輸出 22.60 億ドル，輸入 23.26 億ドルと控えめな成長に止まり［『中国対外経済貿易年鑑』編輯委員会 [1984]，p. IV-3］，世界輸出総額に占める中国輸出額の比率，および中国 GDP に対する輸出入総額の比率で 1930 年代の水準を下回るなど[8]，相対的に貿易全体が停滞した時期であったと言える．この状況は，1970 年代

8)　世界輸出総額に占める中国輸出額の比率は，1930 年の 1.56% に対して 1950 年 0.91%，60 年 1.44%，70 年 0.72%，中国 GDP に対する輸出入総額の比率は，1933 年の 14.9% に対して 1950 年 9.7%，60 年 10.5%，70 年 5.9% であった．久保ほか [2016] p. 139，表 VII-1-2.

初頭の米中接近により日本・アメリカ・西欧との貿易が増加することで改善に向かうが[9]，こうした 1949 年以降の中国全体の貿易構造の変動のなかで，上海の貿易港としての地位は中華民国期と比較して大幅に低下したのであった．

　また，上海の対外貿易の傾向として興味深いのは，とりわけその輸入の著しい停滞である．輸出の対全国比率は，1952 年の低下の後，1957 年から 78 年にかけては 28.3-38.4% を占め，一定のプレゼンスを維持していた一方で，輸入は 1950 年代初頭から一貫して 1-3% にとどまった．これは，計画経済期の上海が主に輸出用の窓口としての役割を与えられていたことを示しており，中華民国期，特に 1930 年代の上海の輸入品目が，金属・鉱砂，機械，車輌，紙類，化学製品，染料，綿花などの工業用生産財・原料が中心となっていたことを考えると[10]，計画経済期の上海工業は，これらへのアクセスが制限されていたと言える．

　なお，改革開放期の 1980 年代以降は，むしろ輸出の増加ペースに対して輸入の伸びが著しく，2000 年代にはほぼ輸出入額が同規模となっている．しかし，対全国比率は輸出入ともに 10% 程度と，中華民国期のようなプレゼンスを取り戻すことはなかったのである．

　以上，主に開港以降の上海経済の長期的な推移を考察してきたが，そこから見えてくるのは，1949 年を境とした経済構造の大きな転換である．

　すでに述べたように，中華民国期までの上海経済の発展は，開港後の中国の対外貿易の拡大という新たな局面に対して，国内外の多様な経済主体が反応することで形成されたものであった．これに対して，1949 年以降は，中共政権の成立と社会主義体制の導入により，そうした活動は政府の統制下におかれることとなる．軽工業を中心としていた上海工業が，社会主義体制下の政策方針である「重工業優先発展戦略」によって急速に重工業化を進めることとなったのは，象徴的な変化であった．また，1950 年代初頭の朝鮮戦争を契機として

---

9)　貿易額は，1974 年に輸出 69.49 億ドル，輸入 76.19 億ドルとなり，1970 年から 4 年間で約 3 倍に達した．『中国対外経済貿易年鑑』編輯委員会［1984］p. Ⅳ-3.

10)　1936 年の上海の主要輸入品目（上位 10 品目）は，金属・鉱砂 11.3%，綿花 6.2%，機械 5.9%，紙類 5.4%，化学製品 5.1%，染料 4.4%，車輌約 4%（小数点以下不明），その他紡織品（綿製品を除く）3.1%，タバコの葉 2.6%，木材 2.6% であった．上海社会科学院経済研究所・上海市国際貿易学会学術委員会［1989］pp. 191-196.

上海の国際貿易港としての役割が大幅に低下したことは，中華民国期までの上海経済を特徴づけていた条件が大きく変化したことを意味していた．

改革開放政策がはじまった 1978 年以降は，社会主義体制の解体により，一面では上海経済は中華民国期の構造に回帰しているようにも見える．しかし計画経済期に導入された社会主義体制が，上海経済に具体的にどのような影響をもたらしたかという点については，マクロ統計にもとづく分析からは必ずしも十分明らかにならない．続く第 2 章および第 3 章では，本章で確認した中華民国期までに形成された上海経済の構造の上に，社会主義体制が形成されていく過程について検討する．

第2章　人民共和国の成立と上海企業

　序章で述べた通り，経済体制としての社会主義体制を形づくる主要な要素は，(1) 生産手段の公有，(2) 計画にもとづく資源分配，(3) 一党による政治権力の一元的掌握であると考えられる．そして中国においては，まず (3) が1949年10月の中共による人民共和国の成立を契機として，(2) は1953年の第1次五ヵ年計画の開始により，そして (1) は1956年の社会主義改造（具体的には，農業の集団化・資本主義商工業の公私合営化〔私営企業の半国営化〕・個人経営手工業の共同経営化という三大改造）の完成により，基本的に確立された．本章および第3章では，上海市においてこうした社会主義体制がいかに形成されたのかを検討する．

　中国における社会主義体制の導入については，それが必ずしも人民共和国成立当初から予定されていたものではなかったことが知られている．後述するように，中共政権は当初，資本主義的経済要素——具体的には私営企業[1]を指す——の存在を容認する新民主主義という基本方針を標榜し，比較的長期間にわたる共存関係を想定していた．ところが，1953年に第1次五ヵ年計画が開始され，また同年半ばに毛沢東が社会主義体制への移行を示唆する「過渡期の総路線」を提起したことによって，当初の方針は大きく転換した．そして，それからわずか3年後の1956年には，全面的な社会主義改造の完成に至ることとなったのである．

　この毛沢東による突然の社会主義体制への移行提起については，いくつかの

---

1)　「私営企業」という用語は，特に社会主義体制下での企業分類の際に「国営企業」等と並んで用いられる，生産手段の所有関係に重点を置いた呼称である．本書では，これと近い意味の「民間企業」という用語も用いているが，基本的に中共の政策や統計に関連する部分では，原史料での用法にもとづき「私営企業」を用いる．

研究において，当時の国際環境の変化が強く作用していたことが指摘されている[2]．これらの研究によれば，社会主義体制への移行提起を促進した最も重要な要因は，1950年の朝鮮戦争の勃発と中国の参戦であり，アメリカとの対立による毛沢東の国防意識の高まりが，私営企業との共存からその改造へと大きくシフトする契機となったとされる．

　また，この朝鮮戦争の勃発と中国の参戦については，中共の指導者層の意識への影響のみならず，社会主義体制の形成過程それ自体に対する影響も注目されている．泉谷陽子は，朝鮮戦争参戦前後に中共により発動された大衆運動，特に1952年初頭からの「五反」運動（私営企業の「五毒」〔賄賂・脱税・国家資材の窃盗・手抜きと材料ごまかし・経済情報の盗み取り〕を摘発する大衆運動）の展開過程を分析し，従来の研究では私営企業の資産階級としての階級的本質に起因するとされていた「五毒」が[3]，朝鮮戦争下における政府の経済統制によって

---

2)　毛里［1994a］は，当時の国際関係と毛沢東の対外認識の変化を検討し，1950年6月に勃発した朝鮮戦争に端を発する国際関係の緊張が毛沢東の国防意識を強く刺激し，その社会主義選択に大きな影響を与えたと指摘している．また奥村［1999］は，同様に朝鮮戦争勃発以後の国防意識の高まりを大きな転機としたうえで，その後の社会主義体制自体を，国防意識に強く規定された，「ありうるアメリカ「帝国主義」の侵略に対処するための，総力戦の態勢」であると位置づけている．

3)　社会主義改造に関する中共の公式見解とも言える中国社会科学院経済研究所［1978］は，人民共和国成立以来の中国政府による私営企業政策を，一貫した「利用・制限・改造」政策と捉えている．すなわち，政府の政策は，資本主義商工業の持つ国家経済と人民の生活に対する積極作用を利用しつつ，その消極作用を制限するものであり，資本主義商工業が階級的本質として持つ消極作用が政府による制限と対立したために，最終的に社会主義改造の実施へ帰結したとされる．この論理では，「五毒」の発生は，資本主義商工業の階級的本質に起因する必然的なものとして捉えられる．こうした私営企業政策および社会主義改造認識は，例えば中共中央党史研究室・胡［1991］の「第6章　中華人民共和国的成立的向社会主義過渡的実現」などのように，現在の中共の公式見解にも基本的に踏襲されている．なお，中国社会科学院経済研究所［1978］は，中央工商行政管理局・中国科学院経済研究所資本主義経済改造研究室［1962］を書き改めたもので，その「上海版」とも言える上海社会科学院経済研究所［1980］も存在する．

　こうした論理は，社会主義改造へ至る過程で発生した様々な事象——例えば「五毒」の発生——が「階級性」という抽象的な概念に覆い隠されてしまう点に大きな問題がある．この点は，日本における先駆的業績である古島［1969］，三木［1971］も同様の問題を抱えている．他方，中共の公式見解に異論を唱えるものとして，1970年代後半になされた上原［1975-76］，田中［1978］，座間［1978］らの一連の研究がある．これらに共通するのは，当時の中共の公式見解であった，1949年の人民共和国成立をもってプロレタリアート独裁政権の成立と見なす，いわゆる「1949年プロレタリアート独裁説」への批判的姿勢であり，人民共和国初期の対私営企業政策への考察を通じて，「革命の成長転化」（プロレタリアート独裁の成立）の過程を再検討することが目指されていた．こうした分析視角は，朝鮮戦争への参戦や大衆運動の展開などの影響を議論に組み込んでいる点で，より多面的に人民共和国成立初期の経済政策を論じたものと言える．

構造的に発生していた点を指摘した［泉谷2007］．そしてその上で，政府による私営企業の掌握において「五反」運動が果たした重要性を強調している．「三反」「五反」などの大衆運動を通じた政府による私営企業の掌握という構図自体は，すでにガードナーらによって指摘されていたが[4]，泉谷の議論は朝鮮戦争下の経済の実態と関連させて論じた点でより説得力を持つものになっている．

　これらの先行研究を踏まえて，本章および第 3 章では，朝鮮戦争参戦前後の変化に十分注意を払いつつ，上海市における政府の私営企業政策に焦点を合わせて社会主義体制の形成過程を検討する．ここで留意すべきは，上述の泉谷の研究や社会主義改造を扱った多くの研究は，主に私営企業が次第に経営の自由を奪われ政府の統制下におさめられていくプロセスを描いているが［桂 2006; 孫 2006; 張 2006 など］，その一方で，政府内部の私営企業に対する管理体制の実態については必ずしも分析が及んでいない点である[5]．これに対して，社会主義体制の構造的な把握を目的とする本書の立場からすれば，政府がその統制範囲を拡大させるなかで，統制下にある私営企業を管理する体制をいかに築いていったのかという点は，解明すべき重要な課題である．

　そこで，本章および第 3 章では，政府機関・国営企業から私営工業企業への委託加工・発注政策（以下，「加工発注」と略記）を具体的な考察対象として，主に政府内部の動向に注目しつつ，その上海での実施過程を検討する．第 1 章で述べた通り，上海は中華民国期までに民間企業の一大集積地となっており，1949 年 5 月の中共による上海占領後も無視しえない規模の民間企業が存在していた．そのため，同政策の執行において上海は最も重要な対象地域と位置づ

しかし一方で，「革命の成長転化」を前提とし，社会主義改造を必然的な帰結とする点では，中国社会科学院経済研究所［1978］の枠組みと同様であると言える．また，1990 年代には，中国において，人民共和国成立以後の経済発展の過程解明を目的とする人民共和国経済史の立場から，人民共和国初期の私営経済要素の役割を比較的重視した董［1996］，武［1999］などの経済史研究が発表されている．しかし，これらも国営企業・国家機関と私営企業との間の摩擦を階級対立の発現形態と捉えて必然視している点では，上記の研究と同様である．

4)　大衆運動を通じた政府の統制の強化については，Gardner［1969］が上海の例を，Liberthal［1980］が天津の例を挙げて指摘している．

5)　なお，商工業への管理・統制体制を扱った概説的な制度史として，『当代中国的工商行政管理』編集委員会［1991］が挙げられる．また，国営工場内の管理システムに注目した研究としては，Brugger［1976］，川井［1991］がある．

けられていたのであり，上海の私営企業をどのように扱うかという点は，中国社会主義体制の形成の上で鍵となる問題であった．

　また，本章および第3章の分析において併せて重視したいのは，朝鮮戦争前後の中央政府の方針転換が，上海市における政策執行にどのような影響を与えたのかという点である．序章で述べた通り，政策実施における中央—地方関係は，中国の社会主義体制を理解する上での重要なポイントであり，それゆえ本章および第3章では，地方レベルにおける加工発注執行の監督機関である上海市工商行政管理局に注目し，政策を実施する地方政府内部の実態に光を当てる．

　なお，議論の順序として，本章においてまず中共による上海占領の実態と朝鮮戦争勃発までの私営企業政策の導入過程を検討し，第3章では朝鮮戦争勃発以後の展開と私営企業の社会主義改造に到る過程を明らかにする．

1.　1949 年の上海企業

　上海全市が中共の人民解放軍によって占領されたのは，1949 年 5 月 27 日のことである．

　当時の中共の都市部における企業の接収・管理の基本方針は，接収の際に発生する混乱を警戒し，全ての「官僚資本」企業（国民党政権と関連があるとされた企業）と公的企業を元来の組織と機構を保持したまま接収し，私営企業およびその財産については一律に保護するというものであった[6]．上海市における「官僚資本」企業と公的企業の接収・管理は，主に上海市軍事管制委員会が設立した財政経済接管委員会によって行われたが[7]，ここではその接収過程について工業，商業，金融業に分けて見てみよう[8]．

---

6)　人民解放軍による長江流域への総攻撃開始直後の 1949 年 4 月 25 日に，そうした方針が示されている．中共中央「関于接管江南都市給華東局的指示（1949 年 4 月 25 日）」および華東局「関於接管江南城市工作的指示（節録）（1949 年 4 月 1 日）」中央巻編集部［1992］pp.30-33.

7)　上海市軍事管制委員会の設立と内部構成については，中共上海市委組織部ほか［1991］pp.6-12 を参照．

8)　上海市財政経済接管委員会の前身は，1947 年に成立した華東財経辦事処である．同処は，国民政府統治下の華東地域において，人・物・財を組織して前線を支援するための機関であり，1949 年春の人民解放軍の長江渡河の際に江南諸都市の接収・管理の準備にあたったとされる．孫［1990］p.20，注 1 参照．

　工業の接収は，重工業と軽工業に分けて実施され，重工業において中心となったのは，国民政府資源委員会関連企業の上海部分の接収である[9]．財政経済接管委員会重工業処が 1949 年 7 月末までに接収した企業は，資源委員会，善後事業保管委員会，国民党海軍造船所の 3 系統およびその他の「官僚資本」企業を合わせて 45 単位にのぼった．そのうち，生産関連企業が 21，管理・営業関連企業が 24 であったとされ，主要なものでは，亜細亜鋼鉄公司，上海鋼鉄公司，江南造船所，中央造船廠籌備所，冷鋳車輪廠，閔行通用機器廠，中央電工器材公司（4 工場を含む），中央無線電公司，中国農業機械公司の虬江機器廠と呉淞機器廠，中央化工廠，耀華玻璃廠などが挙げられる［孫 1990, pp. 22-23; 劉 1997, pp. 178-185］．

　軽工業については，中国紡織建設公司[10]（以下，「中紡公司」）の接収が重要であった．中紡公司の接収業務は 1949 年 6 月中旬に基本的に完成し，工場 38（綿紡工場 17，毛紡工場 5，捺染工場 6，麻紡工場 1，絹紡工場 1，メリヤス工場 1，リボン工場 1，紡織機械工場 6），倉庫 8，職員・労働者 6 万人あまりが接収され，総経理と副総経理および公司内各処処長の留用，ならびに全人員の「現職・現給料・現制度」維持が宣布された［劉 1997, pp. 182-183］．軽工業処による接収企業の総数は，中紡公司，化学工業企業，タバコ製造企業，中央工業実験所の 4 系統全体で，工場 52，倉庫 10，業務機関 17 単位，職員・労働者 6.5 万人とされることから，中紡公司の占める割合がいかに大きかったかがわかる[11]．

---

9)　国民政府資源委員会は，日中戦争前夜の 1935 年 4 月に設立され，国内の重工業の国営化を積極的に進めることで，国民政府の対日抗戦に重要な役割を果たした機関である．戦後においては，日本占領地域の重工業企業・鉱山の接収を中心に進め，1947 年 4 月時点で，全国の電力の 50% 以上，石炭 32.5%，石油 100%，鋼鉄 80%，金属鉱山の大多数，そのほか機械工業・化学工業などでも多くの部分を押さえていたとされる．全国政協文史資料研究委員会工商経済組［1988］p. 8．なお，資源委員会関連企業の接収に関しては，資源委員会側の「起義」（国民党からの離反，中共への合流）という形をとったため，台湾への移転部分を除いて，その設備・人材をほとんど損なうことなく管理下に収めることに成功したとされる．鄭ほか［1991］の第 14 章「資源委員会在大陸棄暗投明迎解放」，および劉［1997］pp. 178-181 を参照．

10)　中紡公司は，戦後，内陸移転していた資本家と上海に残った資本家との間で，在華紡の払い下げをめぐって対立が起こった際に，これを暫定的に国営化するために設立されたものであった．中紡公司の成立過程，およびその内戦期における経営実態，国民政府との関係については，川井［1987］，［1992］，［2001］，金［2006］を参照．

11)　孫［1990］p. 21．なお，接収・管理が一段落したあとの 1949 年 9 月，軽工業処は華東区財政経済委員会紡織工業部に改組され，中紡公司所属の各工場も華東区紡織工業部の指導に属することになった．

　以上の過程により，中共政権が上海で接収した工場は合計で 157 にのぼり，生産設備で言えば，全市紡錘の約 41%，機械製造設備の 3 分の 1，鉄鋼精錬設備の 5 分の 1 を掌握することとなった[12]．これらは中共政権の重要な工業基盤となっていく．

　また，商業関連企業で接収されたものに，揚子建業公司，中国進出口貿易公司，孚中公司，統一貿易公司，金山貿易公司，利泰公司，中国石油公司，利威汽車公司，嘉陵企業公司，中国棉業公司，長江実業公司，祥記公司，中国茶葉聯営公司，中国絲織産銷聯営公司などがある［孫 1990, p. 23］．そして，これらの接収企業を基礎として，1949 年 9 月から 12 月までに上海市糧食公司，花紗布公司，日用品公司，煤業公司，建築器材公司，土産公司，塩業公司，化学工業原料公司，茶葉公司，蚕糸公司，猪鬃（豚毛）公司などの国営専業公司（当該物品を専門に取り扱う国営商業企業）と，貿易信託公司が設立された[13]．これらは政府による市場のコントロールに大きな役割を果たし，私営企業に対して加工発注を行う主要な機関の一つでもあった．

　金融業においては，中央銀行，中国銀行，交通銀行，中国農民銀行，中央合作金庫，郵政儲金滙業局，上海市銀行，新華銀行，中国実業銀行，四明銀行，中国通商銀行などが接収の対象となり，そのうち中央銀行と上海市銀行，および中国農民銀行，中央合作金庫，郵政儲金滙業局の貯蓄業務と一部の機構は，新設の中国人民銀行上海分行の各部門に組み入れられた．また，その他の銀行は，前政権と関連のある持ち株が接収された後，一部民間持ち株が留保され，政府代表と民間代表による董事会（理事会）が形成され，いわゆる公私合営の

---

12)　劉［1997］p. 185．なお，接収した工業企業数 157 は，後掲表 2-1 の「国営」「地方国営」「公私合営」の合計と一致するが，直接の対応関係は不明．

13)　上海市工商行政管理局（執筆者，符徳晋・趙崇文）「加工訂貨在上海資本主義工商業社会主義改造中的地位与作用」中共上海市委統戦部ほか［1993］p. 842．なお，同文書は，同時代料史料ではなく，後に書かれた概説である．また，孫［1990］pp. 66-67 も参照．貿易信託公司とは，各地の機関・部隊・公私企業からの委託を受けて，代理買い付け・代理販売を行う機関である．特に，専業公司の業務範囲でカバーしきれない部分をサポートする役割を担い，例えば，人民共和国成立当初の段階では，工業器材の専業公司が存在しなかったことから，主に国営工場の生産品と輸入品の代理販売を担当したとされる．中央貿易部「関於各大城市国営信託公司業務方針及資金利潤，領導関係的決定（1950 年 5 月 4 日）」（同年月日は同決定が掲載された中央貿易部『貿易公報』の出版日時であり，同決定の正確な作成日時は不明）中国社会科学院・中央檔案館［1995a］pp. 146-147．

表 2-1　上海市工業企業の所有制別企業数・生産額（1949 年）

（単位：万元）

	企業数	%	生産額	%	1 企業当たり生産額 （生産額/企業数）
国営	92	0.5	50,981	15.8	554
地方国営	50	0.2	2,310	0.7	46
公私合営	15	0.1	1,171	0.4	78
合作社営	1	0.0	30	0.0	30
私営	20,149	99.2	267,352	83.1	13
合計	20,307	100.0	321,844	100.0	16

注：1）生産合作組織と個体（個人経営）手工業を含まない．生産額は 1952 年不変価格
　　　により算出．
　　2）新人民元へ換算済み（1955 年 3 月にデノミネーション．旧元：新元＝1 万：1）．
出所：中共上海市委統戦部ほか［1993］「統計表」中の表 2.
　　　原資料は，『1949-1957 年上海市国民経済統計（工業）』（著者・出版単位・出版
　　　年不明），pp. 6, 10.

形で経営が継続された．そのなかでも，中国銀行は従来の外貨取扱い専門銀行
としての役割を維持し，交通銀行は公私合営企業の財務監督を専門に行う銀行
となった．そのほかに，中国国貨銀行，江蘇省銀行，浙江銀行などのいくつか
の銀行・銭荘は整理・撤廃され，「官僚資本」とされた 19 の保険会社も，中国
保険公司と中国航聯保険公司を除いて消滅している［劉 1997, p. 203］．

　これらの工業・商業・金融業企業以外にも，交通，通信，不動産など各業種
において接収業務が進められ，各部門が接収・管理した事業単位は合計で 411
にのぼったとされる[14]．このように中共政権は，国民政府時期の企業を接収す
ることにより，上海経済の基幹部分を手中に収めることに成功したのである．

　しかし，中共が 1949 年時点で国営あるいは公私合営として直接管理下にお
いたのは上海経済の一部分にすぎなかったことも，また事実である．表 2-1 は，
1949 年時点での上海市の工業企業の企業数と生産額を所有制ごとに分類した
ものであるが，ここで示されるように，私営工業企業は企業数で 99.2%，生産
額では 83.1% と圧倒的な比率を占めていた．企業当たり生産額では国営企業
が群を抜いていることから，国営企業とされたのは先に見た資源委員会系企業
や中紡公司に代表される大型企業であったことが見て取れる．その一方で，上
海工業の大部分を占めていた無数の中小企業は，私営企業のまま存続していた

14）　中共上海市委組織部ほか［1991］p. 12.

のである. なお, 産業部門ごとの状況を見ると, 前掲表1-2によれば, 1952年の上海工業の総生産額における比率は軽工業79.3%, 重工業20.7%であり, また, 他の文献では, 1949年時点で紡織工業62.4%, 軽工業24%, 重工業13.6%であったとされ[15], 中核をなす紡織工業・軽工業部門において依然として私営企業の占める割合が高かったと見られる.

2. 新民主主義・私営企業・加工発注

(1) 新民主主義

　このように依然として数多く存在していた私営企業をどう扱うかという問題は, 中共政権にとって極めて重要な課題であった. ここでは, 当時の私営企業政策の基本方針を理解するために, 人民共和国成立当初において中共の政治・経済上の指針となる概念であった「新民主主義」について確認しよう.

　新民主主義とは, そもそも毛沢東の「新民主主義論」(1940年1月)において提起された概念で, 新民主主義革命と社会主義革命の二段階革命論に根ざしている. すなわち,「半植民地・半封建」社会である中国においての革命は, 民主主義革命と社会主義革命という二つの段階を経る必要があるが, その際の民主主義革命は, 五・四運動以前の「旧」民主主義革命とは異なる, 労働者階級の指導下での革命的諸階級の連合による新しい民主主義革命でなければならない, というテーゼである [日本国際問題研究所中国部会 1974; 天児ほか 1999, pp. 585-586]. こうした革命理論に基づけば, 1949年の中共による政権奪取は新民主主義革命と位置づけられ,「新民主主義革命後」の社会である人民共和国成立後の社会は, 新民主主義社会ということになる.

　そして, この新民主主義概念を経済に敷衍したものが「新民主主義経済」であった. 新民主主義のポイントは,「労働者階級と革命的諸階級との連合」という部分にあるが, 新民主主義経済の概念においては, それは複数の経済成分の並存という形で反映された. 人民共和国成立初期の臨時憲法として位置づけられた「中国人民政治協商会議共同綱領」(以下,「共同綱領」と略記)の規定に

---

15)　上海社会科学院経済研究所 [1980] p. 34. 同書は紡織工業を軽工業から区分している.

よれば，新民主主義経済は，(1) 社会主義的性質である国営経済，(2) 半社会主義的性質の合作社経済，(3) 国家資本と私人資本の協力態勢である国家資本主義経済，(4) 私人資本主義経済，(5) 農民・手工業者の個人経済という5つの経済成分から成り，国家は，各種の経済成分を国営経済の指導下におき，分業・協力させ，それぞれに適所を得さしめ，社会・経済全体の発展を促すべきであるとされている［中共中央文献研究室 1992a, pp. 7-8］.

　ここで注目すべきは，「私人資本主義経済」の位置づけである．同綱領では，「私人資本主義」について，「すべての国家経済と人民の生活に有利な私営経済事業については，人民政府はその経営の積極性を奨励し，ならびにその発展を扶助する」（「共同綱領」第30条）としており，その「経営の積極性」が認識され，「国家経済と人民の生活」に対する貢献が期待されている．その意味で，「私人資本主義」の存在と発展を基本的に容認するものと言えるが，一方で，「国家経済と人民の生活に有利な」という限定は，「私人資本主義経済」の自由な発展をそのまま認めるものではないことがうかがえる．

　こうしたある種の柔軟性は，「国家資本と私人資本の協力態勢」とされた国家資本主義経済の規定についても同様である．国家資本主義は，「必要と可能な条件下において，私人資本が国家資本主義の方向へと発展していくのを奨励するべきである」（「共同綱領」第31条）とされており，漠然と私人資本が国家資本と協力することを奨励しつつ，「必要と可能な条件」の中身については明らかではなかった．また，その協力の方法については，「例えば，国家企業に代わっての加工，国家との合営，租借形式での国家企業の経営，国家の自然資源の開発などである」とされているように，様々な形式での協力を列挙するに止まっていた．

　つまり，人民共和国成立当初における政府の「私人資本主義経済」に対するスタンスは，政府による一定の指導を基本としつつ，一方ではその生産に対する積極性に期待するというものであり，その具体的な形式や度合いについては様々な解釈を許すものであったと言える．

(2) 加工発注の基本構造

　そして，この「新民主主義経済」において，実際に人民共和国初期の私営企

業政策の中心とされたのが，「共同綱領」第31条に挙げられていた「国家企業に代わっての加工」，すなわち加工発注であった．

　加工発注（原語「加工訂貨」あるいは「加工定貨」）とは，委託加工（「加工」）と発注（「訂貨」）という二つの異なる業務形態を含む概念である[16]．また，ときには買上げ（「収購」）・統一買い付け（「統購」）・一手販売（「包銷」）など[17]さらにいくつかの異なる業務形態を含むこともあり，広い意味では国家機関・国営企業と私営企業との間で結ばれる業務全体を指す概念であったとも言える．

　委託加工は，国家機関・国営企業が私営工場に原料や半製品を供給し，規格・数量・期限を規定して加工を委託するものであり，完成品を国営企業・国家機関に納品した後には，私営工場に労賃・合理的費用・加工製品にかかる営業税・合理的利潤を計算した加工賃が支払われることになっていた．また，発注については，国家機関・国営企業が規格・品質・数量・合理的価格・納品期限を決め，私営工場に発注するもので，その発注価格は合理的な生産コスト・税金・合理的利潤にもとづいて計算するとされた[18]．なお，この「合理的利潤」については，「同一地区の一般工場における合理的経営条件の下での中等

16）　厳密に言えば，「加工」と「訂貨」は区別するべきであり，当時の記述においても，業務形態を限定して示すときには「加工」と「訂貨」を使い分けている．しかし一般には両者をまとめて「加工訂貨」と呼ぶことが多いため，本章および第3章においても基本的に「加工訂貨」の訳語にあたる加工発注という用語を用いる．

17）　それぞれの業務形態の一般的定義については，以下の通り．

買上げ（「収購」）	国営企業あるいはその他の国家単位が，一定の規格・品質・価格に基づいて，臨時あるいは定期的に私営工場から一定量の製品を買い上げる方式．この方式では，事前に契約が結ばれることがなく，そのため私営工場の生産は事前に国家の規制をうけることはない．
統一買付け（「統購」）	国家が国営商業部門に命じ，国家計画と人民の生活に重大な関係がある製品を統一的に買い上げさせる方式．統一買付品に関しては，一般に私営工場による自由な市場販売は禁止される．
一手販売（「包銷」）	国営商業部門が，私営工場に対して製品の規格・品質・合理的価格を規定し，一定期間内その製品の一部あるいは全部の販売を引き受ける方式．一手販売品に関しては，一般に私営工場による自由な市場販売は禁止される．

　　注：以上は，天野［1961］pp.139-140，三木［1971］p.230，中国社会科学院経済研究所［1978］pp.180-181
　　　の記述にもとづく．

18）　中国社会科学院経済研究所［1978］pp.180-181．上記の定義からも分かるように，委託加工と発注の相違点は，委託加工では国家機関・国営企業が工業原料（あるいは半製品）を供給するのに対し，発注では原料の調達に国家機関・国営企業が関与しない点にある．つまり，委託加工の場合には，政府の側が必要な原料をある程度掌握していることが前提となり，その展開には政府による原料の掌握情況が大きく関わってくる．一方，発注においては，私営工業の側が自ら原料を調達することになるため，市場における原料の流通およびその価格が重要な要素となる．

標準によって計算すべき」とのみ規定され[19]，具体的な基準が示されなかった
ため，後述するように実際の執行過程において多くの問題を生み出すことにな
る．

　加工発注の執行過程に対する政府の管理体制について見ると，加工発注の契
約締結時には当該地域の工商行政担当機関に契約の内容を登記しなければなら
ず，契約締結後の履行についても，当地工商行政担当機関が指導の責任を負う
とされた[20]．また，各地での加工発注の分配・管理については，当地の工商聯
（商工業者団体），総工会（労働組合総連合会），同業公会（同業者組合）などの援助
を得て行うとされていた．

　上海市において加工発注の契約・執行の指導に責任を負う機関は，上海市人
民政府内の工商局（1953 年 3 月に工商行政管理局に改名．以下，改名後も含めて「上
海市工商局」と略記）であった[21]．上海市工商局は，接収・管理業務が一段落し

---

19) 陳雲「目前経済形勢和調整工商業，調整税収的措施（1950 年 6 月 15 日）」陳［1984］p. 106.

20) 同上．ちなみに加工発注の注文書については，「政務院財政経済委員会は，各国営企業と機
　関・部隊が必要とする加工発注の注文書を統一的に組織し，1 年に 2 度これらの注文書を公私工
　業に分配し，契約を結び，公私工業が計画的に生産を執行できるようにする」とされているが，
　実際の執行過程を見る限り，加工発注の業務は非常に複雑・煩瑣で数量も多く，政務院財政経済
　委員会が統一的に組織して「1 年に 2 度」分配していたかどうかは不明である．

21) 上海市工商局全体の機構・人員構成について見ると，工商局内部には秘書室，人事室，調査研
　究室，工商管理処，市場管理処，工商登記処，敵偽資産整理処が設置され，その下に各科など下
　部機関が設置された．職員数は，1949 年末時点で 411 人であったとされる．上海市編制委
　員会辦公室［1988］pp. 8-11. なお，上海工商行政管理誌編纂委員会［1997］p. 245 によれば，
　職員数は 1950 年 8 月に 789 人に増加し，1953 年 3 月には，工商局の一部機関を新設の商業局に
　移管したことから，600 人に減少したとされる．指導的立場の人員については，初代局長を務め
　たのがマルクス主義経済学者の許滌新である．許滌新は，1930 年代に社会科学家連盟に参加，
　左翼文化総同盟の組織活動を行うなかで 1933 年に中共に入党し，日中戦争期には重慶の中共南
　方局で『新華日報』の編集委員を務めた．戦後は，中共代表団上海辦事処内で組織された上海工
　作委員会の委員となり，上海の商工業者との統一戦線政策および経済調査・研究に従事した．ま
　た，この時期に許［1947］，［1949a］，［1949b］など新民主主義経済に関する著作を数多く執筆
　し，新民主主義経済の理論的基礎の確立にも貢献した．人民共和国成立以後は，上海市工商局局
　長の他に，華東財政経済委員会副主任および上海市財政経済委員会副主任を兼任し，華東区およ
　び上海の経済政策をリードする立場の一人であった．徐［2007］p. 1688. そして，許滌新の下で
　副局長を務めたのが蔡北華と楊延修である．蔡北華は，日本留学中の 1935 年に中共へ入党した
　人物で，帰国後，1943 年から 46 年まで重慶で『新華日報』の記者を担当しており，許滌新とは
　この頃から関係を持っていた．戦後は上海工作委員会にて許滌新のもとで商工界への統一戦線政
　策に携わった後，香港に移り，雑誌『経済導報』の総編集，中共香港工作委員会財経委員会の委
　員を務めた．上海の商工業者との関係も深く，1953 年 1 月からは許滌新に代わって上海市工商
　局局長を務め，許滌新とともに人民共和国初期における上海市工商行政の舵取りを担った人物と
　言える．林［2001］pp. 453-497 の巻末「蔡北華生平著述年表」．一方，楊延修は，1955 年末ま

た 1949 年 9 月 13 日に軍事管制委員会中の財政経済接管委員会工商処を基礎と
して成立した[22]．その職掌は，上海市の商工業の管理・発展，および公私商工
業に関する行政管理などの事務，および市場管理などの業務とされ，市内の商
工業の全体的なバランスを図ることが基本的な職務であった[23]．

また，上海市工商局の上級機関との指導関係については，基本的には中央財
政経済委員会（以下，中財委と略記）内に設置されている中央私営企業局（1952
年 11 月，中央外資企業局と合併して中央工商行政管理局に改組）の指導に属してい
た[24]．ただし，その他にも，工業生産については中央の工業各部（重工業部・燃
料工業部・紡織工業部・食品工業部・軽工業部等）および大行政区レベルの華東軍
政委員会工業部がその指導機関であり，商業に関しても同様に中央貿易部およ
び華東軍政委員会貿易部の指導を受けるとされており，私営企業管理，工業，

　　で上海市工商行政管理局副局長を務めた後，蔡北華に代わって 1957 年 12 月まで上海市工商行政
　　管理局局長を務めた人物である．ただし，個人情報については管見の限り記録がなく，不明な部
　　分が多い．

22)　国民政府時代の上海市政府機構との関係で言えば，上海市工商局は基本的には上海市社会局の
　　業務の一部を継承するものであったとされる．上海市編制委員会辦公室［1988］p.5．工商局の
　　前身である財政経済接管委員会工商処は，旧政府機構から 376 人（うち，上海市社会局から 197
　　名，社会局の付属機構である上海市度量衡検定所から 26 名，全国供銷合作社物品供銷総処から
　　153 名）を留用していたことから，やはり国民政府時代からの留用人員が相当な割合を占めてい
　　たと言えよう．上海工商行政管理誌編纂委員会［1997］pp.242-243．

23)　上海市編制委員会辦公室［1988］pp.6-7．同書の記述は，「1948 年 8 月市政府編集・印刷の各
　　部門組織規程と，同年 12 月市政府秘書処編印『関於目前市人民政府組織機構的説明』に基づい
　　て作成」とあるが，筆者は同「組織規程」と「説明」は未見である．なお，具体的な業務として，
　　加工発注に対する指導の外に，行商・露天商の管理，公私間および私営企業間の契約の管理，商
　　工業の登記，商標登録の管理，広告の管理などがあった．上海工商行政管理誌編纂委員会
　　［1997］p.243．加えて重要な業務が，1950 年 3 月の中央政府の規定によって開始された国営商
　　業専業公司の管理である．政務院「関於統一全国国営貿易実施辦法的決定」（1950 年 3 月 14 日
　　発布）には，「各大行政区及び中央直属省市人民政府の貿易部門は，中央人民政府貿易部および
　　当地人民政府財政経済委員会の二重の指導を受ける」とあるが，上海市では財政経済委員会（当
　　時は未成立）の代わりに工商局が担当したものと思われる．中央人民政府法制委員会［1952］
　　p.325 参照．なおこの業務は，1953 年 1 月に上海市商業局が設立され，同年 3 月に専業公司の管
　　理業務が商業局に移管されるまで継続した．

24)　上海工商行政管理誌編纂委員会［1997］p.243．中央私営企業局については，1950 年 7 月に周
　　恩来の指示により，中財委私営企業局の業務の強化と，各地の工商行政機関および中央各部の私
　　営企業主管部門との連係が強調されている．周恩来「調整公私関係，加強私営企業局的工作
　　（1950 年 7 月 15 日）」中央巻編集部［1992］pp.156-157．周恩来のこの文書は，中央人民政府政
　　務院「関於調整公私関係，加強私営企業局的指示」として政務院総理名義で発布されたとされる
　　（発布年月日不明）．また，同指示では，そのほかにも私営企業局の職責として以下のことを定め
　　ている．(1) 各省・各市工商行政機関による工商情況報告，(2) 私営商工業の登記，(3) 商標登
　　録，(4) 公私合営企業の管理，(5) 各地工商業聯合会の指導．

商業という三系統の縦割り指導の下にあった．そしてさらに，財政経済政策全体という範囲では，大行政区レベルでは華東財政経済委員会，市レベルにおいては上海市財政経済委員会（1951 年 7 月設立）の指導を受けることになっていた[25]．

3.「商工業の調整」下の加工発注の展開

加工発注が人民共和国成立当初に推進された背景には，私営企業の保護を掲げる新民主主義という政策方針とともに，当時の経済状況への現実的な対応という側面も存在していた．人民共和国成立当初の経済上の重要課題は，国共内戦期から続くインフレであった．これに対して，政府は徹底した貨幣の回収と重要物資の集中的買上げ・販売による物価調整という方法で対応し，一方では 1950 年 3 月 3 日に「国家財政経済政策の統一に関する決定」を公布して財政経済制度の整備と中央財政収入の確保が進められた[26]．こうした一連の措置に

25)　一方，市以下の指導体制として，1950 年 6 月には加工発注の展開における政府機関と商工業団体・工会（労働組合）の連携を目的として，上海市工商局・同市工商聯籌備委員会・同市総工会が共同し，工商輔導連絡組が組織された．工商輔導連絡組は，加工発注の審査に対して責任を負う機関であり，さらに 1950 年 7 月には，この工商輔導連絡組の下に，綿紡織染加工，重工業加工発注，日用品買上げ・発注，紙類発注，糧食加工，絹織物加工など，業種ごとの加工訂貨審核小組が計 10 組，およびそれらの小組の下部組織としていくつかの巡回稽査小組が設立され，加工発注の生産計画や契約などをより具体的に監督・審査することが目指された．また，同時期に，加工発注の統一的把握に責任を負う機関として，上海市工商局内に工商輔導処が設立されている．上海人民政府工商局「1950 年工作結結（節録）（1951 年 1 月）」中共上海市委統戦部ほか［1993］pp. 97-98，上海工商行政管理誌編纂委員会［1997］pp. 297-298．なお，上海工商行政管理誌編纂委員会［1997］p. 27 では，審核小組は，綿紡織染，絹織物，重工業，日用品，百貨（雑貨），紙，糧食の 7 組とされている．また，上海市工商局工商輔導処については，上海人民政府工商局「1950 年工作総結（節録）（1951 年 1 月）」中共上海市委統戦部ほか［1993］pp. 97-98 において 1950 年 6 月成立とされているが，上海工商行政管理誌編纂委員会［1997］p. 245 には，同年 8 月成立とある．その役割に関しては，上海工商行政管理誌編纂委員会［1997］では「専業公司への行政管理の強化」とされるが，上海工商局「如何掌握加工定貨（1951 年 1 月 6 日）」中国社会科学院・中央檔案館［1993］p. 657 には「加工発注の統一的掌握に責任を負う」と記されており，その後の活動を見る限りでも，加工発注の指導に強くかかわる機関であったとみられる．
26)　具体的に採られた措置は以下の通りである．(1) 国家税収の統一化（従来の地方ごとに独立した徴税システムを中央の下に統一化し，中央財政収入の増加を企図），(2) 国営貿易機関の組織化（中央貿易部の指導下に重要物資の買上げを目的とする食糧・綿花・綿糸・綿布・雑貨業・塩業・石炭業・特産品に関する全国範囲の専業総公司を設立），(3) 国家機関・国営企業内における現金管理の実施（中国人民銀行を現金管理の執行機関として指定し，国家機関・部隊・国営企業などの現金・手形はすべてこれに預金することを定め，国家機関・部隊・国営企業間の限度額

よりインフレは沈静化したが[27]，極端なデフレ政策は市場の混乱と停滞を招き，商工業を不況状態に陥らせた．例えば，上海市の綿糸生産では，1950年3月の時点で前年同時期の63.57%，紙巻きタバコで40.86%，セメントで15.12%にまで落ち込んだとされる[28]．

　こうした状況を重くみた政府が，1950年6月の中共第7期中央委員会第3回全体会議において打ち出した政策方針が，公私関係・労資関係・生産販売関係の調整を軸とした「商工業の調整」である[29]．そこで特に重視されたのが，「全国民経済および私営工業のどちらにとっても比較的重要である」とされた私営工業に対する加工発注であった[30]．

　「商工業の調整」実施当時における政府の加工発注に対する位置づけを表すものとして，1950年6月8日付け『人民日報』社論は以下のように述べてい

　　以上の相互取引については中国人民銀行を通じた振替決済を実施すると規定）．宮下［1967］pp. 36-38，藤本［1971］pp. 39-42.

27)　米・石炭・綿糸の物価を見ると，1950年3月を境にそれまでの急激な上昇が収束し，4月以降は，綿糸がやや上昇しているのを除けば，一応の安定を保ったと言える．中国科学院上海経済研究所・上海社会科学院経済研究所［1958］pp. 448-563.

28)　この減産のパーセンテージは，1949年の1月から3月までの生産量を平均したものと，1950年3月の生産量を比較した比率であるとされる．加えて，綿糸では生産量に占める売れ残りの比率が66%となり，紙巻タバコではそれが100%，セメントにいたっては470%（生産分のほかに，その3.7倍を在庫として抱える状態）に達していた．許滌新「関於上海市工商業情況的報告（1950年5月）」中国社会科学院・中央檔案館［1996］pp. 377-378より．ちなみに，この許滌新の報告は，日付および報告場所については不明であるが，引用元の中国社会科学院中央檔案館［1996］中に振られている史料番号（G128-1-26）が，同書p. 372にある「七大城市工商局長会議匯総全国工業生産情況　1950年」と一致することから，同会議においてなされたものである可能性が高い．

29)　三木［1971］p. 74. なお，これに先立つ1950年4月13日に開かれた中央人民政府委員会第7回会議において，財政経済政策の重点を，それまでの財政収支の平衡化・物価の安定から「商工業の調整」に置くことが提起されている．陳雲「財政状況和糧食（1950年4月13日）」陳［1984］p. 79.

30)　陳雲「目前経済形成和調整工商業，調整税収的措置（1950年6月15日）」陳［1984］p. 106. なお，加工発注は「商工業の調整」の一環として展開が図られたが，上海においては，すでに中共による軍事占領直後から一部で施行されていた．接収・管理が一段落した後，上海市軍事管制委員会は，私営工業への扶助と，なにより当時まだ継続していた人民解放軍の「南進」を物質的に支援するために，重工業処，糧食処などが中心になり，食糧加工，綿紡績業，造船業など一部の重工業に対して加工発注を行っていたとされる．こうした加工発注を通じた生産は，後掲図3-2で示すように1949年の私営工業の総生産額のうち10.0%を占めていたが，基本的には臨時形式のものであり，ある程度体系的に推進されるのは，「商工業の調整」の一環とされて以後のことである．上海市工商行政管理局（執筆者，符徳晋・趙崇文）「加工訂貨在上海資本主義工商業社会主義改造中的地位与作用」中共上海市委統戦部ほか［1993］pp. 842-843.

る．「目下の中国国民経済における工業経済の割合は，おおよそ10%あるのみである．これは公営工業と私営工業の総和である．国家経済と人民の生活に有益な私営工業に対して団結と発展の方針をとらなければ，中国の工業化の速度はすぐに低下していくであろう．よって，国家は，共同綱領が規定するところの経済建設の総方針に基づき，事業内容・原料供給・販売市場・労働条件・技術設備・財政政策・金融政策などの面において，私営工業に必要な扶助を与えなくてはならない．国家機関と国営企業による私営工業への加工発注と製品の買上げは，国家が私営工業を扶助するうえでの重要な形式である．これこそまさに共同綱領第31条が規定するところの私人資本主義が国家資本主義へと向かうのを助ける方法であり，次第に私営工業の生産における盲目性を克服する方法なのである[31]」．

ここでは，「共同綱領」の規定同様，「国家経済と人民の生活に有益な」という留保をつけつつ私営工業の工業化に対する積極性が指摘されており，加工発注は私営工業を「扶助」するうえでの「重要な形式」という位置づけを与えられていた．その一方で，加工発注による私営工業の生産における「盲目性」の克服にも言及している点は注目される．つまり，政府には加工発注を通じて私営工業の生産をコントロールする意図も存在していたのである．

では，「商工業の調整」下での上海市における加工発注の具体的な展開過程を見てみよう．当時の加工発注の主要な対象は，綿紡織工業と機械工業であったとされる[32]．

綿紡織工業について見ると，綿製品を扱う国営専業公司である花紗布公司が1950年5月から9月の5ヵ月間に上海市の私営工場に委託した加工数量は，綿糸で13万4009件，綿布加工では157万1159匹にのぼった．これは，1949年8月から1950年5月までの10ヵ月間に華東区全体で執行された加工がそれぞれ4万4929件，97万3802匹であったことから考えて，大幅な増加であっ

---

31)　「如何調整工商業関係」（『人民日報』1950年6月8日）中国社会科学院・中央檔案館［1990］p. 746.

32)　当時，中央財政経済委員会委員であった孫暁村は，以下のように述べている．「全国的に，あるいは上海だけについて言っても，加工発注の主要な対象は綿紡織工業と機械工業であり，両産業の情況が好転すれば，その直接的・間接的影響は，全工業で70%以上に達する」．孫暁村「論加工定貨収購中的公私関係（『新華月報』1950年6月3日）」中国社会科学院・中央檔案館［1993］p. 641.

た[33]．この当時，操業中の 39 の私営工場のうち 37 工場が，部分的あるいは全面的に国営企業・国家機関からの加工発注を受けていたと言われる［孫 1990, p. 60］．

　また，機械工業では，華東区工業部が 1950 年 6，7，8 月の 3 ヵ月間に私営機械工業企業に対して行った発注は，全市の私営機械工業の生産能力の 60-80% を占めたとされる［倩ほか 1957, p. 20］．

　そのほかの業種でも加工発注による生産は大きな位置を占めており，ゴム加工業では 1950 年のゴム靴生産の 60%，レインコートの生産のすべてが加工発注によるものであり，製粉業では 1950 年下半期の加工発注が各工場の自己生産部分の 4 倍に達していた[34]．1950 年下半期の統計では，市加工訂貨審核小組が審査した加工発注契約は 2436 件で，関係した私営工場は 1300 にのぼっていたとされる[35]．

　こうした上海市における加工発注の成果については，表 2-2 によって当時公表された数値を見ると，各業で一定の生産の増加が確認できる[36]．また，工場の休業・復業申請数では，休業申請は 5 月をピークとして 6 月からは大幅に減少しており，5 月までは数件であった復業申請が 6 月以降は増加傾向にあった［中国社会科学院・中央檔案館 1993, pp. 887-889］．上記の加工発注の広範な展開状況から考えて，以上の工業生産の回復に加工発注が一定の役割を果たしていたと見ることができる[37]．

　ただし，その一方で，政府内部では，加工発注の執行過程において発生した

---

33)　許滌新「関於調整公私関係与上海工商業情況的報告（1950 年 10 月 18 日）」中共上海市委統戦部ほか［1993］pp. 78-80．なお，綿紡織工業への加工発注の展開については，泉谷［2007］第 3 章を参照．

34)　中央私営企業局「加工訂貨工作中的一些問題（1951 年 7 月 5 日）」中国社会科学院・中央檔案館［1993］p. 659（原載『工商情況通報』15）．

35)　上海人民政府工商局「1950 年工作総結（節録）（1951 年 1 月）」中共上海市委統戦部ほか［1993］p. 98．

36)　無論，表 2-2 の数値は，上海市政府自身が発表したものであり，政策の効果を強調するために好調な業種のみを挙げている可能性はあるが，同表の業種の多くは民国期までの上海工業の主力である．

37)　なお，当時「私営工業への扶助」として行われていた加工発注が，加工賃や発注価格の面で市場価格よりも明確に有利であったかどうかは不明である．ここでは，少なくとも加工発注の量的な拡大（政府・国営企業による政策的な需要の創出）が私営工業の不況脱出を助けた点を評価している．

表 2-2　上海主要工業製品生産・販売量（1950 年 4 月・8 月）

業種	単位	生産量			販売量		
		4 月	8 月	増加率 (%)	4 月	8 月	増加率 (%)
綿糸	件	60,453	67,902	12.3	52,977	76,184	43.8
毛糸	ポンド	276,697	385,871	39.5	212,765	428,201	101.3
小麦粉	袋	99,738	523,032	424.4	406,472	644,560	58.6
巻煙草	箱	15,092	39,883	164.3	22,743	46,833	105.9
マッチ	箱	1,122	4,293	282.6	2,837	4,824	70.0
セメント	袋	53,448	116,504	118.0	29,192	114,279	291.5
植物油	斤	1,341,681	4,272,567	218.4	1,496,743	4,023,375	168.8
石鹸	箱	33,323	106,497	219.6	33,193	76,933	131.8
新聞用紙	連	12,313	82,701	571.7	13,361	79,203	492.8

注：綿糸の単位「件」は 1 件 = 181.44 kg. 植物油「斤」は 1 斤 = 500 g. 新聞用紙「連」は 1 連 = 500 枚.
出所：中国社会科学院・中央檔案館 [1993] p.884. 原載は，上海人民政府「上海公私工商関係調整後的収穫」
　　　中国工業経済研究所『調整公私工商関係後的上海工業』（出版社不明，1950 年 10 月）.
　　　ただし，「増加率」の欄は筆者が改めて計算して求めた.

問題が複数指摘されていた．以下，いくつかの事例を見てみよう．

a. 私営企業の原料のごまかし，公的物資・費用の流用，粗製濫造

華東財政経済委員会が，中財委，中央貿易部，および各地財政経済委員会に通達した報告には，以下のようにある．「公営企業が加工発注および買上げを行うと，私営工場は常に仕事の手を抜いて原料をごまかし，納品を遅らせ，公的物資や費用の流用などの事件が発生した．花紗布公司の加工の納品は，みな規格に合っていない．青島での織布加工 18 万匹あまりは，70% が規格に合わなかったし，上海での布加工では糊を多くつけすぎたためにカビが生えた．百貨公司〔雑貨を取り扱う国営商業企業——訳者注〕は，倉庫を検査したときに，発注したゴム靴の乾燥が不十分でゴムの部分が粘つき，靴本体が黄色くなっており，歯磨き粉は干からびて硬くなり，シーツは漂白粉が多すぎてバリバリになっているなどの現象を発見した[38]」．

この報告では，私営企業の手抜きやごまかしといった行為が問題にされている．私営企業にとって，取引きに不慣れな公営企業からの業務において不正を行う余地があったことは事実であろう．しかし一方で，同報告の事例は，政府

---

38)　華東財政経済委員会「関於物価平穏後各地合理調整公私関係過程中産生的現象及採取的方針的
　　通報（1950 年 9 月 9 日）」中共上海市委統戦部ほか [1993] pp.75-76.

担当機関が加工発注の執行過程を十分管理できていなかったことをも示唆していると言える.

b.　上海市工商局と国営企業・国家機関の連携におけるトラブル

上海市工商局の報告には以下のようにある.「中央の規定に基づいて,加工発注は当地の工商局が統一的に掌握し,計画的に私営商工業に対する協力と指導を行えるようにしなくてはならない」.「公営企業の側は,国営企業は工商局の指導に依らないものと認識し,あまり〔工商局の指導を——訳者注〕重視しなかった.説得と上級機関の指示によって,〔こうした問題は——訳者注〕すでに克服されたが,しだいにもう一つの偏向が発生してきた.いくつかの国家機関・国営企業は,加工発注をすべて工商局へ押しつけ,例えば契約・注文書・品質・規格などの一切について,工商局に責任を負わせた.特に軍隊の発注は,期限を切り価格を指定し,工商局を後方支援機関と見なしていた.こうして,工商局は責任を負いかねるようになり,後に,工商局は公私関係を調整する中間機構にすぎず,企業機構ではないと説明をした後,ようやくこの困難は解決した[39]」.

ここで指摘されているのは,工商局による加工発注の管理に関する問題である.この事例から見えるように,加工発注の展開過程においては,国家機関・国営企業と工商局との間でも職責に対する認識が不明確であり,上海市政府内の一部局である工商局が,全国の様々な国家機関・国営企業との間で行われる加工発注を統一的に管理することの困難さが表われている.

以上のように,「商工業の調整」の一環として展開された加工発注は,上海市の私営企業の生産回復に一定の成果を挙げたが,その展開過程においていくつかの問題が発生していた.こうした状況に対し,上海市工商局局長の許滌新は,1950 年 10 月に召集された上海市第 2 期第 1 回各界人民代表会議において,以下のように述べている.「代表・同志の皆さん.上海の商工業はすでに好転の様相を呈しているが,これで万事めでたしで,少しの問題もないのであろうか?　そうではない.前進していくには,依然として困難が存在しており,そ

---

39)　上海工商局「如何掌握加工定貨（1951 年 1 月 6 日）」中国社会科学院・中央檔案館［1993］p. 657.

の困難は，以下の点に表れている．〔中略〕第一，公私関係の調整において，国家の経済部門の同志はいまだにこの関係を通じて私営企業の改造を督促することができておらず，また，いくらかの私営企業の友人は不正確な観点を持っている．彼らは五種類の経済の間に「有所不同（異なるところがある）」ということを忘れ，「公私兼顧（公・私両方に配慮する）」というのを「平分秋色（両者で折半して分ける）」と思い，「一視同仁（全てを同様にみなす）」を「平均主義」と解釈している．〔中略〕陳雲副総理がはっきりと述べているように，「いわゆる公私商工業関係の調整の実質とは，一方では国家経済の指導的地位を確立し，一方では私人資本主義経済に国家経済の指導下においてその適所を得させることである」．我々は商工業界の友人がこの精神をしっかりと把握することを希望する[40]．

　ここで，許滌新は，「商工業の調整」を推進する上で発生した諸問題について，国家の経済部門の問題点を指摘しつつ，「国家経済の指導的地位」を確認し，私営商工業者に対して一定の警告を与えている．とはいえ，この時点での私営企業に対する「国家経済の指導」の認識は，後の時期と比較すると厳格なものではなかった．これは「商工業の調整」が基本的には私営商工業に対する「扶助」という意味合いを持っており，また私営企業に対する管理・統制の必要性がそれほど切迫したものではなかったためでもある．しかし，こうした状況は，中国の朝鮮戦争への参戦という全体状況の変化により，大きく転換していくこととなる．

---

40)　許滌新「関於調整公私関係与上海工商業情況的報告（1950年10月18日）」中共上海市委統戦部ほか［1993］pp. 81-82.

第3章　朝鮮戦争と社会主義体制の形成

　朝鮮戦争の勃発は1950年6月25日であるが，中国が参戦を決定したのは同年10月19日のことである．この参戦については，直前まで中共の指導者間にも反対意見があったとされるが，最終的には毛沢東の強いリーダーシップによって決定が下され，中国人民「志願軍」は中朝国境の鴨緑江を渡河したことが知られている［朱1991］．つまり，当の中国政府にとっても参戦は予定外の行動であったのである．

　本章では，第2章に引き続き，私営工業への加工発注政策に焦点を合わせつつ，中国の朝鮮戦争への参戦が上海市における私営企業政策の展開および社会主義体制の形成過程に与えた影響について検討する．なお，朝鮮戦争は1951年7月10日から休戦会談に入り，「停戦なき政治交渉」が続いた後，最終的に1953年7月23日に休戦協定の調印にいたった［喜田1993］．この過程を踏まえて，第1節では主に1950年10月から1951年後半までの戦時下における加工発注の拡大を，第2節では戦争が一段落した1951年末以降の展開を，それぞれ分析する．

1. 朝鮮戦争と加工発注の拡大

(1) 経済統制の展開

　朝鮮戦争への参戦は，中国政府の経済政策に大きな転換を迫り，その新たな政策方針は，当時の政務院副総理兼中央財政経済委員会主任の陳雲の言葉を借りれば，「戦争が第一，市場の維持が第二，その他が第三」であった[1]．ここで

---

1) 「抗美援朝開始後財経工作的方針（1950年11月15日）」（第2回全国財政会議での報告），陳［1984］p.111.

言う「市場の維持」とは，具体的には物価上昇の抑制を意味しており，中共政権が，1950 年 3 月に沈静化した国共内戦期から続くインフレの再来を何としても避けたいと考えていたことが表れている．

政府が物価上昇を警戒する背景には，朝鮮戦争による国内経済の動揺のみならず，アメリカの対中貿易制限の実施があった[2]．アメリカ政府は，1949 年にすでに国内の石油会社に対して中国への石油販売の差し控えを勧告し，1949 年末から 1950 年初頭にかけて対共産圏輸出統制委員会（COCOM）が成立すると，同委員会参加諸国に対して，中国を含めた社会主義圏に対する輸出統制強化を要求していた．

そして，朝鮮戦争が勃発すると，対中貿易制限はより本格化した．1950 年 6 月以降，中国，マカオ，および重要な中継貿易港であった香港を対象に，鉄鋼・銀・銅・鉛・亜鉛などの金属，石油・ヤシ油・ゴム・綿花などの天然資源，金属切削機・化学用器材・運輸器材・通信器材・航海設備・鉄道用品などの機器について，輸出禁止や許可制導入などの措置を段階的に進めた[3]．中国の参戦後の，同年 12 月 3 日には中国・香港・マカオに対して輸出される物資のすべてが統制下に置かれ[4]，アメリカの対中禁輸は全面的に展開されることとなる．

こうした対中貿易制限をも背景として，政府は一連の物資統制政策を展開する．1950 年 10 月 20 日に公布された「物価変動問題に関する指示」では，(1) 食糧・綿布・石炭などの政府が比較的掌握できている物資は市場投入によ

---

2) 以下のアメリカによる対中貿易制限の展開過程については，「海関総署海関統計年報（1950 年）」中国社会科学院・中央檔案館［1994］pp. 447-448，三木［1971］pp. 440-441，毛里［1994b］pp. 102-103，加藤［1992］pp. 123-178 にもとづく．

3) 1950 年 6 月以降の貿易統制の具体的な展開は以下の通りである．1950 年 6 月 28 日に北朝鮮に対する全面禁輸が開始されると同時に，中国およびマカオに対して，石油・ゴム・ヤシ油・銅・ダイヤモンド・鉛・銀などの 11 品目の輸出許可制が実施された．また，8 月中旬には，金属切削機・非鉄金属・化学薬品・化学用器材・運輸器材・通信器材・航海設備など 16 品目についての輸出が禁止され，9 月には綿花の輸出統制の強化と，鉄鋼・鉄道用品など 20 品目の輸出禁止が決まった．同時に，香港に対しても，7 月 1 日にゴムなど 10 品目，8 月 12 日には 190 品目の禁輸が決定されている．さらに，中国が朝鮮戦争への参戦を決定した 1950 年 10 月には，綿花の輸出限度額が引き下げられ，銅と銅製品・亜鉛と亜鉛製品・鉛の輸出に限度額が設けられた．なお，1952 年には COCOM 内に中国と北朝鮮を対象とした CHINCOM（対中国委員会）が成立している（1956 年に COCOM と統合）．天児ほか［1999］p. 890.

4) なお，同年 12 月 6 日には，GHQ を通じて日本にも対中禁輸が指示されている．

る物価調整，(2) 綿糸・石油・工業器材・輸入物資などの政府の掌握が不十分な物資は重点的な買上げ，(3) ゴム・鋼・銅などの重要工業原料は工業生産需要にもとづく配給制を実施するという方針が示され[5]，その後も段階的に物資統制の強化が図られた[6]．そのなかでとりわけ大きなインパクトを持ったのが，1951 年 1 月 4 日の「綿糸の統一買付けに関する決定」である[7]．これは，国営・公私合営・私営工場が自己生産（加工発注等の，政府機関・国営企業からの注文以外の生産）する綿糸と綿布を全て国営の花紗布公司が買い上げることを定めたものであり，当時の中国における最重要工業製品の一つである綿製品の市場流通が原則的に禁止された．

　また，物資統制と並んで進められたのが，金融統制である[8]．政府は，朝鮮戦争参戦決定直後の 1950 年 11 月に公的預金を凍結（凍結期間は 40 日間）する緊急措置をとり，さらに凍結されていない一部預金に対する管理の厳格化や，公的機関および国営企業間での取引の無現金化，手元資金の検査強化を進めた．また 12 月には，それまでの現金管理からより広範な通貨管理へと金融統制を強化していくことが表明されている．なお，これら金融統制と，後述する1951–52 年の大衆運動の展開が契機となり，金融業では他の産業よりも早い1952 年 12 月の時点で業界全体の国営・公私合営化が完成することとなる．

---

5)　中共中央財経委員会「関於防止物価波動問題的指示（1950 年 10 月 20 日）」中央巻編集部 [1992] pp. 184-186.

6)　1950 年 11 月 14 日に，中央貿易部が「投機商業の取り締まりに関するいくつかの指示」を発布し，物価変動に乗じた「投機的」商業活動に対する締めつけが強化された．さらに，翌 51 年 1 月には，物資の市場への投入による貨幣の回収と，対中輸出制限によって品薄になっていた工業器材を中心に，政府の掌握が比較的弱い物資に対する集中的な買上げが再び指示されている．中央貿易部「旧年後物価政策及基本方針（1951 年 1 月 13 日）」および中央貿易部「春節期間掌握物価的指示（1951 年 1 月 13 日）」中国社会科学院・中央檔案館 [1995a] pp. 68-70，中央人民政府貿易部「関於取締投機商業的幾項指示（1950 年 11 月 14 日）」中共中央文献研究室 [1992a] p. 466.

7)　政務院財政経済委員会「関於統購棉紗的決定」中央人民政府法制委員会 [1953] p. 175.

8)　朝鮮戦争下の金融面の管理強化については，泉谷 [2007] pp. 49-53，南部 [1991] pp. 609-612, 657-679 に詳しく，以下の記述も基本的に両者による．なお，こうした通貨に対する統制が強化される一方，1951 年に入ってからは，人民銀行の民間業務拡大が目指され，それに伴って，比較的私営企業との関係が強い公私合営銀行の組織化も進められた．上海においては，1951 年 5 月 27 日，新華・中国実業・四明・通商・建業のいわゆる「新五行」が，五行聯合総管理処として組織化されている．さらに，同年 7 月に上海銀行による単独の総管理処が，9 月には金城・大陸・塩業・中南・連合からなる「北五行」の聯合総管理処が設立され，公私合営銀行に対する統制が強化されていったとされる．

　中国経済の中心地であった上海は，これらの経済統制政策においても主要な
対象地域であった．上海市軍事管制委員会と市政府は，中央政府の方針を受け，
1950年12月18日に「市場管理と投機取締り強化に関する暫定規則」を公布
している[9]．また，主要な生産物である綿製品については，1951年1月10日に
上海市工商局・花紗布公司華東区公司，華東紡織管理局，上海市紡織工会など
が共同で上海市棉紗供応審核小組を設立し，流通に対する統制が強化された[10]．

　このほか，上海市独特の措置として注目すべきは，上海市以外の政府機関の
上海での買い付けに対する統制である．上海は，中国工業の一大集積地である
ため，各地の買い付け機関が工業品購入のために出入りしていたが，上海市工
商局は，1950年12月7日，「上海へ来訪し物資の買い付けを行う他地域の単
位の登記・管理に関する規則」を公布し，他地域の機関・部隊・公営企業（国
営・公私合営企業）は上海市工商局へ登記を行い，上海市における加工発注や物
資の購入・販売に関しては，国営貿易機関を通すことが義務づけられた[11]．こ
れは，第2章で見た上海市工商局と国営企業・国家機関の連携におけるトラブ
ルを反映したものと言えよう．

　以上で見てきた朝鮮戦争勃発後の物価動向と統制政策の効果を，図3-1の上
海における主要商品の卸売物価の変動から確認しよう．まず目を引くのが，
1950年6月以降のゴム価格の急激な上昇である．第8章で論じるように，ゴ
ムはその供給を基本的に輸入に依存しており，価格高騰はアメリカの対中貿易
制限の影響が如実に表れたものであると言える．次いで，総指数についても一

---

9)　上海市軍管会，上海市人民政府「関於加強市場管理取締投機的暫行辦法（1950年12月18
　　日）」中共上海市委統戦部ほか［1993］pp. 90-91.
10)　中共上海市委統戦部ほか［1993］pp. 1472-1473. 1951年1月28日には，上海市工商局が「綿
　　糸引渡し書および個人所有綿布の処理に関する決定」を公布し，個人および綿業に従事する工場
　　以外の業者が綿糸を所有する場合には，工商局への登記が必要になり，その販売にも規制が加え
　　られている．上海市工商局「関於処理（紗布）桟単及私人存紗的決定」1951年1月28日，上海
　　工商行政管理誌編纂委員会［1997］p. 28. また同年4月2日に，上海市人民政府により「銅原料
　　の購入・運送の管理についての暫定規則」が公布され，重要物資である銅の流通に対する規制も
　　強化された．上海市人民政府「上海市管理銅料購運暫行辦法（1951年4月2日）」華東軍政委員
　　会財政経済委員会［1951］pp. 748-749.
11)　「関於外埠来滬採購物資単位登記管理辦法」（1950年12月7日公布）上海工商行政管理誌編纂
　　委員会［1997］p. 27. また，以下の関連する規定も定められている．華東軍政委員会財政経済委
　　員会「関於各採購単位在滬採購応注意事項的規定（1950年12月26日）」および華東軍政委員会
　　貿易部「為執行華東財委関於各採購単位在滬採購応注意事項規定的実施細則（1951年1月31
　　日）」華東軍政委員会財政経済委員会［1951］pp. 671-676.

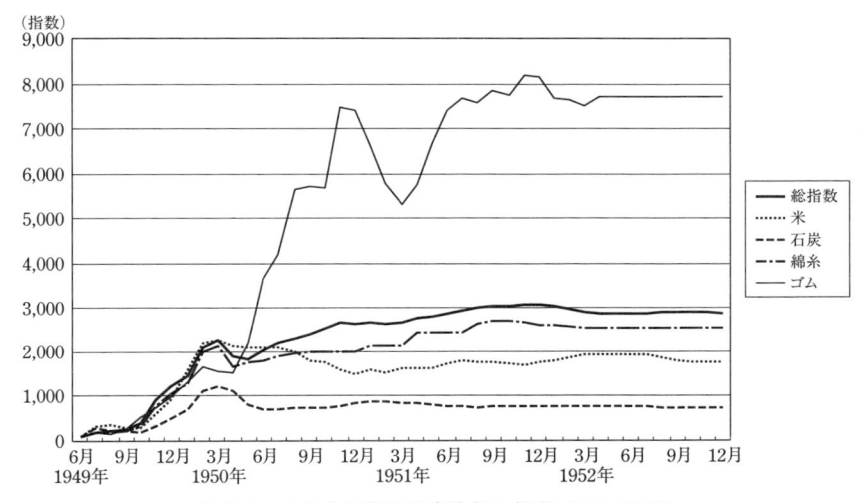

図 3-1　上海主要商品卸売物価の推移（1949-52 年）

注：指数は 1949 年 6 月 = 100.　各項目の詳細については以下の通り.
　　総指数　　主要 47 商品を対象としたもの.
　　米　　　　うるち米, 中白粳, 市場価格.
　　石炭　　　有煙炭, 開灤一号屑, 公定価格.
　　綿糸　　　20 番手藍鳳, 市場価格.
　　ゴム　　　三号星洲紅橡膠賓貨 115 斤装, 市場価格.
出所：中国科学院上海経済研究所・上海社会科学院経済研究所［1958］pp. 448-527.

定の上昇が見られるが，その一方で，米，石炭，綿糸といった主要商品では，1950 年 6 月以降，1950 年 3 月までに見られたような急激な上昇は起こっていない．むしろ米に関して言えば，価格の下落傾向も確認できる．これらの点から見て，政府が同時期に集中的に展開した統制政策は，上海の物価安定に対して一定の効果を発揮したと考えられる．そしてその一方で，こうした統制経済の展開は，以下に述べる戦時下での加工発注の重要な前提となるのであった．

(2)　戦時下における加工発注の拡大

　それでは，戦時下における加工発注の展開を見てみよう．上海市の私営工業の自己生産・販売額と加工発注による生産額の推移を示した図 3-2 から，まず確認できるのは，1950 年から 51 年にかけての加工発注の数量的な拡大である．1951 年の加工発注生産額は 16.4 億元と，前年の 2 倍以上に増加している．その結果，私営工業総生産額（加工発注生産額＋自己生産・販売額）も 38.0 億元と，

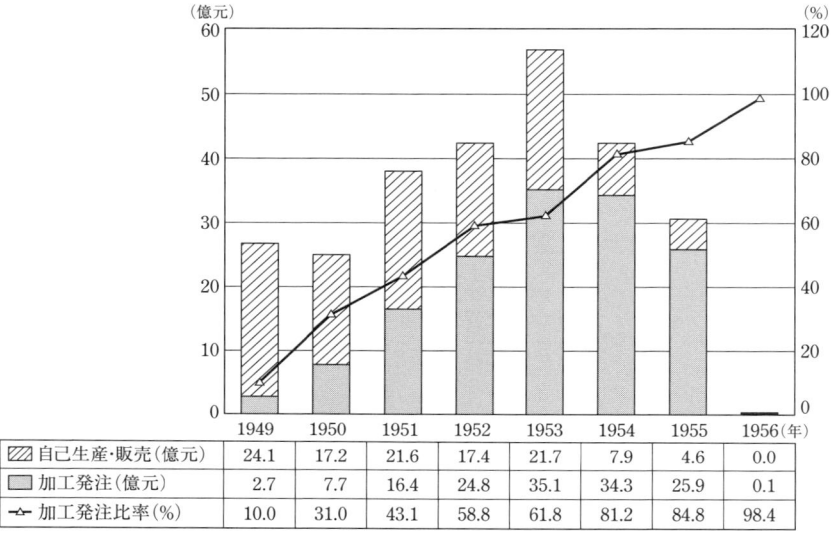

	1949	1950	1951	1952	1953	1954	1955	1956(年)
▨ 自己生産・販売(億元)	24.1	17.2	21.6	17.4	21.7	7.9	4.6	0.0
▦ 加工発注(億元)	2.7	7.7	16.4	24.8	35.1	34.3	25.9	0.1
─△─ 加工発注比率(%)	10.0	31.0	43.1	58.8	61.8	81.2	84.8	98.4

図 3-2　上海市私営工業の自己生産・販売額と加工発注による生産額 (1949-56 年)

注：1) 加工発注の生産額には，統一買付，一手販売，買上を含む.
　　2) 生産額は 1952 年の不変価格に基づく．また，新人民元へ換算済み.
　　3) 加工発注比率は，加工発注生産額÷(加工発注生産額＋自己生産・販売額) で算出.
出所：中共上海市委統戦部ほか［1993］「統計表」中の表 7 を一部改編．原載は，『1949-1957 年上海市国民経済
　　　統計（工業）』（著者・出版単位・出版年不明），p. 85.

1950 年の停滞状況から大きく伸びているが，この私営工業総生産額の増加分
（13.1 億元）のうち，加工発注生産額の増加分（8.7 億元）が占める割合は
66.4% に達し，加工発注生産の増加が私営工業の生産増加に大きく貢献してい
たことがわかる．また，私営工業総生産額に占める加工発注生産額の割合は，
1950 年の 31.0% から 43.1% と，着実に増加している.

　この加工発注の増加の背景には，戦時下における工業製品需要，とりわけ軍
需の増加があった．軍が必要とする工業製品，特にレインコート，ゴム靴，帆
布，タオル，炊飯釜，洗面器，水筒などの雑貨は，国営企業で生産されるもの
以外，基本的には国内の私営工業に対する買い上げか加工発注の方法で調達さ
れた．まさに「〔1950 年──訳者注〕10 月以後，アメリカ帝国主義による朝鮮侵
略拡大の影響の下，公私関係の調整の重心は，国営機構による物資掌握に協
力・援助する方面に移った」のであって[12]，加工発注の位置づけも，第 2 章で
見た人民共和国成立当初の私営工業に対する「扶助」というものから，戦争を

支える物資調達の手段へと変わっていったのである.

　同時に, 一部の業種では, 政府の経済統制により私営企業の市場における原料入手が困難になり, 結果的に私営企業が政府からの委託加工に依存せざるを得ない状況が生まれた. その典型が綿紡織工業であり, すでに見たように, 原料の綿花は輸入の途絶によって国内供給量が減少し, 政府は市場流通を禁止して買い上げを行っていた. その結果, 綿織布生産における加工生産の割合は大きく拡大し, 1951 年末までに, 業種全体の生産量の 50-80% を占めるようになっていたとされる[13].

　一方で, こうした戦時下における加工発注の拡大は, 戦時下の緊張状態の影響もあり, その執行過程に内在していた問題点を顕在化させていく. 以下, いくつかの事例からその実態を見てみよう.

a. 加工発注を通じた軍事関係機関と私営企業の癒着

　華東軍政委員会貿易部が 1951 年 3 月 16 日付で上海市工商局へ送付した文書には, 以下のようにある. 「上海市貿易信託公司が 1951 年 3 月 1 日に送付してきた文書は, 以下のように述べている. 「一, 中央軍事委員会軍械部〔中央軍事委員会総後方勤務部内の一部局で, 兵器・武器を担当——訳者注〕は, 銃の負いひもを購入するために上海を訪れ, 本公司にまとめて 2 万本注文したが, 私営業者は, さらに大量の注文があることをあらかじめ知っていた. 調査によると, その上海訪問の代表の劉成義同志は, かつて私営第一聯営廠内に泊まったことがあり, 本公司の担当同志がその工場の接待を受けないようにと婉曲に求めたが, 依然として, その工場が大東旅館 402 号室にとった部屋を宿泊にあてていた. ……〔以下, 数件の事例が続くが, 省略——訳者注〕」. 調査したところによると, 上述の各買い付け単位は, 私営業者の接待を受け, 買い付け数字を漏洩したおそれがある. これは, 華東財委の規定する原則に符合せず, さらに, 国営公司が価格を掌握するのに困難を発生させてしまう[14]」.

---

12)　上海人民政府工商局「1950 年工作総結（節録）(1951 年 1 月)」中共上海市委統戦部ほか [1993] p. 98.

13)　上海市工商行政管理局（執筆者, 符徳晋・趙崇文)「加工訂貨在上海資本主義工商業社会主義改造中的地位与作用」中共上海市委統戦部ほか [1993] p. 848. 綿紡織業における原料統制が早い段階から進行していたことは, 泉谷 [2007] 第 3 章でも指摘されている.

　以上の一件では，私営業者による他地域から来た買い付け機関人員の接待と，それにともなう加工発注に関する情報の漏洩が問題になっている．先にも触れたように，上海での他地域の買い付け機関の活動が統制下にあったにもかかわらず，こうしたトラブルは存在しつづけ，加工発注の執行のうえで弊害となっていた．

b. 上海市の工商行政管理機関を通さない加工発注の横行

　中央私営企業局が全国の加工発注の展開状況を総括した報告では，加工発注の「統一経営と分配の問題」として以下のように指摘されている．「計画的に私営企業の発展を奨励するために，そして国家が不必要な損失を被るのを避けるために，政府と国営企業の加工発注リストは，当地の人民政府工商局の審査をへた後で分配しなくてはならず，この一点については，まだうまくやれていない．いくつかの国営企業は，私営企業と条件について話をまとめた後，形式的に契約を工商局に送って記録に載せるだけで，ひどい場合には報告・記録すらしない[15]」．

　そして同報告は，こうした契約が横行した結果として，(1) 生産能力を上回る任務割り当てによる納品の遅延・品質の低下，(2) 個別工場への契約の偏り，(3) 加工把頭（「把頭」とは，労働の斡旋を牛耳る労務供給請負業者のことであり，国家機関と私営工場の間で加工発注契約の仲介を行うブローカーのようなものと見られる）の発生，(4) 工商局の営業許可を得ていない非合法業者の発生，(5) 臨時労働者の雇い入れや国営工場の労働者の引き抜きといった労働者の流動化など

---

14)　B182-1-222，呉雪之「為函請調査中央軍委軍械部等単位採購情況並希函復由」1951 年 3 月 16
　　日．なお，上海市工商局はこれに対する調査の結果として以下のように報告している．「劉同志
　　は，上海滞在中に，私営業者（第一聯営廠）と接触し，〔その私営業者は――訳者注〕劉同志が
　　はじめて上海を訪れ，事情に不慣れなことを利用し，大量生産が可能であると嘘をついた．実際
　　は，貿易信託公司が配分した発注を受けず，劉同志の任務を受ければ，価格を引き上げ，暴利を
　　貪ることができると考えていた．劉同志は，私営業者の言うことを信用し，本局の担当の同志が
　　何度もその利害の所在を指摘したが，依然として動かず，〔私営業者の――訳者注〕接待を受け
　　入れ，同業公会が確かに事実であると言うのを根拠としていた．ここで，本局と貿易信託公司は，
　　早く第三野戦軍後勤部の招待所に移ることを勧めたが，私営業者と長期間付き合っていたため，
　　任務数字の漏洩は免れない」．B182-1-222，許滌新等「函復□於中央軍委軍械部等各単位採購情
　　況請査照」1951 年 3 月 24 日あるいは同年 3 月 26 日（不確定）．□は判読不能文字.
15)　中央私営企業局「加工訂貨工作中的一些問題〔節録〕(1951 年 7 月 5 日)」中国社会科学院・
　　中央檔案館 [1993] pp. 660-661.

の問題を引き起こしたとしている.

　ここから見てとれるのは，工業品需要の急激な増加に伴う，工業品を必要とする各国家機関と，契約の獲得に躍起な私営業者との利害関係の一致である.またこれらの問題が発生する背景には，工商行政機関を通じた正規の契約過程が，拡大する加工発注の需要に対応し切れないという状況があった.

　c.　加工発注における加工賃・発注価格をめぐる問題

　軽工業の加工発注に関する上海市工商局の報告では，以下の通り述べられている.「合理的価格と暴利思想の矛盾は，51 年の加工発注において最も突出した問題である. 我々は合理的利潤を保障し，断固として暴利に反対し，状況に応じて各種の異なる方法でコストを計算した. 当初，発注機関と我々自身が状況をよく理解せず，加えて参考にすべき公営工場のコスト資料もなかったときには，同業者による会議を通じて状況を理解し，同業者の価格を比較し，適当な価格を選択して決定を行った（これは最も原始的なもので，極めて頼りにならない方法であり，現在ではやむを得ない場合以外はほとんど用いない）. 発注機関と我々の双方が製品のコスト内訳をある程度理解してからは，約束を決めて双方互いにコストを提示し，詳細に資料を分析し，相互に研究・協議した[16]」.

　この報告から，加工発注の加工賃・発注価格を決定する重要な要素である生産コストの設定が手探りで進められていた様子が垣間見える. 上述のように，加工発注の加工賃・発注価格設定の基本的原則は，「同一地区の一般工場における合理的経営条件の下での中等標準によって計算すべき」とされていた. しかし，同報告において「「合理的利潤」の標準問題と「合理的経営の中等標準」問題に関しては，今に至っても我々の指導思想は十分明確でない. よって，具体的なコスト計算のときに，常に動揺して一定せず，必然的に加工利潤において低すぎ〔たり，高すぎたりす——訳者注〕る状況が発生した[17]」と述べられ

---

16)　B182-1-226,「51 年度軽工業加工訂貨工作総結」1951 年 12 月より一部引用. 同「総結」は，中央人民政府軽工業部が，各主要都市の工商行政担当機関に対して，1951 年の加工発注政策の総括を求めた（1951 年 12 月 4 日，上海市工商局受領）ことへの回答であり，翌 1952 年 2 月 15 日付けで中央軽工業部へ送付されている. 以上の経緯は，B182-1-226, 中央人民政府軽工業部「編送加工訂貨綜結報告」1951 年 12 月 1 日，および B182-1-226, 上海市工商局「寄送 1951 年度軽工業加工訂貨工作綜結報請鑑核」年月日不明より.

ているように，「合理的経営条件の下での中等標準」を実際に探り当てるのは，極めて困難であった.

　一方で，同報告が示す状況と対応するように，私営企業側は，国営企業・国家機関の側の恣意的な加工賃・コスト計算に対して不満を述べている. 全国の商工業者代表が1951年10月15日に政府に提出した意見は，以下のようであった.「政府の加工発注は，私営企業の利潤に配慮せず，私営企業に損をさせている. 例えば，百貨公司は，他人の困難に乗じて，閑散期に交渉価格を引き下げ，私営企業と長期の発注契約を締結する. そのときの価格は特に低いが，私営企業はやむを得ず受け入れるほかなく，実際は損をしている. 繁忙期に価格が上昇したら価格の調整を行って閑散期の損失を補填したいと思っていたが，契約の制限を受けて，私営企業は極めて困難な状況に陥った. 経営を改善してやっとコストを引き下げたが，貿易公司はすぐに買上げ価格を引き下げた. これは「韮を刈る」方法で，伸びた分だけ刈り取るというやり方である[18]」.

　この戦時下における加工賃・発注価格の価格設定の問題を，具体的な数値にもとづいて検討することは，史料の制約により困難である. しかし私営業者の立場から見れば，自己の生産において国営企業・国家機関からの加工発注を通じた生産の比率が拡大していくなかで，その加工賃・発注価格の設定がよりいっそう重要な問題となっていったことは間違いないであろう.

　以上のように，戦時下における加工発注の大幅な拡大のなかで，加工発注をめぐる種々の問題もまた明確に表れてきたのである.

2.　上海私営企業の社会主義改造

(1)　私営企業認識の変化と加工発注

　1951年7月に朝鮮戦争の休戦会談がはじまるなかで，中国国内においては大衆運動による社会の引き締めが図られたことはよく知られている[19]. 1951

---

17)　この「高すぎたり」という部分については，上記原史料において，「偏低（低すぎる）」という部分の横に，「偏高（高すぎる）」とあとから書き加えられた形跡が確認できる. この加筆がいつなされたものかは不明.

18)　中財委「関於参加国慶的工商代表反映的意見及処理方針的通報（1951年10月15日）」中国社会科学院・中央檔案館［1993］pp. 663-664.

年 12 月 1 日, 中共中央は「機構の簡素化・増産節約を実行し, 汚職・浪費・官僚主義に反対することに関する決定」を公布し, 国家機関・国営企業の幹部の「三害」に反対することを掲げた「三反」運動が公式に開始された［泉谷 2007, pp. 191-193］. そして, 国家機関・国営企業の幹部の「三害」に対する厳しい追及は, 朝鮮戦争下の加工発注の拡大のなかで国家機関・国営企業の幹部と密接な関係を築いていた私営商工業者の「五毒」を対象とした「五反」運動へと発展していくことになる.

　そして, こうした大衆運動による私営企業への引き締めと並行して, 中共の指導層内では, 私営企業を再編すべきという認識が表れはじめていた. 1952 年 3 月 24 日, 中央政府の指導者の一人である薄一波は以下のように述べている. 「目下の困難は, 主要には私営工場, 特に中・小型工場にある. 例えば上海には小さい金属加工業の工場が 7000 余りあり, 労働者は 6 万人余りがいるが, その大部分が操業停止, 労働停止, 給料支払い停止という状態である. また一方では, 去年の〔工業生産の——訳者注〕好転において盲目的に発展して来たもの, 例えば文化・教育用品製造業のカーボン紙, 墨汁などの業種, ゴム加工業と染料業の手工業あるいは小型工場は, 生産品の多くが粗製乱造のものであり, 基準に合わず, 現在では販路が無い. おそらく, これらの産業は必然的に潰れるであろう. 華東と上海の財政経済委員会は, 現在, 専門の委員会を組織して, 「三反」と組み合わせて経済の隊列の組み直しを進め, どの産業が維持すべきで, どの産業が縮小すべきで, どの産業が淘汰できるかを研究している[20]」.

---

19)　もっとも, 中共による大衆運動については, 人民共和国成立後まもなくから「反革命鎮圧運動」をはじめとしてすでに実施されており, 以下に述べる「三反」「五反」運動もその延長に位置づけられる. 「反革命鎮圧運動」は, そもそも国民党勢力の残党処理と社会の治安回復を主眼としたもので, 社会が安定に向かっていた 1950 年 6 月の中共 7 期 3 中全会では, 摘発・処罰を比較的ゆるやかにする方針が提起された. しかし, 同年 10 月の中共中央の「関於鎮圧反革命活動的指示」発布以降, 急速に厳格化し, その後 51 年春までには農村において土地改革と結合して行われ, また 51 年 2 月末からは都市において大々的に展開された. この運動では, 戦時下の緊張状態のなかで相当数の人間が摘発され, また同時に, 運動を通じての大衆の動員・組織化も進んでいた. この基礎の上に, 1951 年 10 月 23 日から開かれた政治協商会議第 1 期 3 回会議において, 抗米援朝運動の強化と愛国増産節約運動, 思想改造運動の推進が提起された. これらの大衆運動の展開については, 泉谷［2007］pp. 20-31 を参照.

20)　薄一波「関於 3 月中旬華東的市場, 工業生産和税収情況簡報（1952 年 3 月 24 日）」中国社会科学院・中央檔案館［1996］p. 688. また, 薄一波は, 続く 3 月末日にも, 上海市商工業の具体

こうした発想の背景には，戦時下の軍需を背景とした零細な私営工業企業の急増という状況のほかに，翌 1953 年から開始される第 1 次五ヵ年計画への対応という意図が存在したと考えられる[21]．私営企業政策の最高指導機関である中央私営企業局も，1952 年上半期を総括した報告において，「〔商工業の――訳者注〕休業が多いが，主要には淘汰を受けるべき業種か，あるいは経営が不善で資金が少なすぎるものなのである」．「……今後は，私営企業を国家の大規模経済建設に適合させるために，「五反」の勝利の基礎の上に，一歩進んで私営企業の全面的状況を把握し，私営企業に対する管理・監督と改造を強化すべきである[22]」と述べている．このように，大規模経済建設（第 1 次五ヵ年計画）という国家目標の下に，「淘汰」すべき業種や企業は「淘汰」し，私営工業に対する「管理・監督と改造を強化」していくことが推進されたのであった[23]．

この中央における私営企業認識の変化は，上海市における加工発注の展開にどのような影響を及ぼしたであろうか．

まず，1952-53 年の上海市における加工発注の展開を，前掲図 3-2 により数量的に確認しよう．加工発注生産額は，1952 年の 24.8 億元から 1953 年の 35.1 億元へと，安定的に増加していたと言える．一方で，自己生産・販売額について言えば，1952 年 17.4 億元，1953 年 21.7 億元と，特に 1952 年に前年

的状況に関して中央への報告を行っているが，そのなかでも職員・労働者の雇用確保という観点から，大企業の重要性を強調している．中共中央「関於糾正対大資産階級企業軽視的看法給薄一波同志的復示（1952 年 4 月 5 日）」および薄一波「対上海工商業戸的具体分析和部署的報告（節録）（1952 年 3 月 31 日，前記中共中央復示的附件）」中央巻編集部［1992］pp. 281-283.

21)   第 1 次五ヵ年計画の開始については，1951 年 2 月の毛沢東による「3 年準備，10 年建設」発言によってすでに既定事項となっていたが，この経済建設に対する準備として，1952 年初頭には，周恩来・陳雲・薄一波・李富春などの中央指導者 6 人による第 1 次五ヵ年計画編成の指導グループが組織されていた．同グループは，1952 年 8 月には「5 年計画輪郭草案」を作成し，周恩来・陳雲・李富春がその草案を携えてソ連に意見を伺いに行ったとされる．薄［1993］p. 286.

22)   中共中央「批転中央私営企業局『1952 年上半期綜合報告』（1952 年 10 月 12 日，中央私営企業局の報告自体は 1952 年 9 月 18 日）」中央巻編集部［1992］pp. 369, 372.

23)   とはいえ，注意すべきは，この 1952 年時点での私営工業の再編構想は，私営企業そのものの消滅を企図したものではなかったという点である．薄一波による「淘汰」の提起は，一部の中小工場を対象としたものであり，大工場については，その生産に対する積極性を認めていた．私営企業局の報告にしても，私営企業に対する「改造」の中身は，あくまでその経営に関するものであり，後に見られるような私営企業自体の社会主義的「改造」（公私合営化）を意図するものではなかった．また，1952 年 3 月の中財委による計画工作会議に関する報告も，「共同綱領」で示された 5 種類の経済成分の並存を認めている．中共中央「転発中財委計画工作会議的報告（節録）（1952 年 3 月 7 日）」中国社会科学院・中央檔案館［1993］p. 95.

の 21.6 億元から大きく落ち込んでいることが注目される．その結果，加工発注比率は 58.8% と，私営工業の加工発注への依存度が一段と上昇することになった．1953 年には，自己生産・販売額が 1951 年の水準まで回復したことにより，私営工業総生産額も 1949-56 年のピークに達するが，一方で加工発注生産額はそれ以上に伸びており，加工発注比率は 1952 年を上回る 61.8% に達していた[24]．

　この 1952-53 年における私営工業の加工発注比率の高まりは，「三反」「五反」運動中に引き起こされた私営工業の生産停止・給料停止・業務停止という「三停」現象と，それへの対策として実施された加工発注の臨時拡大を反映したものである[25]．上海における「五反」運動[26]で直接違法とされた者は少なか

---

24)　ただし，第 1 次五ヵ年計画が始まった 1953 年の初頭は，重点建設項目にあてる資金を抽出するために，国営商業部門が加工発注の展開を控えたため，加工発注生産額の私営工業生産額に占める割合も 1952 年の第 4 四半期の 58% から 1953 年の第 1 四半期の 48% に下降したとされる．もっとも，その後は再び拡大されている．上海市工商行政管理局（執筆者，符徳晋・趙崇文）「加工訂貨在上海資本主義工商業社会主義改造中的地位与作用」中共上海市委統戦部ほか [1993] pp. 851-852.

25)　この加工発注の臨時拡大に際しては，まず，加工発注制度の再整備が進められた．「五反」運動の正式開始直後の 1952 年 4 月上旬には，上海市財政経済委員会の指導の下，市工商局・人民銀行・市税務局・市工会・工業主管部門などにより加工訂貨臨時工作辦公室が設立された．上海工商行政管理誌編纂委員会 [1997] pp. 298-299．なお，この加工訂貨臨時工作辦公室および加工訂貨委員会の成立については，中共上海市委統戦部ほか [1993] の巻末大事記，pp. 1480-1481 では，加工訂貨辦公室が 1952 年 3 月 25 日に成立，加工訂貨委員会が 1952 年 4 月 6 日に成立したとされており，上海工商行政管理誌編纂委員会 [1997] pp. 298-299 の記述と食い違う．この詳細は不明であるが，一方で，中共上海市委統戦部ほか [1993] の加工訂貨辦公室の職責・機能に関する記述は，B182-1-360,〔上海市〕工商局「関於進行維持生産加工訂貨等初歩意見」1952 年 3 月 31 日が言及している加工訂貨委員会（同「意見」では，その設立が建議されている）の職責・機能と類似点が多く見られる．3 月 25 日に成立した機関と同様の性質を持つ機関の設立を，直後の 31 日に工商局が建議するとは考えにくいので，ここから，少なくとも加工訂貨辦公室に関しては，中共上海市委統戦部ほか [1993] の記述に混同があることを指摘できよう．このような点を踏まえて，ひとまず両機関の成立日について上海工商行政管理誌編纂委員会 [1997] の記述を採用することにした．同辦公室は，重工業組・紡織工業組・軽工業組の三つの小組に分かれ，それぞれ関係部門・各国営専業公司と連携しつつ，臨時の加工発注を統括する機関であり，1952 年 4 月 28 日には，上海市加工訂貨委員会と改称されている（主任：方毅，副主任：鐘民・宋季文）．この加工訂貨委員会は，「五反」運動後の加工発注の再拡大にあたって，市財政経済委員会が主導で設立した臨時の機関であり，私営工業の生産が軌道にのった後には撤廃されたとされるが，撤廃の日付は不明である．B182-1-507,「関於上海加工定貨管理辦法的説明」作成年月日不明．また同時に，加工訂貨委員会と連携をとりつつ，上海市各区の加工発注を統一指導する機関として，各区内に区生産委員会が設置された．さらに，「五反」運動後においては，企業内に設置された増産節約委員会により，国家が供給した原料・手付金に対する「専款専用」・「専料専用」（流用に対する監視制度）が行われるようになり，加工発注の執行過程に対する監督が基層において強化されていた.

ったが，大衆運動という形式で行われたために，経営者は運動のなかで労働者からの批判にさらされなければならず，精神的なショックは大きかった．また「五反」運動を通じた労働者の労賃・福利厚生費の急激な上昇は，明らかに私営企業の資金繰りを圧迫した[27]．そして，「三反」「五反」運動中には違法者の摘発に国家機関の力の多くが割かれ，市場全体が停滞状況に陥った．この市場の停滞は工業生産にも影響し，4月の初旬までに，私営鉄鋼業では80％，下着製造業で90％の業務停止が起こったとされる[28]．

　こうした状況に対して政府が実施したのが，短期集中的な加工発注の展開である．上海市の加工発注の対象工場は，1952年4月末までに54業種4003に

26)　上海における「五反」運動が本格的に開始されたのは，1952年3月25日であるとされ，6月末までに運動自体は基本的に終了し，7月25日に正式に終結が宣布された．上海での「五反」運動には，合計で商工業者約16万4890戸が参加し，実際に審査・判決の対象になったものは，15万3030戸であったとされる．その判決の内訳を見ると，守法戸が5万9711戸（39.0％），基本守法戸6万9730戸（45.6％），半守法戸・半違法戸1万8362戸（12.0％）であり，これらが全体の約96％以上を占め，厳重違法戸4512戸（3.0％），完全違法戸715戸（0.5％）はごく少数を占めるにすぎない．また直接資産を没収あるいは罰金を科されたものも少なく，ほとんどが「補税退財」（脱税分を納付し，不正に得た所得を返還する）処分であった．上海における「五反」運動の展開については，薄［1993］pp. 168-169，泉谷［2007］pp. 194-196，上海「五反」運動専題編写小組「上海「五反」運動」中共上海市委統戦部ほか［1993］pp. 859-873を参照．なお，薄［1993］p. 170によると，当地において「五反」運動の開始が最初に宣布されたのは，1952年2月10日のことである．しかし，このときには，あまりに運動が過激になりすぎたため，「五反」運動を一時延期して「三反」運動に専念することとされた．薄一波は，1952年2月25日，上海の「五反」運動の視察・推進を目的として上海へ派遣されたが，そのときにはすでに運動が相当に過激化しており，逮捕者が200人以上で，資本家の自殺事件が48件，そのうち34人が死亡していたという．その異常に緊迫した情況を目の当たりにした薄は，上海に到着した当日に，中央へ上海における「五反」運動の延期を建議した．上海「五反」運動専題編写小組「上海「五反」運動」中共上海市委統戦部ほか［1993］p. 871.

27)　中央工商行政管理局「私営企業的資金及加工訂貨的問題与意見（草稿）（1953年3月）」中国社会科学院・中央檔案館［1993］pp. 714-715. とりわけ問題であったのが「五反」運動後における生産ノルマ超過ボーナスの増加で，上海の華生電気工場の例を見ると，同工場では，生産ノルマ自体を低く設定していたため，労働者は力を尽くして目いっぱい働き，1952年には規定の労働量を平均して45.79％超過した．この結果，1952年の生産ノルマ超過ボーナスは64億9800万元（新人民元）にのぼり，これは正規の労賃45億元を大きく上回るものであった．また，上海市における123の工場の統計によると，1951年と52年では，営業額は7％減少しているにもかかわらず，職員・労働者の収入は11％増加し，生産ノルマ超過ボーナスの合計は5175億元から5929億元と14.5％増加している．こうして増加した私営工業の生産ノルマ超過ボーナスと労賃・福利厚生費は，国・公営企業を上回っていたという．このような労働者の労賃・福利厚生費の上昇は，私営工業の資金力低下を引き起こす一因となった．

28)　陳雲「市場情況与公私関係（1952年6月11日）」陳［1984］pp. 167-168. 上海市工商行政管理局（執筆者，符徳晋・趙崇文）「加工訂貨在上海資本主義工商業社会主義改造中的地位与作用」中共上海市委統戦部ほか［1993］p. 849.

達し，5 月には 7132，6 月には 82 業種 8200 あまりに拡大された[29]．また，この時期の加工発注は，製紙・マッチ・セメント・高級万年筆・ゴム加工業のタイヤ部分・織布・捺染・綿紡績・麻紡績などの業種で全体の生産力の 100%，タオル・シーツ・各種機械製造・電解銅では 80%，下着・琺瑯などでは 60% を占めていた[30]．同年 3 月から 6 月にかけての全市の加工発注および買上げの額は，1951 年の同時期の 2 倍に達し，私営工業営業総額の 81.5% を占めたとされる[31]．こうした加工発注の臨時拡大は，私営工業への「人工呼吸」とも呼ばれ[32]，すでに見たように，1952 年の私営工業の生産維持に一定の成果をあげたのである．

　一方で，この時期の加工発注の展開は，すでに見た私営工業の再編という全体方針の影響を受けていた．それは具体的には，加工発注の選択的分配という形で表れた．1952 年 4 月に上海市工商局輔導処がまとめた臨時の加工発注の展開に関する報告では，「加工発注は，必ず工業発展の前途——工業の配置——と結びつけなければならず，そのようにしてはじめて，その生産に対する指導作用を発揮できるのである．工業発展の前途——工業の配置——にもとづいて加工発注を行うことは，選択的に私営企業を扶助するという目的を達成できるだけでなく，今後の私営経済の改組を遂行するのに，一定の準備条件を作り出すのである」と明確に述べられている[33]．そして，華東軍政委員会財政部副部長であり上海市加工訂貨委員会の副主任でもある宋季文も，1952 年 5 月 19 日に開かれた上海市委統一戦線工作部（民主諸党派など中共以外の組織との窓口機関）の座談会において，同様の趣旨の発言をしていた[34]．

---

29)　上海市工商行政管理局（執筆者，符徳晋・趙崇文）「加工訂貨在上海資本主義工商業社会主義改造中的地位与作用」中共上海市委統戦部ほか［1993］pp. 849-850.

30)　宋季文「関於加工訂貨問題的講話（1952 年 5 月 19 日）」中共上海市委統戦部ほか［1993］p. 143.

31)　中央私営企業局「1952 年上半期綜合報告（1952 年 9 月 18 日）」中国社会科学院・中央檔案館［1993］p. 907.

32)　陳雲「市場情況与公私関係（1952 年 6 月 11 日）」陳［1984］p. 167.

33)　B182-1-360,〔上海市工商局〕輔導処「加工定貨恢復生産工作総結」1952 年 4 月.

34)　宋季文は，加工発注における 4 つの原則として，「（一）国家経済と人民の生活に密接な関係があり，発展の前途があるものは，扶助を与える．（二）総合的工場（設備が良好で，労働者が多く，生産品が規格に適合している）に対しては，まず先に配慮する．（三）供給・生産・販売の状況にもとづき，それぞれの状況を区別して，扶助するか，維持するか，あるいは転業させる．（四）経済の改組において必然的に淘汰するべきものは，一般に配慮を与えない」を挙げている．

表 3-1　上海市私営工業配置整理表（1952 年 8 月）

	重工業	軽工業	紡織業
一，前途があり発展させる必要がある	（一）機械工業 （1）綿紡績機 （2）製紙機 （3）工作機械 （4）麻紡績機 （5）文化用品関係機械 　　（印刷機など） （6）土木関係機械 （7）自動車部品 （8）ボイラー・冷却 　　（原文「冷作」） （二）電気機器製造業 （1）ケーブル （2）スイッチ （3）電力計・テスター （三）金属加工業 　　（建築，水道，リノリウム，石綿など）	（1）高級万年筆 （2）精密測量機器 （3）紙 （4）タイヤ （5）化学原料 （6）各色染料 （7）鉛筆 （8）パラフィン紙 　　（原文「臘紙」） （9）香料原料	（一）綿紡織業 　　（紡錘〔線錠〕） （二）毛織物業（造紙毛布） （三）麻紡績業
二，短期間内には発展の必要がなく，現状維持がよい	（一）機械工業 （1）動力機（エンジン・モーター） （2）流動体輸送機械・鉱業用機械 （3）軽工業・化学工業用機械 （4）ミシン （5）自転車 （6）メリヤス機 （二）金属冶金・精製業 （三）電気機器製造業 （1）絶縁線 （2）発電機 （3）エナメル線 （4）電話 （5）変圧器 （四）鉄鋼業 （1）製鋼 （2）圧延 （五）釘製造業 　　鉄釘 （六）銅冶金・精製業 （1）銅管 （2）火精錬銅 （3）電解銅 （七）セメント業 （八）紡織用品製造業 （九）金属加工業 　　（延管，止めねじ，鉄錠，銅ボタン，雑用部品）	（1）ポット （2）琺瑯製品 （3）石鹸 （4）フェノール樹脂 （5）ゴム（工業用品） （6）化学原料 　　（酸・アルカリ） （7）印刷インク （8）ニス・ペンキ・ラッカー （9）工業用皮革 （10）家庭用化学製品 　　（歯磨き粉）	（一）綿紡織業 （1）紡錘（紗錠） （2）織布部門 （3）捺染部門 （二）染織業 （1）全工程 （2）白織り （3）色織り（甲・乙） （三）絹織物業（闊幅機，打線車設備） （四）蚕糸業 （1）糸繰り （2）絹糸 （五）毛織物業 （1）毛糸 （2）毛織物 （六）メリヤス業 　　（電気靴下編み機） （七）下着製造業 　　（全工程および織部門・縫製部門） （八）タオル・シーツ製造業 （1）電力機械使用 （2）漂白・捺染 （3）絨毯 （4）枕カバー （九）ハンカチ製造業 （1）電力機械使用 （2）捺染 （十）シャツ・服飾製造業 　　（レインコート）
三，原料供給あるいは販売が困難	（一）機械工業 　　農業機械（製粉機，搾油機）	（1）ゴム（生活用品） （2）皮革（生活用品） （3）アルミ製品	（一）染織業 （1）染色・仕上げ （2）帆布

	重工業	軽工業	紡織業
であり，縮小するべき	(二) 造船業 　　汽船，船舶修理 (三) 電気機器製造業 　　棉巻コード (四) 銅冶金・精製業 　(1) 電解銅 　(2) 銅線 　(3) 銅梗 (五) 金属加工業 　　（皮圧延，ライター， 　　ホック，紡織，銅製品， 　　現金保管庫，消防用品， 　　文具，裁縫用具）	(4) 染料（硫化元，硫化藍） (5) マッチ (6) 缶詰食品 (7) ビスケット	(3) カタン糸 (二) 絹織物業 　　（狭幅機部分） (三) 毛織物業 　(1) 駱駝毛織 　(2) 絹綿ビロード (四) メリヤス業 　　（服飾用品） (五) 下着製造業（織部門・縫製部門） (六) タオル・シーツ製造業（人力機） (七) ハンカチ製造業（人力機） (八) シャツ・服飾製造業（シャツ）
四，国家経済と人民の生活への作用が比較的小さく，生産力も過剰で，しだいに淘汰するべき	(一) 機械工業 　　巻きタバコ・マッチ製造機 (二) 銅精製業 　　銅板 (三) 金属加工業 　　（燭台，ファスナー， 　　銅錠，伸線，装□， 　　箱錠）	(1) 皮革（手工の皮なめし場） (2) ゴム（雑貨） (3) カーボン紙 (4) ペン (5) 搾油 (6) 小麦粉 (7) 巻きタバコ	(一) 染織業（色織り・丙） (二) メリヤス業（手織靴下） (三) ハンカチ製造業（縫製） (四) シャツ・服飾製造業（服飾・子供服）

出所：上海市統計局「上海市私営工商業排隊表説明」〔上海市檔案館［2002］所収，上海市檔案館所蔵上海市統計局檔案 B31-2-193, 案巻名「上海市私営工商業排隊表説明」（1952 年 8 月）〕の記述を元に作成.

　また，これと呼応するように，上海市統計局は 1952 年 8 月に表 3-1 のような私営工業の配置整理案を取りまとめていた．同表からは，機械工業や金属・冶金業といった重工業分野において重点的に発展が見込まれていたとともに，軽工業では，中心となる綿紡織業が比較的重要視されているのに対し，小麦粉（製粉業），巻きタバコ，ゴム（雑貨）などの中華民国期までに上海で一定の集積が見られた業種が淘汰の対象と位置づけられていることが読み取れる．この

宋季文「関於加工訂貨問題的講話（1952 年 5 月 19 日）」中共上海市委統戦部ほか［1993］p. 143.
こうした分配原則については，同時期に中央が上海市へ発した指示にも言及されている．同指示では，中小工場に対する加工発注に関して，「(1) 一時的に困難に陥っていて，〔発展の——訳者注〕前途があり，生産品が規格に適合するものは，一律に加工発注による配慮を与える．(2) 有名私営工場で，信用に富み，販路が広いものは，追加生産を奨励する（そうすることによって，その業種の失業労働者を吸収する）．(3) 小工場を組織して共同経営にし，現有の組織を拡大し，区の生産委員会に組織・指導の責任を負わせる．(4) 経済改組において，淘汰しなければならず，加工発注を与える余地のないものは，政府が必ず労働者の転業問題を解決しなくてはならない（国営工場が吸収し，吸収できないものは，方法を講じて一時的な救済を行うべきである）」，という 4 点を挙げている．B182-1-360, 中央「対於上海五月分加工定貨及収購工作重要指示」〔1952 年〕5 月 12 日.

ように，当該時期の加工発注の展開に際しては，「発展の前途があるもの」と「淘汰するべきもの」を区別するという分配原則が，積極的に適用されていたのである．

⑵　加工発注から公私合営へ

こうした状況のなかで，1952 年後半から，毛沢東が新民主主義から社会主義への過渡について言及しはじめる[35]．そして，よく知られているように，毛は 1953 年 6 月 15 日の中央政治局会議において，社会主義への移行を具体的に示す「過渡期の総路線」を提起し，それが 1954 年 2 月 10 日の中共 7 期 4 中全会において正式な政策方針となる．この「過渡期の総路線」の提起に対して重要な役割を果たしたとされるのが，以下に挙げる 1953 年 5 月の李維漢の「国家資本主義問題」報告である[36]．

同報告の特徴は，それまで比較的曖昧であった国家資本主義という概念に対して，政策の形式ごとに高級から低級までの段階分けを行っている点にある．具体的には，公私合営こそが「私有企業を改造し，社会主義へと移行するのに最も有利な形式」であり「高級の国家資本主義形式」とされ，私営工業に対する委託加工は「安定性の上でわずかに公私合営に次ぐ」形式と位置づけられた．そしてこれ以下には，一手販売，統一買付・統一販売などの形式が続き，最も活用面が広く最も低級な形式として買上げが設定されている．

そして，こうした段階分けを踏まえた上で，同報告は，「これらの私営工場の国家資本主義化の過程，つまり低級の国家資本主義の形式から高級の国家資本主義の形式に発展していく過程は，次第にその生産関係を改造し，社会主義へと向かう過程」であると定義する．ここにおいて，加工発注は，もはや人民共和国成立当初の「国家が私営工業を扶助するうえでの重要な形式」という位置づけとは全く異なり，「高級」形式である公私合営へと段階的に発展する，

---

35)　薄一波は，その回想録のなかで，毛沢東が社会主義への過渡について初めて語ったのは，1952 年 9 月 24 日の中央書記処での会議においてであるとしている．薄［1993］pp. 213-214.

36)　李維漢「関於「資本主義工業中的公私関係問題」給中央並主席的報告（1953 年 5 月 27 日）」中共中央文献研究室［1993］pp. 222-224, 227，および薄［1993］pp. 222-224. なお同報告は，1953 年 3，4 月に武漢や上海，南京などで行われた私営企業に関する調査にもとづいて作成されたものである．

社会主義への移行過程の重要な一段階とされたのである.

　以上のような中央レベルでの政策転換を受け，上海市においても私営企業の公私合営化が具体的に議論されはじめる．そのなかで，上海市の政策担当者の認識として象徴的なのが，1953 年 12 月 31 日付けで中共上海市委員会によって作成された上海私営工業の公私合営化計画である[37].

　同報告は，公私合営化の具体的な過程について，重工業，紡織工業，軽工業という順序を提起しており，重工業に重点を置く理由を以下のように述べている．「〔上海の——訳者注〕私営重工業（主要には機械・電気機械製造業）は，全国に占める比重が大きく（機械の部品の生産量は約全国の半数を占める），技術レベルも高く，潜在生産力が大きい．小工場が多く，設備も比較的旧式であるとはいえ，〔相互の——訳者注〕協同能力が高く，また少なからぬ工場は規模の上でも品質の上でも全国有数であり，国家の経済建設および国防建設に対して相当に重要な影響力を持っている」.

　「現在の状況から見ると，もし積極的に公私合営化を進行しなければ，日に日に国家経済の発展によって生じる需要に適応できなくなる．まず，公私合営でなければ技術改革を進めることができず，旧式の生産品はすでに淘汰され始め，ソ連と新民主主義諸国の新型の図面は，私営工業に請け負わせるのは不都合であり，生産関係を変えてこそ，この問題に妥当な解決を求めることができるのである．次に，加工発注の形式では，私営工業の生産能力を全面的に制御し発揮させることは決してできない．私営工場の設備は極めて不均等であり，統一的に配分することができず，技術は古く，相互交流をしようとしない．よって，任務の分配を公平かつ合理的にすることは難しい．〔中略〕今年上半期の機械・電気機械製造業への加工発注は 1 兆元〔新人民元 1 億元相当——訳者

---

37) 中共上海市委「関於上海市私営工業進行社会主義改造工作的初歩意見（1953 年 12 月 31 日）」中共上海市委統戦部ほか [1993] pp. 263-267. この計画は，華東局および中央に対して上げられた社会主義改造に関する意見書のなかに記されたものであるが，重工業（主要には機械・電機機械製造業）を中心として，1954 年と 55 年の 2 年以内に，市内の主要な大工場を公私合営化しようという意欲的なものである．また，その後は，「さらに 2 年の時間を使って，国営・合営工場を中心に，継続的に生産・販売聯営，生産聯営，専業公司，合営，合併などの各種の形式を通じて，全市の 5700 余りの大型工場を整頓し，全て高級形式の国家資本主義へと改変する」という予定が立てられており，1957 年，つまり第 1 次五ヵ年計画の期間内に，上海の私営大型工業の社会主義改造を基本的に完成させることが目指されていた.

注〕近いが，そのうち期限どおりに完成できなかったものは 95% にのぼる．
これらの工場の給料・ボーナスの混乱した状況も，極めて深刻である」．

　ここで注目すべきは，同報告が，重工業に限定しているとはいえ，加工発注
の過程で発生した管理上の諸問題を，生産関係の変革（＝公私合営化）によっ
て解決する必要があると発想している点である．すでに見たように，政策担当
者には，加工発注の展開過程において発生した多くの問題が認識されていた．
それらの問題は，一面では，新民主主義という私営企業の存在を認める全体方
針の下で政府の統制を貫徹させようとすることの矛盾を体現していたと言える．
そして毛沢東の「過渡期の総路線」は，その新民主主義に代わる新たな枠組み
を示すことで，結果的に現場レベルでの諸問題に対して一つの解決の方向性
——それが実際に有効であるかは別の問題として——を提示することになった
のである[38]．

　こうした政策担当者の認識の転換を経て，上海における私営企業の公私合営
化は展開していくこととなる．「過渡期の総路線」が公布される以前，上海市
の公私合営企業は 82（金融・交通運輸・商業・文化事業単位 17，工業企業 65）であ
ったが，1953 年 12 月に 14 の工業企業が「公私合営試点」（公私合営化の試行モ
デル）に指定されると，1954 年後半にはその対象が 151 に拡大され，公私合営
化の推進が図られた［中共上海市委統戦部ほか 1993, p. 23］．

---

[38]　ただし，このような公私合営化の促進を強調する意見がある一方で，加工発注を存続させる方
　　向性も依然として維持されていた．同意見書においては，大工場の合営化を図るほかに，全体の
　　状況を見て，加工発注など中・低級の国家資本主義の形式を組み合わせて私営工業に対する社会
　　主義改造を進めるべきであるとしている．また，同じく 1953 年年末には，上海市財政経済委員
　　会が，加工発注において私営工業が得るべき利潤についての原則を定めた「私営企業に対する加
　　工における加工利潤の計算と規格・標準の立案の原則」の草案を作成しており，加工発注を通じ
　　た私営工業に対する管理・統制についても，依然として模索が続けられていたことが見て取れる．
　　さらに，1954 年 3 月には，中財委が「関於対資本主義工業進行加工、訂貨、統購、包銷問題的
　　指示」を公布し，加工発注の執行に関する包括的な指示が中央レベルで出されている．中央巻編
　　集部［1992］pp. 590-596．これらの動きから，この 1953 年末から 1954 年初頭の時点では，加
　　工発注は依然として私営工業を管理・統制する上で重要な方式であると認識されていたと言える．
　　中共上海市委「関於上海市私営工業進行社会主義改造工作的初歩意見（1953 年 12 月 31 日）」，
　　上海市財政経済委員会「対私営企業加工核算工繳利潤和擬定規格標準的原則（1953 年 12 月）」
　　中共上海市委統戦部ほか［1993］pp. 266-267, 269-273．なお，同書 p. 269 によれば，同書に収
　　録されている「対私営企業加工核算工繳利潤和擬定規格標準的原則」は，上海市財政経済委員会
　　が起草した草案を，中央の関係部門が何度も修正した修正草案であるということであり，同書に
　　記載されている「1953 年 12 月」という日付は，上海市財政経済委員会が草案を中央へ送付した
　　日付ではなく，修正草案が内部向けに発刊された日付であると見られる．

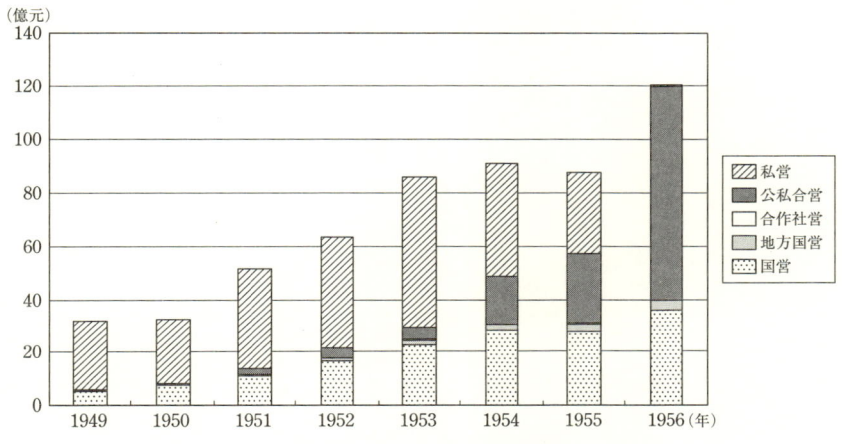

図 3-3　上海市工業企業の所有制別生産額（1949-56 年）

注：1）生産合作組織と個体手工業を含まない.
　　2）工業生産額は，1952 年の不変価格に基づいて計算. また，新人民元へ換算済み.
出所：中共上海市委統戦部ほか［1993］「統計表」中の表 2 を一部改編. 原資料は，『1949-1957 年上海市国民経済統計（工業）』（著者・出版単位・出版年不明），pp. 6, 10.

しかし，公私合営化がより劇的に進行するのは，1955-56 年のことである.
図 3-3 は上海市工業企業の所有制別生産額を示しているが，極めて印象的なのは，私営工業の生産額が 1954 年以降は減少し，1956 年には社会主義改造の完成によりほぼ無視しうる額となっている一方で，公私合営企業の生産額は1954 年から急増し，1956 年には国営と私営を抜きトップとなっている点である. このように，上海市の社会主義改造は，1954 年までの進展をベースとしつつ，1955-56 年において急速に進行し完成したのであった.

そして，こうした急激な公私合営化の進展と並んで重要なのは，公私合営化された私営企業の管理主体である. 上海市における工業企業の所有制別企業数の変化を示した表 3-2 では，公私合営企業は「中央公私合営」と「地方公私合営」に分かれているが，ここから，1954 年以降に企業数が増えているのは主に「地方公私合営」であったことが分かる.「地方公私合営」企業数は，1954年に前年の 21 から 201 へ，1955 年には 333 へと増加し，1956 年には 16, 410へとまさに激増していたのである. もっとも，「中央公私合営」も 1956 年に前年の 42 から 358 へと増加しており，また 1956 年末時点での「中央公私合営」工業企業の固定資産合計額が 6 億 9605 万元と，企業数で圧倒的に多い地方公

表 3-2　上海市工業企業の所有制別企業数（1949-56 年）

	〔中央〕国営	地方国営	合作社営（加工廠）	中央公私合営	地方公私合営	私営	総計
1949 年	92	50	1	11	4	20,149	20,307
1950 年	108	48	3	17	7	20,707	20,890
1951 年	123	70	7	41	18	24,673	24,932
1952 年	132	89	7	46	19	25,548	25,841
1953 年	142	104	20	47	21	29,485	29,819
1954 年	152	118	23	43	201	27,983	28,520
1955 年	143	119	30	42	333	22,602	23,269
1956 年	149	130	43	358	16,410	6	17,096

出所：B31-1-32，上海市統計局編「上海市国民経済統計　1949-1956 年」p. 11.

私合営企業の 5 億 5334 万元を上回っていたことから[39]，私営の有力企業の多くが「中央公私合営」企業となったことも同時に確認できる．

　この上海市における公私合営化の過程は，中華民国期以来の上海工業を一面で特徴づけていた無数の中小企業が，1956 年の時点で上海市に所属する「地方公私合営」企業となったことを意味していた．ここに，上海市政府の下に市内の企業が組織される，地方政府を中心とした地域内統合の基礎が形成されたのである．

　以上，第 2 章および本章では，上海市における社会主義体制の形成過程を，主に私営企業政策の展開に焦点を当てて検討してきた．そのなかで明らかになった点は，以下の通りである．

　まず，朝鮮戦争参戦による政府の全体方針の転換が上海市における私営企業政策にもたらした影響である．私営企業政策の展開過程は，大まかに言えば，(1) 人民共和国成立当初の「私営企業への扶助」としての加工発注の展開，(2) 朝鮮戦争参戦による統制経済下での加工発注の拡大と，国営企業・政府機関と私営企業の関係の密接化，(3)「三反」「五反」運動による私営企業への打撃とその再編，(4)「過渡期の総路線」を契機とする加工発注から公私合営化への転換という四段階にまとめることができる．そしてそのなかで，先行研究が指摘するように，やはり (2) の朝鮮戦争への参戦こそが，私営企業への統制の強化とその後の社会主義体制の形成へとつながる重要な契機であったこと

---

39)　B31-1-32，上海市統計局編「上海市国民経済統計　1949-1956 年」p. 14.

が確認できた.

　これに加えて，政府内部の動向に注目した分析で浮かび上がったのは，加工発注の実施過程において発生した様々な問題と，それに対する政策担当者の認識の変化である. 実際に私営企業と向き合う立場にいた上海市の政策担当者のレベルでは，加工発注の実施当初からいくつかの問題——国営企業と私営企業の癒着，市の工商行政管理機関を通さない加工発注の横行，加工賃・発注価格の設定をめぐる混乱など——が認識されていた. そして，朝鮮戦争への参戦は，加工発注の量的な拡大を通じてこれらの問題を顕在化させたのであり，そうした問題への政治的な対応としての「三反」「五反」運動が，政府を私営企業自体の再編へと向かわせることとなった. 1953 年の毛沢東の「過渡期の総路線」により，公私合営化を通じた社会主義改造の推進が定式化されると，上海市の政策担当者のレベルでは，加工発注の問題は公私合営化によってのみ解決可能であるという認識が表れていたが，それは中央政府の方針転換への適応であると同時に，一面では実際に現場で生じていた加工発注の管理をめぐる問題の深刻さを示していたと言える.

　そしてもう一点，極めて重要なのは，社会主義改造の結果，公私合営化された私営企業，とりわけ中華民国期までに集積した中小企業の多くは，「地方公私合営」として地方政府（＝上海市）に帰属する企業となったという事実である. このことは，上海市政府の側から見れば，それまで加工発注の実施対象であった私営企業の一定部分を，自身の直接的な管理下に置くことを意味していた. それは同時に，加工発注の実施過程で発生した問題を，体制の内部に包摂することでもあった. 上海における社会主義体制の基本的な枠組みは，こうした中華民国期までに作り上げられた上海の経済構造を，生産手段の変革という過程を通じて体制内に吸収し，地方政府単位で再編することを通じて形成されたのである.

第Ⅱ部　社会主義財政システムと上海

第4章 税財政制度の変革と上海市

　社会主義体制の経済運営において，その根幹をなすのは財政システムである．なぜなら，国家計画にもとづく資源分配という原則を掲げる社会主義体制下では，金融市場を通じた自由な資金の融通は基本的に禁止され，資金の分配は中央政府の作成する計画にもとづき財政を通じてなされるものとされていたからである．つまり，生産活動への投資は政府の財政支出という形で行われ，資金移動の主要なルートは政府間の財政移転であった．この意味で，財政は社会主義体制を基礎づける最も重要な柱の一つであったのである．

　こうした社会主義財政システムがいかに形成され，また実態としてどのように機能していたのかという点が，第II部で扱う主要なテーマである．ここで触れておく必要があるのが，清朝末期以来の財政制度近代化の試みとの関係である．後述するように，清末以来の中国では，地方勢力の台頭および地方財政の自律化という状況のなかで，いかに中央財政を確立しつつ地方財政を規範化するかという問題に直面していた．そうした文脈のなかで，人民共和国成立以後に中央政府の強い統制力を前提とする社会主義財政システムがどのようにして形成されたのかという点は，検討に値する問題である．また，序章で論じたように，中国の社会主義体制の特徴が地方行政単位を主体とする分権性にあるとするならば，それは社会主義財政システムとはどのような関係にあるのだろうか．

　本章では，これらの問題に接近する第一段階として，1949年前後の税財政制度の変革に注目し，第二次世界大戦後の戦後国民政府期（1945年9月-1949年5月）から人民共和国初期（1949年5月-1956年）にかけての上海市の財政構造の変動を分析する．

　中国の税財政制度は，1949年の政権交代によって極めて大きな変革を経験

した．中華民国期においては，すでに述べた清末以来の財政権の分散化を克服すべく，中央と地方の財政区分および財源を明確化した上で財政の統一・集権化を目指す「国地財政劃分」が推進されたことが知られている［李 1929; 金子1988］．一方，人民共和国成立以後，計画経済期においては，中央集権的枠組みを採りつつ，国税（中央税）・地方税の徴収を共に地方が担い，中央財政は地方からの送金に依存する体制が採られていたとされる［石原 1990; 田島 2000］．

　戦後国民政府期と人民共和国初期の税財政制度については，先行研究においてそれぞれ詳細に検討されているが，基本的にその対象時期は 1949 年で分断され，両時期の制度上の相違を自明のものと捉えているために，制度変革のもたらした影響は十分に考察されていない[1]．また，人民共和国期を扱った研究の多くは，前史として民国期から説き起こしているが，中共統治地域の制度からの連続性にのみ注目する傾向が強い．しかし，制度変革の影響を考察する上で重要なのは，新たに変革を経験した地域の変化を通時的に分析する視点であり，税財政制度の変革過程においてその地方財政の構造がどのように変動したのかという点こそが検討されなければならない．

　上海市財政を扱った先行研究としては，計画経済期を対象とした毛里和子の研究があり［毛里 1990a］，また近年刊行された地方誌資料の『上海財政税務誌』および『上海財政税務誌資料長編』により豊富な情報が得られるが［汪1995;『上海財政税務誌』編纂委員会 1999］，これらも政権交代による税財政制度の変革がもたらした市財政構造の変動については明示的に論じていない．それゆえ本章では，両時期の制度の相違をふまえつつ，上海市財政の構造変動を通時的に考察するという手法を採る．なお，本章が戦後国民政府期を制度変革前の比較対象時期とするのは，第二次世界大戦中の租界の返還を経て，戦後にあらためて人民共和国期へと連続する単一の上海市という財政単位が形成されたことによる．

---

1)　賈［1962］，楊［1985］，国家税務総局［2001］，藤本［1971］，Hsiao［1987］，左・宋［1988］，劉［1988］，南部［1991］．なお，趙［2002］は，1994 年の分税制改革（国税・地方税分割の明確化）を主要な考察対象としつつ民国期以降の税財政制度の変遷を概観しているが，国民政府時期を比較的完成された分税制体制の時期と位置づけており興味深い．

1. 政権交代による税財政制度の変革

　1949 年の人民共和国成立以後，中共政権は既存の制度の変革に着手した．とりわけ税財政制度においては，中共政権の財政思想のみならず，人民共和国成立初期の客観的状況にもとづいて少なからぬ改革が進められたのである．本節では，戦後国民政府期と人民共和国初期における税財政制度の基本構造を，中央―地方間の財政管理方針およびそれぞれの財源に注目しつつ確認する．

⑴　戦後国民政府期

　第二次世界大戦後の国民政府の税財政制度は，基本的に戦前の方向性を引き継ぐものであった．1928 年に成立した南京国民政府の中央―地方間財政関係は，すでに述べたように，清末以来の財政的課題である中央財政の確立を目的とし，国税と地方税を明確に区分することで，中央の財源を安定的に確保しつつ地方に独自の財源を与える「国地財政劃分」を志向していた．そしてその中央財政は，関税・塩税・統税（紙巻タバコ・綿糸・マッチなどの工業製品に対し工場出荷時に課する消費税）の 3 大間接税を柱としていた［久保 1983］．加えて，所得税・遺産税・印花税（印紙税）など西洋の租税理念にもとづく直接税の導入を推進し，税制の近代化と中央財源の確保に積極的であったことが知られている［林 2005］．さらにこれらの国税を確実に徴収するために，各地に中央財政部直属の徴収機関が設置されたが［国家税務総局 2001, pp. 136-140, 182-184, 211-212］，その税源は上海をはじめとする特定の都市に集中しており，中央財政は基本的に都市からの税収に依存する構造であった．

　その一方で，地方財政に関しては，国民政府成立直後の 1928 年に清末以来の地方勢力の重要な財源となっていた釐金（地方流通税）を廃止し，その補塡として従来国税であった田賦（土地税）と新設の営業税を地方税に割り当てた．そして 1935 年の「財政収支系統法」公布により中央―省（行政院直轄市）―県（市）の各財源を確定した後，地方政府に毎年の財政収支概算の提出と中央の認可を経た上での地方予算作成を義務づけ，地方経費の不足時には中央から補助金を投入することとしている．ただし，これらの措置は必ずしも十分な成果を挙げたわけではなく，例えば 1930 年代前半の山西省・綏遠省では一度も予

表 4-1　1946 年 7 月修正後「財政収支系統法」の国税・地方税区分

国税	地方税
関税	契税（土地取引税）
塩税	土地改良物税あるいは房捐（家屋税）
貨物税（統税から改称）	屠宰税（屠殺税）
鉱産税	営業牌照税（営業許可証税）
所得税	使用牌照税（車両使用許可証税）
印花税	筵席税（宴席税）
特種営業税	娯楽税
	土地税（田賦および土地関連の税）
	営業税
	遺産税

出所：江蘇省中華民国工商税収史編写組ほか［1996］pp. 806-824.

算が成立せず，省政府に留め置かれた国税が中央補助金として追認されていた可能性が高いとされる［内田 1984］．このように，地方財政の制度化は，1930年代の南京国民政府による国家建設のなかで，なお独立性を有していた地方政府の抵抗を受けつつ進められたのである［江蘇省中華民国工商税収史編写組ほか 1996, pp. 760-764, 770-790, 2519-2565］．

　こうした試みがなされるなか，日中戦争が勃発すると，膨張する軍事費を調達する必要から，直接税である非常時期利得税の導入や田賦と営業税の国税化による中央資源の確保が進められた．さらに 1942 年には，財政の集権化を目的として財政単位が国家財政と地方自治財政の二級制に改変されている［崔 1995; 侯 2000; 林 2005］．しかし，この集権的体制も終戦後には解除される方向にあり，1946 年 7 月に修正・公布された「財政収支系統法」により再び三級制財政が復活し［江蘇省中華民国工商税収史編写組ほか 1996, pp. 806-824］，また国税・地方税の区分も改めて表 4-1 のように定められた．

　ここで注目すべきは，戦時中に国税に組み入れられていた土地税・営業税・遺産税が，段階的に地方税に戻されている点である[2]．ここから，戦後国民政府が日中戦争期の集権化の影響を受けつつも，基本的には戦前の税財政制度の

---

2)　土地税は，院轄市に該地徴税額の 60%，省以下に 70%（省 20% と県・市 50%）が割り当てられ，残りは中央収入とされた．また営業税は，院轄市に 70%，省以下に 100%（省 50% と県・市 50 %）が割り当てられ，1948 年には院轄市へも 100% 割り当てとなった．遺産税については，院轄市に 15%，省下の県・市に 30% が割り当てられ，1947 年には院轄市 30%，県・市 70% に改変されている．国家税務総局［2001］pp. 424, 460-462.

表 4-2　国民政府財政収入額（1936, 46, 47 年）

（単位：1936 年は 100 万元（法幣），1946, 47 年は億元（法幣））

	1936 年			1946 年			1947 年		
	金額	対税収比率（%）	対総計比率（%）	金額	対税収比率（%）	対総計比率（%）	金額	対税収比率（%）	対総計比率（%）
関税	408	53.6	35.7	3,351	25.8	4.7	23,166	22.1	6.3
塩税	170	22.4	14.9	2,100	16.2	3.0	19,087	18.2	5.2
土地税	—	—	—	510	3.9	0.7	66	0.1	＊
貨物税（統税）	146	19.2	12.8	4,987	38.4	7.0	44,823	42.8	12.1
所得税	7	1.0	0.6	539	4.1	0.8	7,582	7.2	2.0
過分利得税	—	—	—	273	2.1	0.4	2,129	2.0	0.6
営業税	—	—	—	560	4.3	0.8	223	0.2	0.1
特種営業税	—	—	—	2	＊	＊	1,380	1.3	0.4
遺産税	—	—	—	31	0.2	＊	365	0.3	0.1
印花税	9	1.1	0.8	502	3.9	0.7	4,777	4.6	1.3
鉱税	5	0.7	0.4	137	1.1	0.2	1,081	1.0	0.3
銀行税	＊	＊	＊	—	—	—	—	—	—
煙酒税	14	1.9	1.2	—	—	—	—	—	—
交易所税	＊	＊	＊	—	—	—	—	—	—
税収	761	100.0	66.6	12,992	100.0	18.4	104,680	100.0	28.3
罰金・手続費等	42		3.7	2,181		3.1	3,495		0.9
公有事業収入等	9		0.8	311		0.4	954		0.3
公債・借款収入	330		28.9	55,281		78.1	260,935		70.5
その他収入	—		—	4		0.0	15		0.0
総計	1,143		100.0	70,771		100.0	370,078		100.0

注：1）表中の「—」は数値が 0,「＊」は四捨五入しても有効数値に満たないことを意味する. 以下の表も同じ.
　　2）「罰金・手続費等」は, 原表の「罰金・賠償収入」,「規定手続費収入」,「財産・物資販売収入」,「寄付・贈与収入」,「実物徴借収入」,「財産利益収入」の合計.
　　3）「公有事業収入等」は, 原表の「公有営業利益収入」,「公有事業収入」,「投資回収・基金収入」の合計.
　　4）1936 年は 1936 年 7 月 1 日より翌年 6 月 30 日まで, 1946, 47 年は各 1 月 1 日より 12 月 31 日を会計年度とする.
　　5）1936 年の「総計」は, 原表では「1,195,403.50 元」であるが, 本表では各項の合計を用いた.
出所：江蘇省中華民国工商税収史編写組ほか［1996］pp.3019-3020, 3034-3040, 3077 を整理して作成
　　　（原表の出所は「中国第二歴史檔案館館蔵国民政府主計部歳計局決算檔案」）.

方向性を継承していたことが窺えよう. もっとも, 1947 年 5 月に導入された特種営業税（銀行業・信託業・保険業・交易所・輸出入業・交通事業・競争性のある国営事業・中央政府と人民の合営営利企業などに課される税）のように新たに追加さ

れた国税もあり，これは地方の営業税収入をおびやかすため中央―地方間の確執を招いたという［国家税務総局 2001, p. 464; 裴斐ほか 1999, p. 44］．

　表 4-2 により戦前および戦後の中央財政収入を見ると，1946 年と 47 年とではインフレの影響から収入額が急増している点[3]，戦後復興のための公債・借款収入が莫大な額に上っている点が目を引く[4]．しかし税収に関して言えば，戦前と同じく関税・塩税・貨物税（旧統税）が中心である一方で，所得税や印花税といった直接税がわずかながらではあるが戦前より割合を増していることが確認できる．これは戦時期に展開された直接税推進の影響であると言え，戦前以来継続している中央財政収入の基本構造のなかに，国民政府が進めてきた税制近代化の足跡が見て取れる．

　このように，戦後国民政府は戦時という非常事態に進められた集権化を出発点としつつも，基本的には戦前以来の「国地財政割分」の原則にもとづく財政体制を志向し続けてきた．その試みは結局，国共内戦の本格化とそれにともなうインフレの激化などの要因により短期間で幕を閉じざるをえなかったが，その基本方針自体は一貫して存在し続けていたのである．

(2)　人民共和国初期

　これに対して，人民共和国成立後に導入された税財政制度は大きく異なるものであった[5]．

---

3)　両時期の税財政を議論する前提として，1946 年から 1950 年にかけての激しいインフレを十分考慮する必要がある．1946 年 1 月-49 年 5 月の上海市の卸売物価指数は，1946 年 1 月を 1.00 とすると，1946 年：2.64，1947 年：24.92，1948 年 1-7 月：500.04，1948 年 8-12 月：14.93，1949 年 1-5 月：245 万 4115.38．1949 年 6 月-56 年については，1949 年 6 月を 1.00 とすると，1949 年 6-12 月：5.29，1950 年：21.79，1951 年：28.75，1952 年：29.04，1953 年：28.60，1954 年：28.71，1955 年：28.81，1956 年：28.73．中国科学院上海経済研究所・上海社会科学院経済研究所［1958］pp. 173, 448-453.

4)　賈［1962］p. 47 によれば，1946 年の「公債・借款収入」のほぼ全て（5 兆 5136 億元）が銀行借款であった．

5)　人民共和国成立以前の中共統治地域における税財政制度については，日中戦争期，戦後内戦期を通じて統治地域自体が分散し，それぞれ独立して活動していたため，各地区で独自の制度が展開されていた．その財源は，地域・時期によって異なるが，基本的には公糧と呼ばれる現物徴収の農業税が中心であり，日中戦争期には財政収入の 80% を占めたとされる．南部［1991］pp. 4-8, 113-117, 李［1959］p. 58. また，塚瀬［2001］によれば，東北解放区の財政収入の中心は公糧収入とソ連・朝鮮への農産物輸出による貿易収入であり，商工業者からの徴税額の割合は大きくなかった．

表 4-3　中央・地方の収入区分（1951 年）

中央固有の収入	比例解留収入 あるいは 中央調剤収入	地方固有の収入
関税 塩税 中央国営企業収入	農業税 工商業税 貨物税 綿紗統銷税 印花税 商品流通税 利息所得税	交易税 屠宰税 房捐 地産税 特種消費行為税 使用牌照税 地方国営企業収入

注：1)「比例解留収入」は，中央と地方が一定の割合で分け合う収入.
　　2)「中央調剤収入」は，主要には中央収入だが，地方収入の不足時に
　　　地方に投入される収入.
　　3)「工商業税」は，営業税・所得税等を含めた単一の税.
　　4)「綿紗統銷税」は，綿糸販売に課す税で，1951 年導入.
　　5)「商品流通税」は，特定の商品の貨物税・営業税・印花税を統合し
　　　た税で，1953 年導入.
　　6)「印花税」と「利息所得税」は，1953 年に地方税へ割り当てられた.
　　7)「特種消費行為税」は，宴席，娯楽，冷食，旅館に課される税.
出所：財政部綜合計画司［1982］pp. 45-48, 56-58, 64-71, 79-85.

　人民共和国成立直後の 1950 年 3 月，中共政権がまず実行したのは，地方財
政を置かずに全ての財政収入を中央に一元化する全国財政の統一であった［財
政部綜合計画司 1982, pp. 31-36］. その狙いは，第 2 章で述べたように，主に内戦
末期から続くインフレの抑止にあり，内戦期間中に中共の各支配地域において
独立していた財政を統合することで中央財政収支を平衡させ，紙幣の発行を抑
えることが目指された. ただし，この極端な中央集権体制は一種の臨時的措置
であり，通貨安定と財政統一が基本的に達成された後には徐々に解除され，
1951 年に中央—大行政区—省（直轄市）の三級制財政が確立した. そして
1953 年には，大行政区の実質的廃止にともない，中央—省（直轄市）—県とい
う国民政府時期と同様の体制が採られている［財政部綜合計画司 1982, pp. 45-48,
64-67］.

　1951 年以降の中央—地方間財政関係は，一般に「統一指導・分級管理」と
表現されるが，その財源の割り当てについては，毎年微調整が繰り返されたも
のの，基本的には表 4-3 のようにまとめられる.

　ここで，戦後国民政府期との比較で焦点となるのは，主要な税を含む「比例
解留収入」および「中央調剤収入」の中央—地方間での配分基準である. この

点については，毎期ごとに地方の財政収支状況にもとづいて中央が決定すると
されており，地方の固有の収入と規定された税収項目は，実質的には，戦後国
民政府期よりも減少していたことが注目される[6].

　ただし，それにもかかわらず，実際の徴税業務については，人民共和国成立
直後の 1950 年 1 月に，従来の国税徴収機構を撤廃して各地に地方政府管轄の
税務局を設置し，国税・地方税を含めた当該地域内の徴税を全て担わせる体制
が採られている［財政部税務総局 1987, pp. 49-53］．これは，地方に国税の徴収を
委託してそれを吸い上げる構造にほかならない．そして，そもそも地方の財政
予算自体も，1951 年 8 月政務院公布の「予算決算暫行条例」において中央が
先に編成する収支指標にもとづいて各級が作成するとされ［中央人民政府法制委
員会 1953, pp. 124-130; 汪 1995, pp. 241-242］，上海市の例では，中央が定めた収入
指標と支出指標の比率（例えば，収入：支出＝10：8）を基準として実際の予算内
財政収入[7]から中央送金支出（原語は「中央上解」．国税とは別に設定された地方財
政から中央への送金）額が算出されていた［『上海財政税務誌』編纂委員会 1999,
pp. 228-229］．つまり，地方の財政規模および中央送金支出の大枠も，基本的に
は中央が定める収支指標によって決まるのであり，同時期の中央―地方間財政
関係は，地方固有の税収項目を削減して地方の財政収支額自体を中央の管理下
に置く体制であったと言える[8].

---

6)　財政部綜合計画司［1982］pp. 47-48, 57-58, 66, 69, 81，汪［1995］pp. 62-63．例えば，1953 年
　12 月 17 日に財政部華東財政管理局が制定した「華東区 1954 年度財政収支分成辦法」では，「固
　定比例分成」（「比例解留収入」を指す）と「中央調剤収入」について以下のように規定している．
　「（三）固定比例分成収入：（1）農業税：山東・江蘇・浙江は 55% を地方に割当て……（中略，以
　下同じ）上海は全て中央収入に組み入れる．（2）工商営業税と工商所得税：……山東は 60% を
　中央に，40% を地方に割当てる．……上海は工商営業税の 5% を地方に，95% を中央に組み入れ
　る．工商所得税は全て中央収入に組み入れる．（四）調剤税収入：……商品流通税・貨物税の地
　方に残すべき割合は以下のように規定する：山東は 76% を中央に，24% を地方に割当てる．
　……上海は全て中央収入に組み入れる」．ただし，筆者は同辦法の原文を未見であり，上記は
　『上海財政税務誌』編纂委員会［1999］p. 166 からの重引である．
7)　人民共和国期の地方財政収入は，「予算内収入」（正規の収入）と，後述のように 1954 年に確
　立する地方自籌経費収入等からなる「予算外収入」に分けられ，中央送金支出は予算内収入にも
　とづき算出された．そして予算内収入等から中央送金支出を引いたものが「地方分成収入」とな
　り，これと「予算外収入」の合計が実際の地方収入となった．汪［1995］pp. 69-68.
8)　ここで言う「地方」とは，大行政区，省（直轄市），県（市）などの各級財政単位を総合した
　概念であり，「地方」の内部，例えば各大行政区と当該領域内の省，あるいは各省と県との間に
　も，中央―地方間と同様の財政関係が存在していた．中央人民政府法制委員会［1953］pp. 124-
　130.

　こうした税財政制度は，人民共和国成立直後の極端な中央集権体制からの変動が見て取れると同時に，明らかに民国期の「国地財政劃分」とも異質なものであった．その導入の背景には複数の要因が存在したと見られるが，一つにはソ連の社会主義財政思想の影響が挙げられる．当時のソ連においては，国家予算と経済計画を対応させる目的から，「民主的中央集権主義」の原則にもとづき，中央財政にあたる「連邦予算」と 15 の「連邦構成共和国国家予算」を総合して「国家財政」としており，連邦以下の各級における収入財源の範囲の最終的な決定権は連邦に属していた［気賀 1964, pp. 189-201; 佐藤 1965, pp. 116-117］．人民共和国初期の財政制度も，基本的にはこうした社会主義財政思想からその枠組みを得ていたと考えられる．

　もう一つはより現実的な側面で，1950 年に勃発した朝鮮戦争への参戦による国防費（1950 年決算では軍事費）支出の増加，およびそれに続く経済建設費支出の増加である．国防費はその 100% が中央財政から支出されることになっていたが，1950 年に国家財政支出（ソ連財政と同じく，中央・大行政区・省・県等の各級財政支出の総和を意味する）の 38.19%，1951 年には 41.64% を占めるなど急増している［中国社会科学院・中央檔案館 1995b, pp. 660-662, 1210-1211; 藤本 1971, p. 44］．さらに，1951 年から軍事と経済建設の両方を追求する方針転換が図られ，中央財政からの支出が約 8 割を占める経済建設費が国家財政支出の 30.34% に達し，中央財政支出は再び拡大した［泉谷 2007, p. 23; 藤本 1971, pp. 50-51］．そして 1952 年以降，軍事費の割合は国家財政支出の 25% 程度に落ち着いたものの，経済建設費の方は第 1 次五ヵ年計画期を通じて増加の一途を辿っている．こうした人民共和国成立初期の中央財政支出の増加が，ソ連の社会主義財政思想という枠組を土台として中央主導の財政制度の採用を導いたと理解できよう[9]．

　表 4-4 は，人民共和国初期の国家財政収入（同じく各級財政収入の総和）を示したものである．統計の性質上，国税である関税の割合が戦後国民政府期の中央財政収入にくらべて低下しているのは当然であるが，その絶対額も 1951 年以降下降傾向にあるのは，朝鮮戦争を契機としたアメリカ主導の対中貿易制限

---

9)　とはいえ，当時の中共中央内部における税財政制度に関する議論，およびその具体的な政策決定過程については，史料上の制約から不明な点が多い．

表 4-4　国家財政収入総決算額（1951-56 年）

	1951 年			1952 年			1953 年		
	金額	対税収比率(%)	対総計比率(%)	金額	対税収比率(%)	対総計比率(%)	金額	対税収比率(%)	対総計比率(%)
関税	69	9.7	4.8	48	5.2	2.4	50	4.2	1.9
塩税	34	4.8	2.3	40	4.3	2.0	46	3.9	1.8
農業各税	177	24.7	12.2	221	23.8	11.1	275	23.0	10.6
貨物税	161	22.6	11.2	202	21.7	10.1	132	11.0	5.1
商品流通税	—	—	—	—	—	—	271	22.6	10.4
綿紗統銷税	13	1.9	0.9	17	1.8	0.9	—	—	—
工商業税	188	26.4	13.1	270	29.0	13.5	341	28.5	13.1
利息所得税	1	0.1	0.1	1	0.1	0.1	1	0.1	＊
印花税	21	3.0	1.5	33	3.5	1.6	13	1.1	0.5
地方各税	—	—	—	81	8.7	4.0	—	—	—
交易税	14	1.9	0.9				13	1.1	0.5
屠宰税	16	2.3	1.1				34	2.9	1.3
房地産税	11	1.6	0.8				16	1.3	0.6
特殊消費行為税	3	0.4	0.2				3	0.2	0.1
使用牌照税	2	0.3	0.1				3	0.2	0.1
土地登照税	3	0.4	0.2						
その他の税	—	—	—	17	1.9	0.9	—	—	—
税収	714	100.0	49.4	930	100.0	46.6	1,197	100.0	46.0
国営企業収入	321		22.3	532		26.6	767		29.5
銀行・保険収入	—		—	16		0.8	49		1.9
公債・借款収入	47		3.3	17		0.8	—		—
その他の収入	133		9.3	166		8.3	163		6.3
前年度繰越分	124		8.6	335		16.8	423		16.3
貨幣発行収入	104		7.2	—		—	—		—
総計	1,443		100.0	1,997		100.0	2,600		100.0

注：1）原表の単位が旧人民元のものは全て新人民元に換算．
　　2）「農業各税」は，原表の「農業税」，「契税」，「特産税」を含む．
　　3）1953-56 年の「総計」は原表と異なるが，本表では各項の合計を採用した．
出所：1951-52 年　中国社会科学院・中央檔案館［1995b］pp. 1208-1209, 1216-1218.
　　　1953-56 年　中国社会科学院・中央檔案館［2000］pp. 222-223, 271-273, 279, 289, 291-293, 309, 836-837, 872.

が大きな要因であろう．ここにも人民共和国初期の客観的状況の変化による影響が見て取れる．一方，貨物税系統（貨物税，1951-52 年の綿紗統銷税，1953 年以降の商品流通税）や工商業税（所得税と営業税を含む単一の税項目）といった主要な商工業税[10]の合計は，財政収入において常に 25-30%，税収においては 50-60% を占めている．とりわけ従来の営業税を組み入れた工商業税の割合は大

（単位：1,000万元（新人民元））

1954年			1955年			1956年		
金額	対税収比率(%)	対総計比率(%)	金額	対税収比率(%)	対総計比率(%)	金額	対税収比率(%)	対総計比率(%)
41	3.1	1.3	47	3.6	1.5	54	3.8	1.8
52	3.9	1.7	48	3.7	1.6	48	3.4	1.6
331	25.1	10.8	307	23.9	10.1	297	20.9	9.9
142	10.8	4.6	172	13.4	5.7	204	14.4	6.8
295	22.3	9.6	309	24.0	10.2	358	25.3	12.0
—			—			—		
374	28.3	12.2	321	24.9	10.5	374	26.4	12.5
1	0.1	＊	1	0.1	＊	1	0.1	＊
13	1.0	0.4	15	1.2	0.5	16	1.1	0.5
—			—			—		
9	0.7	0.3	6	0.5	0.2	3	0.2	0.1
41	3.1	1.3	38	2.9	1.2	39	2.8	1.3
16	1.2	0.5	17	1.3	0.6	16	1.1	0.5
3	0.2	0.1	2	0.2	0.1	2	0.1	0.1
3	0.2	0.1	3	0.2	0.1	3	0.2	0.1
—			—			—		
—			—			—		
1,322	100.0	43.0	1,287	100.0	42.2	1,416	100.0	47.5
996		32.4	1,119		36.7	1,343		45.0
179		5.8	236		7.7	72		2.4
—			—			—		
126		4.1	90		3.0	50		1.7
451		14.7	315		10.3	101		3.4
—			—			—		
3,074		100.0	3,048		100.0	2,982		100.0

きく，これらが「比例解留収入」として基本的に中央の管理下にあったことを考慮すれば，中央財政の主要な柱であったと言えよう．営業税を地方固有収入から外した要因は，こうした文脈からも理解することができる．

10)　商工業税（原語は「工商税」）とは，商工業者が負担する税の総称である．広義には関税と塩税を含むが，本章では関税と塩税を除いたものと定義する．

　そして，表4-4でもう一つ注目すべきは，国営企業収入（国営企業の納税分とは別の，利潤と減価償却基金の納入）の着実な増加であり，1956年には財政収入の45%を占め，税収と共に国家財政収入の半分を担う存在になっていた．しかし同表の示す国営企業収入額も，やはり中央と地方それぞれに所属する企業からの収入の総和であり，後述するように，同表からは読み取れない両者の比率こそが，中央—地方間財政関係の重要なポイントとなるのである．

　以上の比較から見えてくるように，両時期の税財政制度，とりわけ中央—地方間財政関係の方針には少なからぬ差異が存在していた．それは端的に言えば，戦後国民政府期が，「国地財政劃分」を掲げて中央が安定的に確保できる税収を直接抑えつつ，地方にも固有の税収を分割して中央財政と地方財政を明確に区分する体制であったのに対し，人民共和国初期は，地方固有の税収を減らして中央が地方財政の収支額自体を直接管理する体制であった．そして，財政制度の変革において焦点となったのは，商工業税収および人民共和国成立後に増加した国営企業収入の中央—地方間における分配であった．この点に注目しつつ，次節では上海市における実態を検討する．

2.　上海市の商工業税徴収と税収

　上海市は，国民政府統治下においては行政院の直轄市であり，1949年5月の人民解放軍による占領を経て新政権下に組み入れられた後も中央直轄市とされた．また，上海は開港以降，中国経済の一大中心地であったため，そこから得られる商工業税収入は一貫して中央政府および地方政府にとって重要な位置を占めていた．

　税財政制度に関して言えば，日中戦争以前の上海においては，中華民国政府下の上海市政府，公共租界工部局，フランス租界工董局がそれぞれ独自に徴税と財政運営を行っていたが，日中戦争期における汪精衛政権への租界の返還を経て，戦後に改めて単一の財政単位が成立した［銭 1946, pp. 104-114］．民国期における上海の商工業者への徴税については，同業団体による徴税請負や請願を通じた意思表明など，極めて複雑な関係が存在していたことが知られている［Coble 1980; 富澤 1991; 金子 2000］．こうした文脈からすれば，本章が対象とする

両時期における徴税過程はそれ自体が極めて重要な研究課題であるが[11]，ここでは主に，徴税機構の変遷と徴税額（地域内で実際に徴収された税の額）の推移に注目し[12]，前節で見た税財政制度の変革を念頭に置きつつ，上海市財政収入との関係について考察していく．

(1) 上海市における商工業税徴収

まず，商工業税徴収のベースとなる両時期の上海の経済状況を確認しておこう．戦後国民政府期の上海経済は，上述の激しいインフレに特徴づけられるが，その一方で，戦後の軽工業品需要増加によって工業生産が刺激された側面もあった．そして1949年の政権交代を経た後，1950年前半に物価が安定すると，その後は復興需要と朝鮮戦争参戦による軍需の増加に牽引され，また1953年以降は第1次五ヵ年計画の開始を背景として，上海市の主要生産品生産量はほぼ一貫して増加している［上海市統計局 1992, p.37］．工業生産と直接リンクする発電量も増加傾向を示していることから［上海市電力工業局史誌編纂委員会 1994, pp.42-43］，両時期は政権交代の期間にあたる1948-50年を挟んで，基本的に経済の復興時期にあったと言える．

次に，図4-1により上海市における徴税機構の変遷を見ると，戦後国民政府期においては，1945年10月に財政部上海直接税局と財政部上海貨物税局が成立し，上述の「国地財政割分」の方針にもとづいて中央政府直轄の国税徴税機関が設置されている．そして地方税については，上海市財政局が別個に徴税を行っており，国税・地方税の徴収における分業体制が成立していた．しかし，こうした分業体制は人民共和国成立後には再編され，1950年3月に，直接税局，貨物税局，および財政局内の徴税機構を統合して市の徴税業務全体を統括

---

11) 人民共和国初期の都市における徴税過程については，近年研究が進んでおり，武漢市を扱ったWang［2001］，および天津市と上海市を検討した陳［2005］が貴重な成果として挙げられる．なお，筆者の上海市の徴税過程に対する理解は，制度化を通じた徴税能力の向上を指摘するWang［2001］の見解よりも，制度化という概念に収まりきらない「納税対象を組織する能力」や「階級闘争的政治動員」を強調する陳［2005］の見解により近い．もっとも，なぜ中共が徴税過程に大衆を動員しより緻密な徴税体制を築くことができたのかという点は，追究されるべき重要な論点である．

12) 徴税主体と税の帰属先が必ずしも一致しないため，本章では，実際に徴収した額を「徴税額」，中央・地方財政に収入として組み入れられる額を「税収」として区別する．

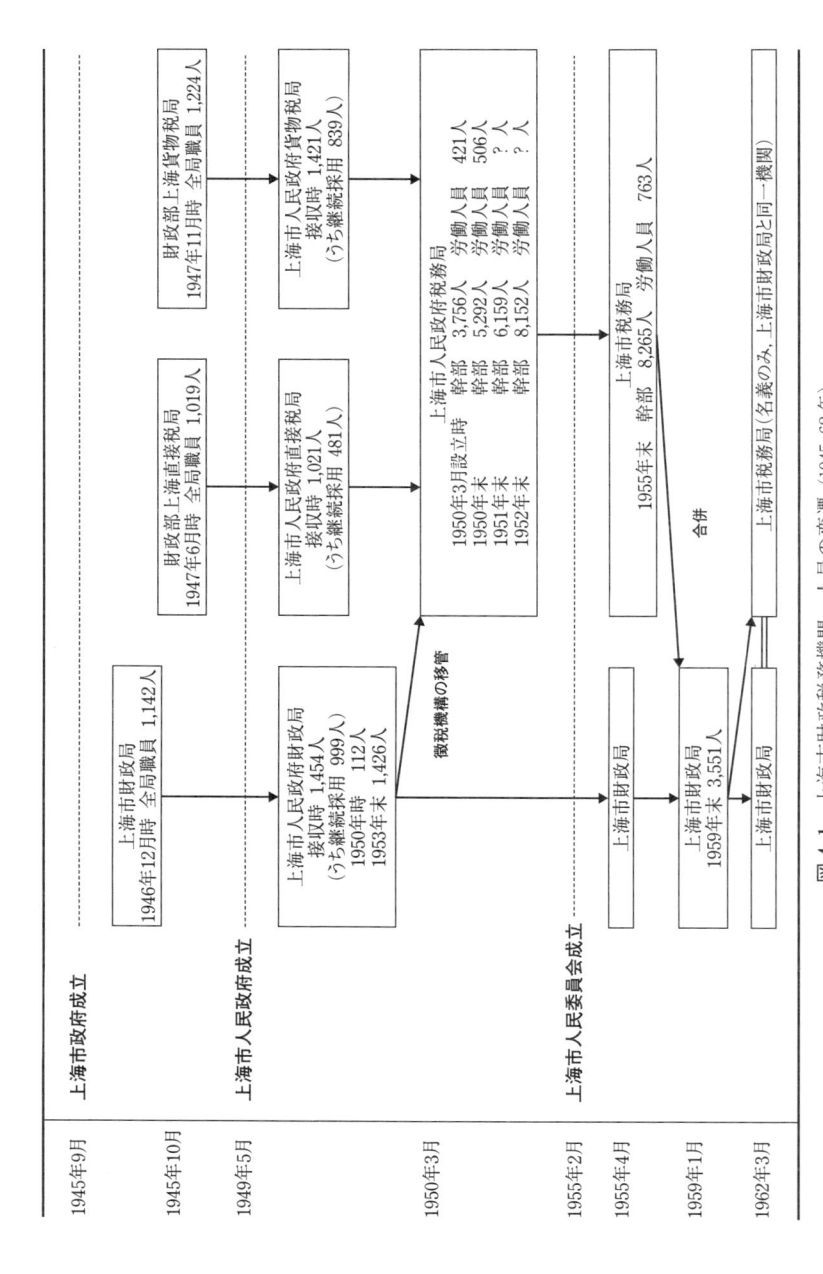

図4-1 上海市財政税務機関・人員の変遷 (1945-62年)

出所：匡 [1996] pp. 25-35, 711-713, 中共上海市委組織部ほか [1991] pp. 96-97 を元に作成。

する上海市人民政府税務局が成立し，徴税体制の一元化が図られることとなる．

　また市以下の徴税機構については，戦後国民政府期には，1946 年時点で直接税局が市区内に 10 の辦事所（事務処）と 4 の査徴所（税務調査・徴収機関．以下の他の設置機関も同様）を，貨物税局が 8 の管理区と 3 の検査站を，市財政局が市内 7 区に税捐稽徴処・牲畜専税稽徴処・屠宰税徴収所をそれぞれ設置しており，基本的に各系統の基層徴税機関が縦割りで同地域内に並立する状態であった．これに対して人民共和国初期には，市税務局を市全体の徴税管理機構とし，区税務分局（市区 20，郊区 10）をその下級の調査・徴収機関とし，稽徴組を徴税の最下層単位とする，市内での三級制徴税体制が展開された．こうした新制度の下，1952 年には全市で各業稽徴組 33，各区稽徴組 121，貨物税稽徴組 32，臨商稽徴組 20，露店商稽徴組 17 が相次いで成立しており，図 4-1 が示す 1950-52 年の市税務局人員の大幅な増加を考慮すると，人民共和国成立後の数年間においてより密度の高い徴税体制が形成されていたと言える［汪 1995，pp. 695-710］．

　さて，こうした経済状況と徴税機構の再編を念頭に置きつつ，表 4-5 により両時期の上海市における商工業税の徴税額の推移を見てみよう[13]．まず看取できるのは，両時期を通じた貨物税系統の割合の大きさである．貨物税徴税額は，戦後国民政府期には上海市の商工業税徴税額全体の 6 割強を占め，人民共和国初期に入ってからはその割合を 45% 程度に低下させたものの，1953 年の商品流通税導入後は合計で 55-65% に達していた．徴税額自体もとりわけ人民共和国初期には一貫して緩やかに増加しており，まさに上海市の商工業税の中心であったと言える[14]．

　一方，断続的ではあるが，所得税・営業税（特種営業税も含む）徴税額の増加傾向も注目に値する．両税の徴税額は，1946-47 年と 1950-53 年の両期間にお

---

13)　なお，以下の徴税額の増減に関する記述については，本章注 3 で示した上海市の卸売物価指数でデフレートしても同様の傾向が認められる．

14)　ただし，興味深い点として，前掲表 4-2，4-4 にもとづき上海市の貨物税系統徴税額の全国税収額に占める割合（上海市徴税額／全国税収額）を算出すると，1946/47 年にはそれぞれ 53%，49% と実に約半分近くに達していたが，1951 年以降は一貫して 20% 弱に減少している．徴税額自体が緩やかに増加していたことを考慮すると，こうした人民共和国成立以後の割合の低下は，民国期に形成された上海への税源の集中という状況が変容しつつあったことを示唆していると言えよう．

表 4-5　上海市徴税額（1946-56 年）

徴収額　単位：億元（法幣）. ただし 1948 年 8 月-1949 年 5 月は 1000 万元（金圓券）.

	貨物税	遺産税	特種営業税	営業税	所得税	利息所得税	印花税	地方税	その他	合計
1946 年	2,643	*	—	208	150	23	246	526	1	3,798
1947 年	21,950	18	2,191	2,105	3,870	293	167	2,415	4	33,013
1948 年 1-7 月	177,861	224	8,165	12,185	23,913	1,834	13,681	23,631	7	261,501
1948 年 8-12 月	21	*	*	1	3	*	2	4	*	31
1949 年 1-5 月	119,332	3	207	52,746	811	166	10,654	204,589	*	388,508

比率										
1946 年	69.6%	*	—	5.5%	3.9%	0.6%	6.5%	13.9%	*	100.0%
1947 年	66.5%	0.1%	6.6%	6.4%	11.7%	0.9%	0.5%	7.3%	*	100.0%
1948 年 1-7 月	68.0%	0.1%	3.1%	4.7%	9.1%	0.7%	5.2%	9.0%	*	100.0%
1948 年 8-12 月	67.6%	*	0.4%	2.1%	9.1%	*	6.6%	13.4%	*	100.0%
1949 年 1-5 月	30.7%	*	0.1%	13.6%	0.2%	*	2.7%	52.7%	*	100.0%

徴収額　単位：万元　（新人民元）

	貨物税	綿紗統銷税	商品流通税	営業税	所得税	利息所得税	印花税	地方税	その他	合計
1949 年 6-12 月	1,632	—	—	304	*	1	233	352	—	2,522
1950 年	21,529	—	—	14,211	2,206	229	2,725	—	6,416	47,317
1951 年	34,453	4,332	—	22,562	15,068	302	3,820	6,056	—	86,593
1952 年	39,427	6,440	—	23,526	33,676	288	4,558	6,353	—	114,267
1953 年	24,082	—	61,477	42,306	19,190	—	—	9,171	—	156,226
1954 年	25,235	—	67,908	40,133	31,795	—	—	9,307	—	174,378
1955 年	29,864	—	69,596	34,948	9,038	—	—	8,128	—	151,574
1956 年	36,028	—	82,993	41,448	10,811	—	—	7,650	—	178,931

比率										
1949 年 6-12 月	64.7%	—	—	12.1%	*	*	9.2%	14.0%	—	100.0%
1950 年	45.5%	—	—	30.0%	4.7%	0.5%	5.8%	—	13.6%	100.0%
1951 年	39.8%	5.0%	—	26.1%	17.4%	0.3%	4.4%	7.0%	—	100.0%
1952 年	34.5%	5.6%	—	20.6%	29.5%	0.3%	4.0%	5.6%	—	100.0%
1953 年	15.4%	—	39.4%	27.1%	12.3%	—	—	5.9%	—	100.0%
1954 年	14.5%	—	38.9%	23.0%	18.2%	—	—	5.3%	—	100.0%
1955 年	19.7%	—	45.9%	23.1%	6.0%	—	—	5.4%	—	100.0%
1956 年	20.1%	—	46.4%	23.2%	6.0%	—	—	4.3%	—	100.0%

注：1)「比率」は原表数字から算出. 以下の表も同じ.
　　2) 1946 年-49 年 5 月の「所得税」は, 原表の「営利事業所得税」,「薪給報酬所得税」,「過分利所得税」の合計.
　　3) 1946 年-49 年 5 月の「地方税」は, 原表の上海市「税課収入」（附加税を除く）から「営業税」を引いたもの.
　　4) 1946 年-49 年 5 月の「その他」は, 原表の「財産出売所得税」,「財産租賃所得税」,「一時所得税」,「罰金収入」等の合計.
　　5) 1947 年の「営業税」と「遺産税」は, 原表では数字が逆に記載されているが, 原表中の別の箇所, 表 4-6 の「営業税」額, 汪 [1995] p.499 などより明らかなミスと見られ, 本表では双方を入れ替えた数字を用いた.
　　6) 1950 年の「営業税」は, 原表の「国営企業営業税」,「座商営業税」,「臨時商業税」,「難販営業牌照税」,「固定工商業税」の合計. 1951-52 年は, 原表の「定期定額工商業税」,「臨時商業税」,「難販業税」の合計.
　　7) 1950 年の「その他」は,「屠宰税」,「家屋税」,「地産税」,「使用牌照税」,「特種消費行為税」の合計.
　　8) 1949 年 6 月-12 月の「地方税」は, 原表の「地価税」,「田賦」,「土地増値税」,「契税」,「家屋税」,「屠宰税」,「筵席税」,「娯楽税」,「旅桟捐」,「碼頭捐」,「車両使用捐」,「船舶使用捐」の合計. 1950-56 年の内訳は表 4-6 を参照.
出所：1946 年-1949 年 5 月　B97-1-340,「上海市税務統計　1950 年 4 月至 6 月」, pp.232-235, 240-249.
　　　 1949 年 6 月-1956 年　B97-1-338,「上海市税務統計　1949 年 6 月至 12 月」, pp.15, 17.
　　　　　　　　　　　　　　 B97-1-342,「上海市税務統計　1950 年 10 月至 12 月」, pp.1, 46, 60.
　　　　　　　　　　　　　　 B97-1-343,「上海市税務統計　1951 年度」, p.20.
　　　　　　　　　　　　　　 B97-1-344,「上海市税務統計　1952 年度」, pp.3, 21.
　　　　　　　　　　　　　　 B97-1-345,「上海市税務統計　1953 年度」, pp.1-2.
　　　　　　　　　　　　　　 B97-1-346,「上海市税務統計　1954 年度」, pp.1, 3.
　　　　　　　　　　　　　　 B97-1-347,「上海市税務統計　1955 年度」, pp.1, 3.
　　　　　　　　　　　　　　 B97-1-348,「上海市税務統計　1956 年度」, p.1.

いて増加傾向を確認できる．そして同市の全徴税額中の割合を見ると，所得税
は 1947 年に全徴税額の 11% 強を記録した後，1951 年から 1954 年にかけては
概ね 12-18% を占め，1952 年には約 30% に達するなど，戦後国民政府期の割
合を上回っている．ここから明らかなように，1930 年代に国民政府が導入し，
とりわけ戦時に財源確保のために奨励された直接税は，戦後から人民共和国初
期にかけて定着していったのである．また営業税についても，戦後国民政府期
にすでに市徴税額の 13% 程度を占め，人民共和国成立後数年間は徴税額の順
調な伸びに支えられ 20-30% に達していた．

　これらの徴税額の増加をもたらした要因としては，先に見た人民共和国成立
以後の経済復興という全体状況とともに，徴税機構・人員の増加および一般大
衆の動員による徴税網の細密化，国営経済の拡大による経済監視機能の向上な
どを通じた徴税能力の強化を挙げることができるだろう[15]．初代上海市税務局
局長の顧準（在職 1950 年 3 月-1952 年 2 月）は，1950 年 9，10 月に稽徴組や市局
稽徴処等の基層組織が完成し，各納税戸に徴税人員を配置したことにより
1951 年 3 月の所得税等の徴税において増額を実現したと回顧している[16]．こ
のように，商工業税徴税額自体の推移を見れば，上海市は戦後国民政府期まで
に形成された徴税基盤を受け継ぎつつ，人民共和国初期において全般的にその
額を伸ばしていたのである．

(2)　商工業税収と市財政収入構造

　それでは，以上のような商工業税の徴税状況に対し，上海市の財政収入構造
には両時期を跨いでどのような変化が生じていたのであろうか．

　表 4-6 により上海市財政収入の内訳を見ると[17]，まず指摘できるのが，戦後

---

15)　徴税額の増減に関しては税率の変動も重要な要素であるが，ここでは差し当たり，金融業や証
　　券業・仲介業に対する営業税の税率が戦後国民政府期（1.5-4%）に比べ人民共和国初期におい
　　て高く設定されている点（1.5-15%），製造業に対する所得税の控除率が戦後国民政府期
　　（10%）より人民共和国初期の方が高い（10-40%）点のみを指摘しておく．国家税務総局
　　[2001] pp. 436-437, 441-443, 462-463, 劉 [1988] 第 2 部, pp. 13-28, 107-112, 413-420.
16)　顧 [2002] pp. 161-163. また，Wang [2002] pp. 247-249 および 陳 [2005] pp. 148-164 にお
　　いても，それぞれ武漢市と上海・天津両市における基層徴税組織の充実と徴税能力強化の関係が
　　指摘されている．
17)　市財政収入においては，地方債の役割が注目されるが，管見の限り，両時期を通じて上海市の
　　地方債発行はない．日中戦争以前および日本占領下の上海市では地方債発行が財政を支えていた

国民政府期の財政収入における税収（上海市内で徴収された税のうち，地方税とし
て上海市財政に組み入れられた部分）の割合の大きさである．1946-49年の各年税
収は，財政収入全体の約50-60%強を占めており，当時の上海市財政が基本的
に税収によって成り立っていた点が確認できる．また1946-47年には中央から
の補助も重要な役割を果たしており，それに公共事業や房捐への附加税である
市政建設捐と「その他収入」が次ぐ構造であった．

　そして税収の内訳では，終戦直後の1946年には筵席税・娯楽税・旅桟捐等
の収入が極めて大きな割合を占めていたが，営業税が地方税に割り当てられた
1947年には，営業税収入が全体の25%前後を占めるようになり，筵席税等を
抑えて全収入項目中最大になっていた．その後インフレが激化する1948年後
半以降は割合を低下させるが，以上の推移から，戦後国民政府期においては営
業税が市財政の主要な柱となりつつあったと見てよいだろう．

　これに対して，人民共和国初期の財政収入においては，依然として税収が一
定の割合を占めていたものの，1951年以降その割合は50%を下回り，1956年
には25%程度にまで低下している点が注目される．

　この税収割合の低下の原因としてまず挙げられるのが，税収自体の伸び悩み
である．上海市の税収額は，1950年から52年まで横ばいが続き，1953年には
印花税と利息所得税の地方税化，および屠宰税の伸びによって盛り返すが，
1955-56年には再び下降していた．こうした税収の伸び悩みは，戦後国民政府
期の税収の内訳を想起すれば，やはり営業税が地方税からはずれたことが大き
な要因であると言えよう．人民共和国初期において，営業税と所得税からなる
工商業税は分成税（中央と地方が分け合う税）として何度か市財政収入に割り当
てられ，実質的にはこれが中央からの補助に相当したが，その分配は散発的で
あり，主要な財源とはなり得なかった．

　一方で，図4-2から明らかなように，人民共和国初期の営業税徴税額は，
1953年まで増加し続け，市税収の合計を遥かに上回るばかりか，ほぼ毎年市
財政収入の合計をも凌いでいた．もし仮に，営業税が従来通り地方税に割り当

　　が，戦後において地方債は発行されなかったようである．一方，人民共和国初期においては，
　1950年の人民勝利折実公債（現物換算の公債）など国債の募集が上海市に任務として割り当て
　られていた．銭［1946］pp. 104-114，汪［1995］pp. 141-146.

表 4-6　上海市財政収入（1946-56 年）

収入額　　　単位：億元（法幣）．ただし 1948 年 8 月-1949 年 5 月は 1000 万元（金圓券）．

	税収							中央補助収入	公有営業収入	その他収入	市政建設捐	合計
	土地税等	営業税	屠宰税	房捐	筵席税等	その他税	税収合計					
1946 年	32	1	43	19	398	34	527	103	—	75	77	782
1947 年	366	2,103	263	38	1,608	139	4,518	1,690	1	1,252	1,586	9,046
1948 年 1-7 月	754	12,185	1,757	132	10,201	1,103	26,132	3,646	18	5,963	9,684	45,443
1948 年 8-12 月	*	1	1	*	2	*	4	*	*	1	1	6
1949 年 1-5 月	1,907	52,746	49,768	126,783	25,530	600	257,334	—	7	38,892	59,539	355,772

比率

	税収							中央補助収入	公有営業収入	その他収入	市政建設捐	合計
1946 年	4.1%	0.1%	5.5%	2.4%	50.9%	4.4%	67.4%	13.2%	—	9.6%	9.9%	100.0%
1947 年	4.0%	23.2%	2.9%	0.4%	17.8%	1.5%	49.9%	18.7%	*	13.8%	17.5%	100.0%
1948 年 1-7 月	1.7%	26.8%	3.9%	0.3%	22.4%	2.4%	57.5%	8.0%	*	13.1%	21.3%	100.0%
1948 年 8-12 月	1.3%	11.4%	12.8%	6.0%	33.0%	0.7%	67.2%	0.9%	*	16.0%	16.0%	100.0%
1949 年 1-5 月	0.5%	14.8%	14.0%	35.6%	7.2%	0.2%	72.3%	—	*	10.9%	16.7%	100.0%

収入額　　　単位：万元　（新人民元）

	税収								企業収入	その他収入	附加税収入	合計
	印花税	利息所得税	屠宰税	房捐・地産税等	特種消費行為税	使用牌照税	分成税	税収合計				
1949 年 6-12 月	—	—	53	167	78	51	150	498	—	314	—	812
1950 年	—	—	516	4,800	625	475	—	6,416	,105	3,842	606	10,969
1951 年	—	—	646	3,755	775	378	—	5,554	,633	5,540	2,795	14,521
1952 年	—	—	938	3,812	603	287	18	5,657	1,513	9,245	9,303	25,718
1953 年	1,542	254	2,070	4,651	488	367	—	9,372	4,330	6,359	—	20,060
1954 年	1,248	283	2,738	4,299	449	374	2,007	11,397	7,243	6,891	1,683	27,214
1955 年	1,365	284	1,825	3,973	386	337	—	8,170	10,723	4,965	1,588	25,446
1956 年	1,703	219	2,031	3,083	303	312	—	7,650	16,382	4,775	1,763	30,571

比率

	税収								企業収入	その他収入	附加税収入	合計
1949 年 6-12 月	—	—	6.5%	20.5%	9.6%	6.3%	18.4%	61.3%	—	38.7%	—	100.0%
1950 年	—	—	4.7%	43.8%	5.7%	4.3%	—	58.5%	1.0%	35.0%	5.5%	100.0%
1951 年	—	—	4.5%	25.9%	5.3%	2.6%	—	38.2%	4.4%	38.1%	19.2%	100.0%
1952 年	—	—	3.6%	14.8%	2.3%	1.1%	0.1%	22.0%	5.9%	35.9%	36.2%	100.0%
1953 年	7.7%	1.3%	10.3%	23.2%	2.4%	1.8%	—	46.7%	21.6%	31.7%	—	100.0%
1954 年	4.6%	1.0%	10.1%	15.8%	1.7%	1.4%	7.4%	41.9%	26.6%	25.3%	6.2%	100.0%
1955 年	5.4%	1.1%	7.2%	15.6%	1.5%	1.3%	—	32.1%	42.1%	19.5%	6.2%	100.0%
1956 年	5.6%	0.7%	6.6%	10.1%	1.0%	1.0%	—	25.0%	53.6%	15.6%	5.8%	100.0%

注：1) 本表は前年度繰越分を組み入れていない．
2)「土地税等」は，原表の「田賦」，「契税」，「土地増値税」，「地価税」の合計．
3)「筵席税等」は，原表の「筵席税」，「娯楽税」，「旅桟捐」の合計．
4)「その他税」は，原表の「営業牌照税」，「使用牌照税」，「碼頭捐」の合計．
5)「市政建設捐」は，原表の「市政建設捐」，「公用事業附征市政建設捐」，「車両附征市政建設捐」，「房捐附征市政建設捐」の合計．
6)「中央補助収入」は，各原表の「中央補助収入」，「中央協補公用事業収入」，「経臨費余剰」，「保管費」，「代収費」，「借入款」，「収回代墊款」等の合計．
7) 1946-49 年 5 月の「その他収入」は，原表の「懲罰及賠償収入」，「規費収入」，「財産及権利収入」，「工程受益費収入」，「其他収入」の合計．
8) 1948 年 1-7 月および 1948 年 8-12 月については，一部原表数字を法幣：金圓券＝300 万：1 で換算している．
9) 1949 年 6 月-56 年の「その他収入」は，原表の「規費収入」，「罰没収入」，「公産収入」，「雑項収入」，「公用事業附加」等の合計．
10)「房捐・地産税等」は，原表の「房捐」，「地産税」，「契税」の合計．
11)「分成税」の内訳は，1949 年 6-12 月と 1954 年が工商業営業税で，1952 年が農業税．
12) 1949 年 6 月-56 年の税収各項目および合計は表 4-5 と異なる部分があるが，原表のまま．
13)「附加税収入」は，原表の「工商業税附加」，「農業税附加」，「房地産税附加」の合計．
出所：1946-49 年 5 月：B97-1-340，「上海市税務統計　1950 年 4 月至 6 月」，pp. 247-249.
　　　ただし，1946-48 年の「中央補助収入」と 1947 年の「その他収入」については以下の史料に依拠した．
　　　1949 年 1-5 月の「中央補助収入」はデータなし．
　　　1946 年：Q1-9-29，上海市財政局統計室編印「上海市地方財政統計資料　第 3 号」（包括 34 年 9 月至 36 年度各項地方財政収支之統計分析数値）中の「上海市地方財政収入実際数與予算数比較表　35 年度上半年度」，「上海市地方財政収入実際数與予算数比較表 35 年度下半年度」．
　　　1947 年：Q1-18-247，上海市財政局統計室編「上海市地方財政統計総報告　36 年度」，表 5「上海市 36 年度財政実際収入」．
　　　1948 年：Q1-18-174，「上海市政府 37 年度統計総報告司法交通地政等総結」，pp. 167-168.
　　　1949 年 6 月-56 年：B104-1-273，「上海市 1949-1956 年度財政収支統計表及基本建設支出統計表（包括地方自籌部分）」，p. 2.

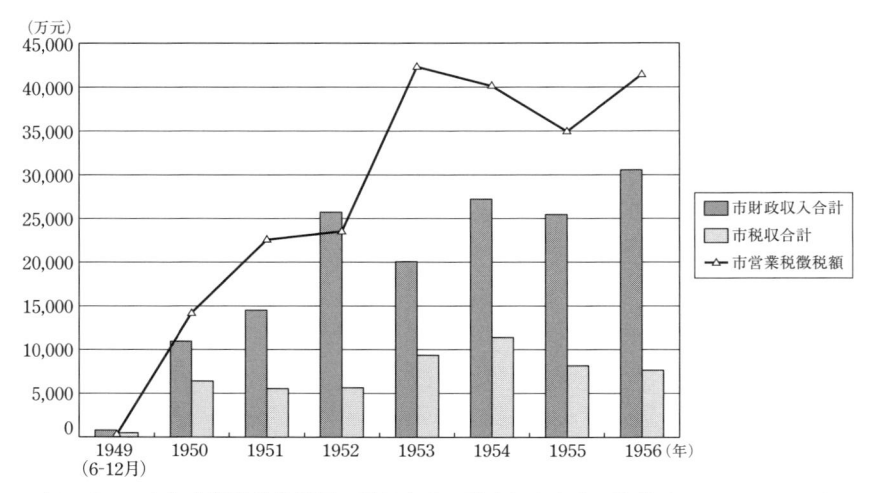

図 4-2　上海市営業税徴税額・税収合計・財政収入合計の比較（1949 年 6 月-56 年）
出所：表 4-5，表 4-6 より作成．

てられていたとしたら，市財政収入における税収の割合は飛躍的に高まっていたはずである．つまり上海市は，市内における営業税徴税額を増加させつつも，税財政制度の変革によってその果実を手に入れることができなかったと言える．同様のことは市徴税額全体についても言え，前掲表 4-5 を見ると，戦後国民政府期には地方税（1947 年以降は営業税を加算）が継続的に市徴税額全体の 13% 強を占めていたが，人民共和国初期の 1951 年以降は 4-7% に低下している．

　そして，財政収入における税収割合の低下のもう一つの原因は，税収以外の収入の増加である．1950-52 年については，「その他収入」（規定手続費，罰金・没収，公産収入，雑項収入，公用事業附加等）と附加税収入（工商業税，農業税，房地産税への附加税）が財政収入において重要な位置を占めていた．「その他収入」では，1952 年の急増が目を引くが，これは主に第 3 章で見た 1951 年末からの「三反」運動，およびそれに続く「五反」運動などの大衆動員型政治運動における資本家に対しての罰金・没収によるものであった[18]．また，附加税収

18）「三反」「五反」運動については，上原 [1975-76]，泉谷 [2007] を参照．なお，1952 年の「その他の収入」中の罰金・没収の割合は 37.7%（3487 万元）に達したとされ，これは同年の市財政収入の 13.6% にあたる．汪 [1995] pp. 128-129.

入は特に工商税附加が中心であり，工商税附加の附加率は 1951 年創設時の 10 ％から 52 年には 15% に引き上げられ，1951 年に 1729 万元（市財政収入の 11.9 ％），52 年には 8322 万元（同 32.4%）という極めて大きな額を記録した［汪 1995, pp. 133-135］．その後，附加税は 1953 年に一旦徴収が停止され，1954 年以降は地方自籌経費（地方自己調達収入）として正式に予算外収入項目に割り当てられるが[19]，附加率は 5% 以下に引き下げられその財政収入における比率は低下している．

　ここから，人民共和国成立直後の数年間，上海市は徴税額の増加に対する果実を直接は得られなかった代わりに，「その他の収入」や附加税収入といった臨時的な収入を市財政の支えとしていたことが見て取れる．言い換えれば，税収の伸び悩みと中央からの補助の途絶は，これらの臨時収入によって補われざるを得なかったのである．とりわけ，戦後国民政府期において上海市財政の柱となりつつあった営業税が市の固定的財源から切り離されたことが，重要な意味を持った．こうした従来の税収を中心とする財政収入構造の変動こそが，人民共和国成立前後の税財政制度変革が上海市にもたらした，最初の大きなインパクトであった．

　そして 1953 年以降は，人民共和国成立以来着実にその額を伸ばし続けてきた企業収入の割合が拡大し，上海市の財政構造を大きく転換させることとなる．この点については次章で検討する．

---

19)　地方自籌経費は，中央人民政府政務院の「地方建設の必要に適応し，国家予算以外のいくつかの解決が必要な問題を解決するために，人民が自ら望み人民の負担を増加させないという原則の下，省市人民政府が必要なときに工商各税徴収額を計算標準として 2-6% を独自に徴収することを許可する」とする指示（発出年月日不明）にもとづき，上海市においては 1954 年から正式な予算外収入項目として確立した．これは現在まで継続する予算外資金の源流であるが，1954 年の運用情況を見ると，中蘇友好大廈と人民広場大道の建設など，基本的に都市建設に当てられていた．B1-1-1361,「為擬具上海市地方自籌経費方案報請核備由」，B104-1-175,「1954 年工作総結」．

第5章　上海市財政と企業

　第4章では，1949年前後の税財政制度の変革が上海市財政に与えた影響を，主にその収入構造の変動から考察した．そこで確認できたのは，1949年以前に形成されていた税収を中心とする収入構造の転換であった．上海市における商工業税徴税額自体は，1950年代前半において基本的に増加傾向にあったが，税財政制度の変更により，市財政収入においては税収が伸び悩み，「その他の収入」や附加税収入などに依存せざるを得ない状況が生まれた．そしてそのなかで，財政収入の中心として台頭してきたのが企業収入であった．

　本章では，この企業収入と，上海市の財政支出，とりわけ経済建設費に着目し，上海市財政と企業（地方企業）の関係を分析する．

1.　社会主義改造と企業収入

　まず，中国の社会主義財政システムにおける企業収入の概念について，あらためて確認しておこう．企業収入とは，国営・公私合営企業が自らの帰属する行政（財政）単位に納入する利潤と減価償却基金を指し，企業が支払う税とは別に扱われる［汪 1995, pp. 112-122］．中央政府財政の企業収入であれば，中央政府に直属する中央国営企業と公私合営企業から，上海市であれば市の地方国営・公私合営企業から上がってくる利潤と減価償却基金がそれに該当する．

　企業収入は，1951年の時点で政務院が公布した「都市地方財政のさらなる整理に関する決定」において「市営企業を次第に発展させ，市財政収入の依るべき基礎として定めなければならない」とされているように，人民共和国成立直後から財政収入の柱となることが期待されていた［財政部綜合計画司 1982, pp. 53-55］．しかし，前掲表4-6が示す通り，上海市の企業収入は，1950年以降一

表 5-1　上海市企業収入内訳（1949-56 年）

（単位：万元（新人民元））

	建築	地方工業	都市公共	公私合営	商業	水産	その他	合計
1949 年 6-12 月	—	—	—	—	—	—	—	—
1950 年	20	16	36	—	19	—	15	105
1951 年	253	104	132	—	59	—	85	633
1952 年	88	573	369	55	201	—	226	1,513
1953 年	416	1,210	1,684	36	—	310	674	4,330
1954 年	1,009	2,218	1,904	75	—	978	1,059	7,243
1955 年	721	3,106	3,099	432	—	1,156	2,210	10,723
1956 年	307	4,398	3,255	6,604	—	—	1,818	16,382

比率								
	建築	地方工業	都市公共	公私合営	商業	水産	その他	合計
1949 年 6-12 月	—	—	—	—	—	—	—	—
1950 年	18.6%	15.0%	34.5%	—	17.9%	—	14.0%	100.0%
1951 年	40.0%	16.4%	20.9%	—	9.3%	—	13.4%	100.0%
1952 年	5.8%	37.9%	24.4%	3.7%	13.3%	—	15.0%	100.0%
1953 年	9.6%	27.9%	38.9%	0.8%	—	7.2%	15.6%	100.0%
1954 年	13.9%	30.6%	26.3%	1.0%	—	13.5%	14.6%	100.0%
1955 年	6.7%	29.0%	28.9%	4.0%	—	10.8%	20.6%	100.0%
1956 年	1.9%	26.8%	19.9%	40.3%	—	—	11.1%	100.0%

注：1)「公私合営」内の業種内訳は不明.
　　2)「その他企業」は，原表の「農業企業」,「水利企業」,「交通企業」,「郵電企業」,「文教衛生企業」,「其他企業」,「事業収入」の合計.
出所：B104-1-273，上海市財政局編「上海市 1949 年-1956 年度財政収支統計表及基本建設支出統計表（包括地方自籌部分）」中の「上海市 1949-1956 年財政収入統計表」.

貫して増加し続けているものの，税収を上回り市財政収入の半分を担うようになったのは 1955 年のことである．この割合の逆転は，戦後国民政府期には公有営業収入がほぼ皆無であったことを考えれば[1]，財政収入構造における画期的な転換であったと言ってよい．無論，戦後国民政府期の上海に国営企業が存在しなかったわけではなく，とりわけ第二次世界大戦後に政府が接収した旧日本資本紡織工場を基盤とする中紡公司は巨大な規模を誇る国営企業であったが，同公司は全国に支社・工場を持つ企業であり，上海市政府との経営・財務上の関係は存在しなかった［金 2006, pp. 47-59］．

　この上海市における企業収入の増加の要因を，1949-56 年の企業収入の内訳

---

1)　戦後初期において上海市政府が公営事業として営んだのは，数本の路線バスとガス会社，また復業した上海市銀行と興業信託社，市営の渡し船のみであり，その収入の詳細は明らかにされなかったとされる．銭［1946］p. 121.

を示した表 5-1 にもとづき検討してみよう．ここからはまず，1955 年までの
企業収入の中心が都市公共（水道・ガス・電車・バスなどの事業）と地方工業企業
からの収入であり，次いで建築・商業・水産といった業種の企業が貢献してい
たことが分かる．しかしより注目すべきは，1956 年の市所属の公私合営企業
からの収入の飛躍的増加であり，1955 年には 432 万元に過ぎなかったのが
1956 年には 6604 万元と約 15 倍近くとなり，企業収入全体の増加に大きく寄
与した[2]．

　こうした公私合営企業収入の急激な増加は，第 3 章で見た同時期における私
営企業の社会主義改造の結果に他ならない．前掲表 3-2 で示した工業部門にお
ける各所有制企業数の推移から明らかなように，上海市において，社会主義改
造は中央公私合営企業を増加させると同時に，それを遥かに上回る数の地方所
属公私合営企業を生み出した．すでに述べたように，この時点で地方に所属し
たのは比較的規模の小さい中小企業であったが，社会主義改造による地方公私
合営企業の量的拡大こそが，市財政収入構造の転換を決定的なものとした要因
と言えよう．

　これに加え，もう一つの重要な要素は，公私合営企業の利潤分配方法の変化
である．公私合営企業の利潤分配は，1949 年以来，基本的に私営企業と同じ
形式であり，市財政の企業収入となるのは政府持ち株比率に応じた配当のみで
あった[3]．しかし 1956 年の全業種における公私合営化の実行後には，民間の株

---

2)　ただし，人民共和国初期を通じた地方工業収入の増加からも看取できるように，1955 年以前
　にも市政府による市所属企業拡大の試みは存在していた．1949 年 5 月の上海軍事占領時に接収
　された旧国民政府系の企業は，ほぼ全て華東大行政区に所属することとなったが，後に 7，8 の
　公私合営紡織工場を地方所属に移管している．また，1951 年 6-7 月には，上海市政経済委員
　会地方工業処が設立され，1952 年までに新裕第一紗廠，光中染織廠，永新化工廠，天山化工廠，
　関勤銘金筆廠，協錩縫紐機廠等を購入，あるいは出資・合営化したとされる．顧［2002］pp.
　185-190．

3)　私営企業の利潤分配については，1950 年 12 月公布の「私営企業暫行条例」第 25 条において，
　決算後の利潤中，先に所得税・欠損の補填分・10% 以上の公積金を除いた後，株主には年利 8%
　以下の股息（出資額に対する利息）を割り当て，またその余りを (1) 股東紅利（株主配当）お
　よび董事等の報酬金（60% 以上），(2) 安全衛生設備基金（工業・鉱産業は 15% 以上），(3) 職
　員・労働者福利基金および奨励金等（15% 以上），(4) その他，に分配するとされた．その後，
　政務院財政経済委員会は 1953 年 10 月に「四馬分肥」（企業利潤を公積金・所得税・資本家代理
　人報酬を含む株主配当・職員労働者福利金に分け，株主配当は原則として 25% を超えることが
　できない）方式を導入していた．中共中央文献研究室［1992a］pp. 516-523，上海社会科学院経
　済研究所［1980］p. 160．

式保有者に対し，利潤額の変動に関係なく合営実行時に算出された出資額にも
とづき一定の利息（基本的に一律5%）を支払う定息制度が全面的に導入され[4]，
これによって基本的に地方公私合営企業の利潤から定息支払い分等を差し引い
た額がすべて市の企業収入に計上されるようになった．この点を，先行研究が
指摘するように，企業の損益と資本家への配当との分離による「資本主義の消
滅」として捉えることも可能である[5]．しかし，これは裏を返せば，企業の経
営および損益に対する利害関係の主体がその企業の所属する行政単位に移った
ことをも意味していた．

　このように，人民共和国成立後における税財政制度の変革により，罰金や附
加税などに依存せざるを得なくなっていた上海市財政は，社会主義改造の進展
を梃子とした企業収入の増加により，その収入構造を決定的に転換させた．こ
うした企業収入を中心とする財政収入構造への転換は，戦後国民政府期におい
て主に上海の様々な経済主体への課税によってまかなわれていた市財政が，市
政府自身の下に属する地方国営・公私合営企業を直接の財源としていく過程で
あったと言える．

2.　市財政支出と地方企業

　さらに，こうした人民共和国初期における市財政と地方企業の密接な関係は，
財政支出を含めた財政構造全体から見るとより明確に浮かび上がってくる．

　表5-2により両時期の市財政支出の推移を見ると，まず目を引くのが，戦後
国民政府期における政府職員生活補助費の割合の大きさである．これは当時の
激しいインフレへの対応として給与所得者である市政府職員に支給された補助
費であるが，1946年以降年々増加し，1948年1-8月段階では財政支出の80%
を超えるまでに至っていた．

　その一方で，同時期の経済建設費（橋梁など公共建築への支出と見られるが，詳

　4）「中共上海市委対資改造十人小組関於公私合営企業定股発息工作的通知」（1956年7月27日），
　　　中共上海市委統戦部ほか［1993］pp. 787-788．中国科学院上海経済研究所・上海社会科学院経
　　　済研究所［1959］pp. 233-236．
　5）　中国科学院上海経済研究所・上海社会科学院経済研究所［1959］pp. 233-235，桂［2006］pp.
　　　230-233．

表 5-2 上海市財政支出（1946-56 年）

支出額 単位：億元（法幣）．ただし 1948 年 9 月-1949 年 5 月は 1000 万元（金圓券）．

	経済建設費	行政経費	政府職員生活補助費	教育文化衛生費	その他支出	合計
1946 年	172	127	421	79	7	806
1947 年	1,477	860	3,398	719	439	6,892
1948 年 1-8 月	4,379	6,365	70,292	5,302	273	86,612
1948 年 9-12 月	*	5	―	*	*	5
1949 年 1-4 月	163	7,975	―	225	28	8,390
比率						
1946 年	21.4%	15.7%	52.3%	9.8%	0.8%	100.0%
1947 年	21.4%	12.5%	49.3%	10.4%	6.4%	100.0%
1948 年 1-8 月	5.1%	7.3%	81.2%	6.1%	0.3%	100.0%
1948 年 9-12 月	9.0%	89.3%	―	*	1.7%	100.0%
1949 年 1-4 月	1.9%	95.0%	―	2.7%	0.3%	100.0%

支出額 単位：万元（新人民元）

	経済建設費	行政管理費	社会文教費	中央送金支出	その他支出	合計
1949 年 6-12 月	160	316	261	―	―	736
1950 年	1,532	3,426	2,952	―	77	7,988
1951 年	4,756	5,693	3,879	783	348	15,459
1952 年	8,698	5,679	6,485	3,290	184	24,335
1953 年	7,218	5,958	5,327	500	154	19,157
1954 年	7,924	6,566	7,129	1,213	1,807	24,639
1955 年	4,124	6,925	6,759	7,217	1,016	26,040
1956 年	10,293	7,304	10,465	6,491	395	34,948
比率						
1949 年 6-12 月	21.7%	42.9%	35.5%	―	―	100.0%
1950 年	19.2%	42.9%	37.0%	―	1.0%	100.0%
1951 年	30.8%	36.8%	25.1%	5.1%	2.2%	100.0%
1952 年	35.7%	23.3%	26.6%	13.5%	0.8%	100.0%
1953 年	37.7%	31.1%	27.8%	2.6%	0.8%	100.0%
1954 年	32.2%	26.6%	28.9%	4.9%	7.3%	100.0%
1955 年	15.8%	26.6%	26.0%	27.7%	3.9%	100.0%
1956 年	29.5%	20.9%	29.9%	18.6%	1.1%	100.0%

注：1）各項の原表での内訳は以下の通り．
　　1946 年-1948 年 8 月：
　　　経済建設費：経済及建設，地政
　　　行政経費：政権行使，行政，社会及救済，保警，財務，民政及自治
　　　教育文化衛生費：教育文化，衛生
　　1948 年 9 月-1949 年 4 月：不明
　　1949 年-1956 年：
　　　経済建設費：建築工程，地方工業，農墾，農業，水産，水利，交通，郵電，商業，文教衛生企業，公私合営企業投資，其他企業，其他経済建設，城市公用事業
　　　行政管理費：行政管理費，司法，検察，公安，政治業務費，外交，民主党派・人民団体補助
　　　社会文教費：文化，高等教育，教育，幹部訓練，通訊・広播，体育，衛生，優撫，社会救済及福利
　　2）1948 年 1-8 月の 8 月分は，8 月 1-20 日分のみ．
　　3）1948 年 9 月-1949 年 4 月の生活補助費は，行政経費に組み入れられている．
　　4）1949 年 5 月は欠落．
出所：1946-1949 年 4 月：汪［1995］，pp.153-156 を整理．ただし内訳等に関しては，以下の史料を参考にした．
　　　1946 年：Q1-18-172,「35 年度統計総報告底稿」，p.172.
　　　1947 年：Q1-18-247,上海市財政局統計室編「上海市地方財政統計総報告 36 年度」中の表 6「上海市 36 年度財政実際支出（科目別）」.
　　　1948 年 1-8 月：Q432-2-196,上海市財政局「関於参議会対提送施政工作報告決議案本局将遵辦情形報核」，p.139,および Q432-3-409,上海市財政局「呈送参会財政部分施政報告的呈文及大会有関財政部分決議案，執行情形表等」，p.7.
　　　1949 年 6 月-1956 年：B104-1-273,「上海市 1949-1956 年度財政収支統計表及基本建設支出統計表（包括地方自籌部分）」，p.7.

細は不明）も，1948年以降その割合を大きく減少させるものの，1947年までは20%以上を維持している．ここから，戦後当初は経済建設に一定の費用を割きながらも，内戦の激化とインフレという特殊な状況のなかで，結果的に財政支出の大部分を行政経費に回さざるを得なくなっていった実情が垣間見える．ただし，既述の通り，同時期の公有営業収入がほぼ皆無に等しかったことを考慮すると，当時の経済建設費とは短期的な収益を見込む性質の投資ではなかったと推察される．

　そして，人民共和国初期の財政支出に目を向けると，その比率は基本的には経済建設費・行政管理費・社会文教費がそれぞれ30%前後で拮抗する構造であったが，目立つのは中央送金支出の増加である．中央送金支出とは，すでに述べたように，市の予算内財政収入から中央が決定した収支指標にもとづいて行われる中央への送金であるが，1954年の1213万元から1955年には7217万元へと急増して，同年の市財政支出の27.7%という無視しえない割合を占めていた．この増加は，まさに企業収入の増加とリンクしており，先に見た地方固有の税収項目の削減を考え合わせれば，ラーディや毛里和子が強調するように中央は上海市に対し強力な吸い上げを行っていたと言える［Lardy 1978, pp. 134-135; 毛里 1990a, pp. 97-102］．実際のところ，中央送金の実行に対しては，当初上海市政府内にも抵抗があり，1952年の「三反」運動のなかで「本位主義思想」として批判にさらされていた[6]．

　しかし，そうした中央による厳しい財政管理の一方で，注目に値するのは経済建設費の内訳である．表5-3によれば，1953年までは都市公共への支出が圧倒的な割合を占めていたが，地方工業の割合も1951年には26.7%を占めるなど無視できず，さらに1954年以降は公私合営への支出が増え始め，1956年にはついに都市公共を上回っている．ここから人民共和国初期においては，市

---

6)　以下は上海市財政局の自己批判文の一部であるが，当時の上海市の立場を示しており興味深い．「……1951年の財政収支系統劃分後，我々はこの財政上の新措置が地方の積極性をより促進するものと認識したが，一方では古い財政劃分の理論からこれを認識し，地方財政と国家財政の関連を曖昧にし，本位主義思想を助長してしまった．例えば上級機関への送金任務の執行に対して，十分に決然としておらず，我々の地方財政には中央税の分成がないばかりか，1951年の予算から700万元あまりの上級への送金を出さなければならないことを不公平だと感じ，反抗の思想が生まれ，任務に対して引き伸ばしの態度を採った（1952年3月にようやく全て送金した）」．B104-1-116，「検討報告」．

表 5-3　上海市経済建設費内訳 (1949-56 年)

(単位：万元（新人民元）)

	建築	地方工業	都市公共	公私合営	農業	交通	その他	合計
1949 年 6-12 月	1	9	131	—	—	—	18	160
1950 年	15	7	1,417	—	—	4	88	1,532
1951 年	118	1,268	3,113	—	5	125	127	4,756
1952 年	54	884	6,914	243	8	168	427	8,698
1953 年	238	200	6,301	63	43	32	343	7,218
1954 年	148	372	4,519	1,991	125	184	586	7,924
1955 年	74	166	2,584	638	241	48	372	4,124
1956 年	241	819	3,248	4,327	920	435	304	10,293

比率

	建築	地方工業	都市公共	公私合営	農業	交通	その他	合計
1949 年 6-12 月	0.6%	5.8%	82.3%	—	—	—	11.3%	100.0%
1950 年	1.0%	0.5%	92.5%	—	—	0.3%	5.7%	100.0%
1951 年	2.5%	26.7%	65.5%	—	0.1%	2.6%	2.7%	100.0%
1952 年	0.6%	10.2%	79.5%	2.8%	0.1%	1.9%	4.9%	100.0%
1953 年	3.3%	2.8%	87.3%	0.9%	0.6%	0.4%	4.7%	100.0%
1954 年	1.9%	4.7%	57.0%	25.1%	1.6%	2.3%	7.4%	100.0%
1955 年	1.8%	4.0%	62.7%	15.5%	5.9%	1.2%	9.0%	100.0%
1956 年	2.3%	8.0%	31.6%	42.0%	8.9%	4.2%	2.9%	100.0%

注：1)「公私合営」内の業種内訳は不明。
2)「その他」は、原表の「水産」「水利」「郵電」「商業」「文教衛生企業」「其他企業」「其他経済建設」の合計.
3)「農業」には原表の「農墾」も含む.
出所：B104-273, [上海市 1949 年-1956 年度財政収支統計表及基本建設支出統計表（包括地方自籌部分）], p. 7.

財政から公共事業だけではなく工業企業や各種の公私合営企業に対して直接的な資金投入が展開されていたことが見て取れよう。

これらの市財政から市所属企業への直接的な資金投入が、当時の中央主導の経済建設投資とは別のレベルで行われていたことは、留意されるべきである。第 1 次五カ年計画期の基本建設投資を象徴する 156 項目の経済建設プロジェクト（実際に実施されたのは 150 項目）のうち、上海を対象とするものは皆無であったのであり［董・呉 2004, pp. 413-416］。上海市は中央政府の投資計画においては蚊帳の外に置かれていた。つまり地方企業への投資は、中央からの資金投入が期待できないなかで独自に展開されていたのであった。

さらに、企業収入と経済建設費支出において主要な割合を占める地方工業、都市公共、公私合営、および全体の合計について、表 5-1 のそれぞれの企業収入から表 5-3 の経済建設費中の対応する支出を差し引いて、それぞれの市財政

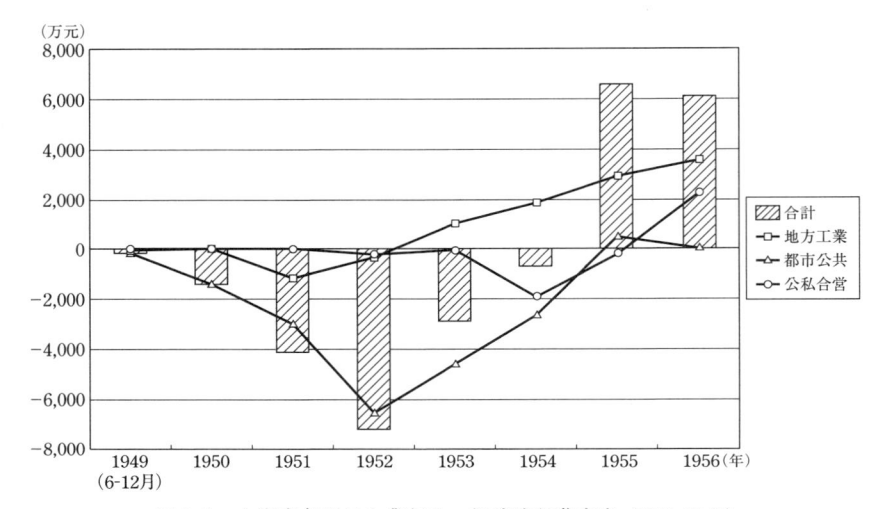

図 5-1　上海市各項目企業収入－経済建設費支出（1949-56 年）

注：合計は，「地方工業」「都市公共」「公私合営」以外の項目も含む.
出所：表 5-1，表 5-3 により作成.

に対する収支を通時的に示したが図 5-1 である．ここから看取できるのは，都市公共が 1954 年まで大幅な赤字を計上しつつも 1955 年にはほぼ収支バランスを保つようになった点，地方工業が 1953 年から着実に純収入を生み出している点，そして公私合営が 1956 年に純収入を計上するようになっていた点である．そして全体の収支について見れば，1955 年からプラスに転じていることがわかる．これらの点から明らかなように，市政府は 1955 年から 56 年にかけて，地方企業への財政支出→地方企業における付加価値の創造→企業収入として市財政への還流，というサイクルを通じて実質的な収入を得るようになっていたのである．

　こうした市財政と地方企業の財務上における密接な相互関係は，人民共和国成立以後に形成された極めて大きな変化であった[7]．そしてその背景に存在し

---

7)　一方で，公私合営企業の財務管理業務の増加は，市政府にとって喫緊の問題であった．「公私合営企業の財務管理業務に対する主体性が足りない．上海は私営商工業が最も集中する都市であり，私営商工業に対して社会主義改造を行うことは本市の主要な任務の一つであり，今年から公私合営企業はすでに大量に増加しているが，我々は合営企業の財務管理に対していまだに主体的に研究を行っていない．ただ単に中央の規定を待つだけでは財務管理業務を社会主義改造の深化にしたがって強化することはできない」．B104-1-175，「1954 年工作総結」．

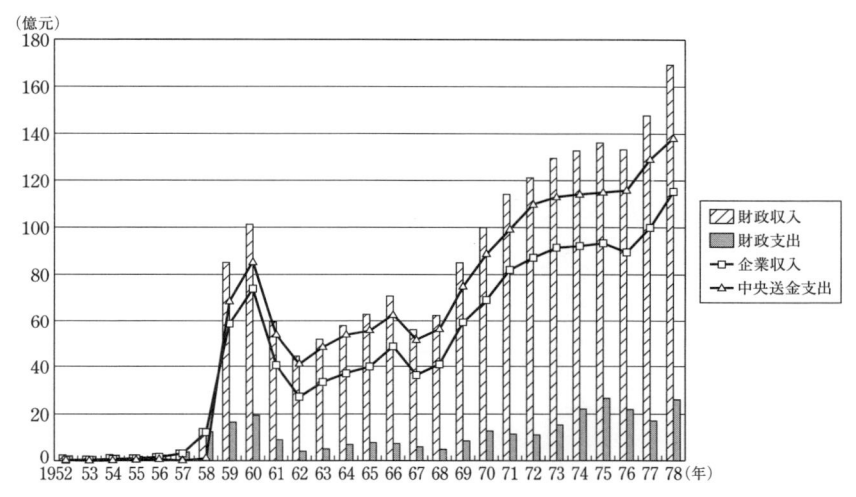

図 5-2　上海市の財政収支，企業収入，中央送金支出（1952-78 年）

注：本図の「財政支出」には「中央送金支出」を含めていない.

出所：汪［1995］pp. 69-70, 102, 155-156.

たのは，中央による厳しい財政管理の下，地方企業からの収入が，市財政の維持の上でも，中央送金支出のノルマ達成の上でも，不可欠な役割を果たすようになっていたという事情である.

　図 5-2 からより長期（1952-78 年）の市財政収支構造を見ると，1958 年以降は企業収入が飛躍的に増加し，財政収入が支出を大幅に上回る状況が生まれていた．これは，大躍進期（1958-60 年）における毛沢東による地方分権拡大の提起にもとづき，1958 年に実施された中央所属企業の大規模な地方移管の結果であり［財政部綜合計画司 1982, p. 7］，一見すると上海市財政は大幅な黒字を計上していたかのように思われる．しかし実際には，中央送金支出額もそれに応じて増加しており，中央は上海市の財政収支指標を抑え込みつつ，上海市に管理を委ねた国営・公私合営企業からの利益を中央送金として吸い上げていた．そして，1958 年の段階で形成されたこの構造は，1960 年代初頭における揺り戻しとしての中央企業の再拡大により多少変動するものの，基本的にはその後も定着することとなったのである.

　その一方で，上海市財政から市所属企業への投資もまた拡大していった．図 5-3 は，上海市における中央・地方（上海市）による基本建設投資額の推移と，

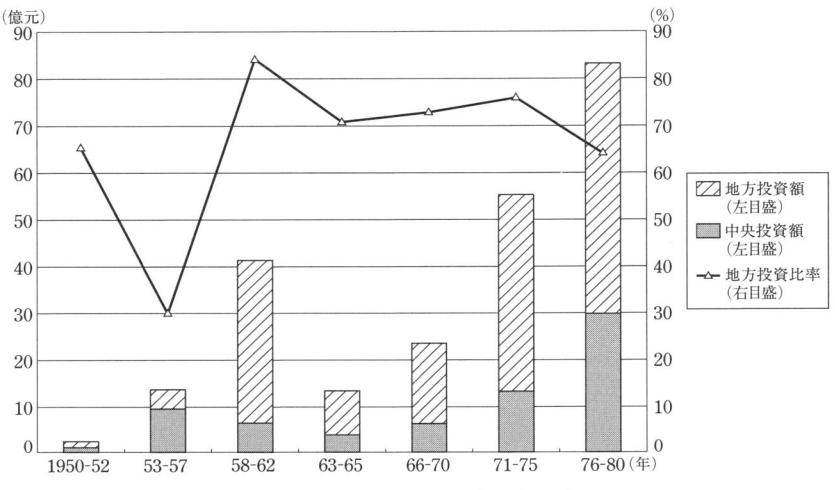

図 5-3　上海市基本建設投資額と地方投資比率（1950-80 年）

注：1）原表注によると，原データは上海市財政局編『上海財政統計 1949-1987』p. 31.
　　2）地方投資は，地方自籌資金（地方自己調達資金．企業自己資金や国内貸付等）を含む.
出所：汪［1995］pp. 168-169.

　そのなかでの地方投資の比率を示したものである．ここで言う基本建設投資は，市内の様々な固定資産形成に充てられる投資であり，必ずしも企業への投資のみを表すものではないが，当時の基本建設投資における工業投資の比率が 1950 年代半ばまでで 30-50% 程度，1958 年以降 1970 年代にかけては 50-70% 程度であったことから［上海市統計局 1992, p. 71］，ある程度市内の企業への投資を代表するものと考えられる.

　図 5-3 から明らかになるのは，1950 年代初頭には 65% 程度だった地方投資比率は，第 1 次五ヵ年計画期には 30% 程度に低下したが，大躍進政策が始まった 1958 年以降，地方分権化政策による影響から，地方投資の比率が急激に上昇し，70% 程度を占めることとなった点である．ここから，特に 1958 年以降において，上海市における主な投資の主体が地方政府となり，またその絶対額も増加していったことがわかる.

　以上見てきたように，社会主義財政システムの下で，上海市政府にとっては企業収入を安定的に生み出し続けることが極めて重要な課題として立ち現れてきていた．ここに，市政府が地方企業に対して積極的に投資し，地域内におい

て自律的な経済活動を展開させていく動機が存在していたと言える．そしてその過程で強固に結びついた市政府と地方企業の連合体が，計画経済期における主要な経済主体となった．この，財政収支の枠組みを厳しく管理する一方で，具体的な収入実現のプロセスについては地方に委ねる原則的・形式的な中央集権構造こそが，社会主義体制下における上海市政府の経済活動を規定する重要な要素となっていたのであり，また国家財政全体を支える基盤ともなっていたのである[8]．

---

8)　田島［1994］p. 6 は，この財政制度を「地方分権を前提とした集権制度」と表現している．

第6章　地方財政構造の地域間比較
──上海モデルの位置

　第4章，第5章で見てきたように，1950年代の制度変革を通じて，上海市の地方財政の構造は大きな変化を経験してきた．それは端的に言えば，収入面では，戦後国民政府期の税収中心から企業収入中心への転換であり，支出面では，政府職員生活補助費を含む行政経費中心から経済建設費中心──中央送金支出を除く──への転換であったと言える．本章では，この上海市で1950年代に形成された地方財政構造が，中国国内の他地域と比較してどのような特徴を持っていたのかという点について検討を行う．

1.　地域間比較の視角と方法

　ここで，中国の計画経済期における中央─地方財政関係，および地方財政構造に関する先行研究について，あらためて検討しておこう．この分野にはすでに多くの研究が蓄積されているが[1]，そこにはいくつかの異なる見解が存在する．

　まず議論の前提として，計画経済期の中央─地方財政関係においては，1950年代初頭から1957年まで，および1960年代前半に相対的に中央集権的な政策が採られたのに対して，1958-60年の大躍進期および1970年代初頭に大幅な地方分権化政策が実施されるなど，集権と分権のサイクルがあったことが知ら

---

1)　中国国内においては，1980年代に刊行された財政部綜合計画司［1982］，当代中国叢書編集部［1988］，左・宋［1988］などが計画経済期の財政制度に関する総括を行っており，その後は，宋［1997］，趙［2002］などが人民共和国の財政史という形で論じている．また中国国外でも，計画経済期の財政を論じた研究として，Donnithorne［1967］，宮下［1967］，藤本［1971］，Lardy［1978］，Hsiao［1987］，石原［1990］，毛里［1990a］，南部［1991］，田島［1994；2000］，張［2001］などが挙げられる．

れている［財政部綜合計画司 1982; 石原 1990］．これに対して，Lardy［1978］は，1958-60 年の大躍進期における地方分権化政策に注目し，中央政府の分権化政策によっても各省・直轄市・自治区の経済パフォーマンスに大きな差が見られなかったことから，中央政府による財政を通じた再分配機能は健在であり，基本的には中央集権的要素が存続したとしている．この点は，主に 1980-90 年代の中国財政の地方分権化と地域経済発展の関係を計量的に分析した Jin, Qian and Weingast［2005］も，1970 年代には相対的に中央政府の再分配機能が強かったことを指摘しており，同様である．また毛里［1990a］は，上海市を事例として地方財政の分析を行い，計画経済期においては中央政府の上海市への一貫した統制（主要には財政自主権の制限と中央への送金額の多さ）が存在したことから，中央集権的側面を強調している．

その一方で，田島［1994；2000］は，計画経済期の財政収入における地方収入比率の高さから，「中央政府財政の地方財政依存」という歴史的構造を指摘し，中央集権的な制度的枠組みの下で実質的には重層的（「分級管理」）かつ地方分権的な財政運営がなされていたとしている．また張［2001］も，歳入全体に占める中央―地方政府の比率を集権・分権度，歳出全体に占める中央―地方政府の比率を集中・分散度と定義し，1952-56 年については集権・集中モデルの原型としつつ，1957-84 年は分権・集中モデルの原型とし，計画経済期の分権性を指摘している．

これらの中央―地方財政関係に関する議論は，計画経済期中国の財政システムを理解する上で示唆に富むが，いくつかの共通の問題点を指摘することができる．それは主要には，（1）地方財政構造の地域的な多様性を捉える視角が不十分である点，（2）政府間財政移転の実態が正確に示されていないという点である．

（1）については，毛里［1990a］の議論に示されるように，個別の事例をもって財政システム全体の集権―分権的性格を論じることの限界が指摘できる．ただし同時に，全国的な財政制度や各地方の財政統計を合算した全国統計から中央―地方財政関係を論じることによって，地方財政の多様性が捉えられなくなることは否定できない．言うまでもなく，中央財政と地方財政の関係性は地域や時期によって大きく異なるのであり，問題はそうした地域的な差異や時期的

な変動を俯瞰的に把握する方法が存在しなかった点にある．その意味では，1958年の分権化政策の前後における各省・直轄市・自治区の財政構造の変化を比較検討したLardy［1978］の手法は参考になるが，対象時期が限定されていることにより，1949-78年の通時的な変化が捉えられないという問題がある．

（2）は，（1）とも関連するが，従来の研究は，いくつかの例外を除いて，政府間財政移転について全国財政統計にもとづき中央―地方という二分法で議論しており，中央政府と各地方政府の垂直的な財政移転の実態，すなわちどの地方がどれだけ中央への送金を行い，中央からの補助を受けていたかという点が明らかでなかった．その点で，毛里［1990a］や石原［1990］が上海市や天津市を事例に地方財政に対する中央送金の規模に言及したことは重要であるが，それも断片的なデータによる分析にとどまっている．これは，後述するように統計資料上の問題でもあるのだが，中央―地方財政関係の基礎である中央政府と各地方政府間の財政移転関係を正確に把握することは，計画経済期の中国財政を理解するうえで必要不可欠な作業であると言える．

こうした問題点を踏まえて，本章では，筆者が作成した「1949-78年中国各省・直轄市・自治区地方財政統計データベース」にもとづき，地方財政構造の地域間比較分析を行う．同データベースは，1949-78年における各省・直轄市・自治区の地方財政収支について，各地の「地方誌」財政資料（地方ごとに編纂される歴史資料の財政に関する部分．例えば『河北省誌 第42巻 財政誌』など）に記載されている統計データをもとに再構成したものであり，加島［2012b］として刊行されている[2]．

---

2) 同書は，東京大学社会科学研究所現代中国研究拠点ウェブサイトにて全文ダウンロード可能である．http://web.iss.u-tokyo.ac.jp/kyoten/research/issccs/no10-1.html．なお，同書の天津市のデータ，具体的には加島［2012b］p.22の天津市「中央上解支出」（中央送金支出）について，その後の調査でより実態に近いデータを得ることができた．これにより，同頁の「総支出」「中央補助・上解バランス」「総収支バランス」および関連する図表も変化するが，ここでは「中央上解支出」の修正数値のみ挙げる（単位：億元）．1950年0.62，1951年2.52，1952年2.85，1953年4.88，1954年4.49，1955年4.74，1956年5.82，1957年6.17，1958年11.13，1959年15.25，1960年16.38，1961年9.21，1962年7.14，1963年7.15，1964年9.89，1965年9.75，1966年12.18，1967年10.91，1968年10.51，1969年16.48，1970年21.02，1971-75年不明，1976年21.01，1977年19.42，1978年23.24．崔［2000］pp.46-47, 49, 52, 57．なお，この修正数値により，加島［2012b］p.9で指摘した天津市の数値の「異常」（他地域と大きく異なる傾向）は解消し，ほぼ他地域と同じ傾向となった．本章での分析はこの修正数値にもとづく．

　同データベースの特徴は，（1）計画経済期を扱った既存の財政統計資料集よりも詳細な地方財政収支内訳の分類を採用している点，（2）各省・市・自治区の「中央補助収入」と「中央送金支出」を系統的に収録している点にある．計画経済期の各省・市・自治区の通時的な財政統計を収録した財政統計資料集としては，国家統計局綜合司［1990］『全国各省、自治区、直轄市歴史統計資料彙編』や国家統計局国民経済綜合統計司［1999］『新中国五十年統計資料彙編』があるが[3]，いずれも財政収支の内訳項目が限定されており，地方財政収支の構造が十分把握できない．また，より重大な問題として，中央政府から地方政府への補助金である中央補助収入と地方政府から中央政府への送金である中央送金支出について明示的に記載していないため，中央政府と各省・市・自

---

3)　国家統計局綜合司［1990］は，1949-89 年の各省・市・自治区の地方財政収支統計を掲載しており，財政収入の内訳項目は「企業収入」と「各項税収」，支出については「基本建設撥款」，「支援農村生産支出」，「文教，科学，衛生事業費」，「行政管理費」に分かれている．また，財政統計のみならず，各省・市・自治区の人口や物価指数など各方面にわたる歴史統計を収録しており，計画経済期を研究する上での基本資料のひとつと言える．また国家統計局国民経済綜合統計司［1999］も，国家統計局綜合司［1990］と同様に，1949-78 年の各省・市・自治区の財政収支を記載した統計資料集である．収入の内訳は「企業収入」，「税収収入」，支出の内訳は，「基本建設撥款」，「企業挖潜改造」，「支援農業生産和事業」，「文教科学衛生事業」，「行政管理」とされており，国家統計局綜合司［1990］とほぼ同じ枠組みを採用している．一方，同書の後継にあたる国家統計局国民経済綜合統計司［2005］『新中国五十五年統計資料彙編』および［2010］『新中国六十年統計資料彙編』は，1949-78 年の各省・市・自治区の「地方財政一般予算収支額」を記載しているが，収入・支出の内訳が改革開放期の基準で設定し直されており，計画経済期の地方財政収支を理解するのには適当ではない．例えば，収入の内訳は「増値税」，「営業税」，「企業所得税」に分類されており，1949-78 年に関しては各省・市・自治区ともほぼ空欄になっている．そして支出については，「農業支出」，「文教科衛事業費」，「行政管理費」，「社会保障補助支出」に分類されており，「経済建設費」などの計画経済期における重要支出項目が抜け落ちているという問題がある．ちなみに，同書において各省・市・自治区の「経済建設費」は，「全社会固定資産投資」の統計表に組み入れられており，地方財政統計からは切り離されている．
　なお，中国の財政に関する最も基本的な資料として，中国財政年鑑編集委員会［各年］『中国財政年鑑』がある．しかし，同書はその年鑑という性質のため，主に当該年度の財政統計を詳細に取り上げており，1949 年以降の通時的な統計については全国の数値を示すにとどまる．もし仮に，同書のような財政に関する年鑑が 1949 年以降毎年刊行されていれば，各年のデータをつなぎ合わせることで各省・市・自治区の通時的な歴史統計を作成することができるが，同年鑑が創刊されたのは 1992 年のことである．その後，単年ごとの省・市・自治区レベルの統計を網羅した財政部国庫司・予算司［各年］『地方財政統計資料』や，省レベル以下の地級市・県レベルのデータまで収録した同［各年］『全国地市県財政統計資料』のような非常に詳細な統計資料が刊行されるようになるが，これらも同様に当該年度の統計を集中的に掲載したものであり，歴史統計は示されていない．そのほかにも，改革開放期に編集された財政統計資料は歴史統計を直近の数年に限って掲載しているケースが多く，例えば，楼［2000］『新中国 50 年財政統計』では，各省・市・自治区の財政収支統計については 1994-98 年分を記載するのみである．

治区政府の間の財政移転関係を通時的に把握することができないのである[4].

　こうした既存の地方財政統計資料の問題を解決するために，同データベースでは，地方誌資料に依拠して，各省・市・自治区の財政収入・支出と，中央補助収入・中央送金支出，およびその両者を財政収入・支出に組み入れた総収入・支出の統計を示した[5].地方誌資料では，既存の財政統計資料集よりも詳細な収支項目が示されており，とりわけ幸いなことに，多くの省・市・自治区について中央補助収入と中央送金支出に関する通時的なデータが得られる．そのため，既存の財政統計では不明であった中央政府と各省・市・自治区政府の間の財政移転関係，および中央補助収入・中央送金支出を含めた形での地方政府の実質的な収支構造を通時的に分析することが可能となるのである．

　なお，本章では，地方財政の相互比較の基準として，特に（1）各省・直轄市・自治区の地方財政収入・支出および財政収支バランス，（2）中央補助収入・中央送金支出とそれらを財政収支に加えた総収支バランス，（3）地方財政収入に占める企業収入の割合，（4）地方財政支出に占める経済建設費支出の割合，という4点に注目する．（1）と（2）は各地方財政の相対的規模と各地方の中央財政との財政移転関係，（3）と（4）は各地方財政構造と地域経済（とりわけ地方企業）の関係を示す．これらの点について地域間比較を行うことにより，上海市の地方財政モデルの相対的な位置づけを示すことが目的である．

---

4)　上述の各地方財政統計を収録している資料集が記載しているのは，基本的に財政収入・支出のみであるか，あるいは明示しないまま中央補助収入・送金支出をその収支額に含めている．例えば，国家統計局綜合司［1990］の地方財政統計は，地方誌資料と突き合わせてみると，おおむね収入では「中央補助収入」を含み，支出では「中央送金支出」を含んでいないことがわかる．

5)　ここで言う「総収入・総支出」とは，本章の分析のためにあらためて設定した概念であり，実際に計画経済期に用いられていた「総収入・総支出」という用語とは若干意味が異なる点に注意しなければならない．当時用いられていた「総収入・総支出」は，予算収入・支出（本章で言う財政収入・支出に近い概念と見られる）に，中央補助収入・中央送金支出のほか，前年度繰越金などを含めたものであった．例えば，貴州省財政庁綜合計画処［1986］pp. 7-8 は，総収入と総支出の概念を以下のようにまとめている．

　　総収入＝本年度予算収入＋中央補助収入＋その他専項資金
　　　　　　＋その他調達資金（原語「調入其他資金」．以下かっこ内同じ）
　　　　　　＋前年度繰越金（上年滾余）
　　総支出＝本年度予算支出＋中央送金支出＋その他専項支出
　　　　　　＋本年度繰越金（年終滾存結余）

　　本章では，上記計算式の右辺のうち中央補助収入・中央送金支出以外の項目のデータが明示的に得られないため，各省・市・自治区の地方誌上で財政収入・支出として示されている数値に中央補助収入・中央送金支出を組み入れたものを「総収入・総支出」と呼んでいる．

2.　各省・直轄市・自治区地方財政の比較分析

(1)　各省・市・自治区の財政規模

　まず，各省・市・自治区の財政規模を把握するために，それぞれの財政収入と財政支出，および財政収支バランスの推移を見てみよう．なお，以下の地域間比較では，サンプルとして，突出した地位にあった上海市と遼寧省，および残りの29の省・市・自治区のうち，当該項目の年平均値（各省・市・自治区の1949-78年合計／各省・市・自治区の当該項目データが存在する年数）の大きさで見た最上位（1位）と，上位・中位・下位各グループ内の中位に位置する省・市・自治区（具体的には6位，16位，26位）を取り上げる．また，中央補助収入や中央送金支出については，データが存在しない省・市・自治区がある場合は，それらの地域を除いて上位・中位・下位のサンプル順位を調整した．

　各省・市・自治区の財政収入を比較した図6-1を見ると，まず1959年以降の上海市の数値の飛びぬけた大きさが目を引く．そしてそれに次ぐのが2位の遼寧省であり，6位の黒龍江省が続く．上海市における1958-60年の財政収入の急拡大は，第5章で見たように，1958年に実施された上海市内の中央所属企業の大規模な地方移管の結果であったが，2位の遼寧省，6位の黒龍江省でも，規模の違いはあるものの同様の拡大が起こっていたことが確認できる．また，1960年代末以降の持続的拡大についても，上海市と遼寧省・黒龍江省の傾向は基本的に同じであり，財政収入の規模が上位に属する省・市・自治区では，大筋で同様の変化を経験していたことが見て取れる．一方，16位の陝西省，26位の新疆ウイグル自治区でも，同様な変化は若干見られるが，規模の面では上位の省・市・自治区とは大きな差が見られた．結果として，財政収入においては，地域による多様性，とりわけ上位と中・下位の間に格差が存在していたと言える．

　これに対して，図6-2に示される各省・市・自治区の財政支出は，その様相が大きく異なる．ここで指摘できるのは，財政収入においては上海市，遼寧省のような突出した省・市が存在したのに対し，財政支出では上位と下位が相対的に近い額で推移し，その上下幅が小さい点である．財政収入の規模で他地域を圧倒していた上海市は，財政支出では9位に沈んでいるが，1位の四川省と

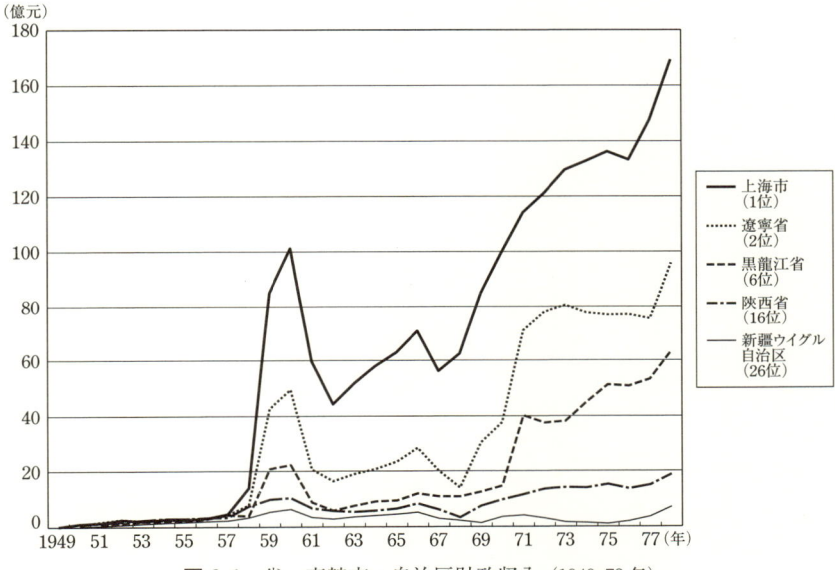

図6-1 省・直轄市・自治区財政収入（1949-78年）

出所：加島 [2012b].

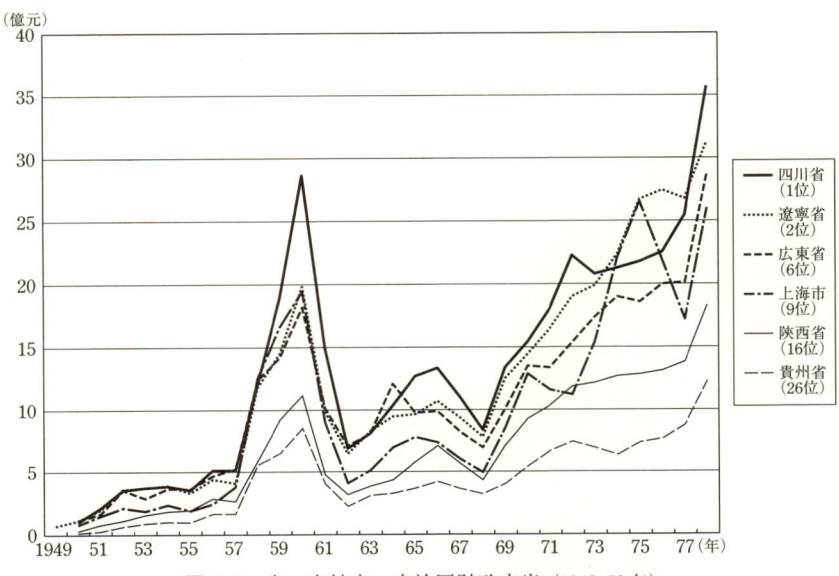

図6-2 省・直轄市・自治区財政支出（1949-78年）

出所：加島 [2012b].

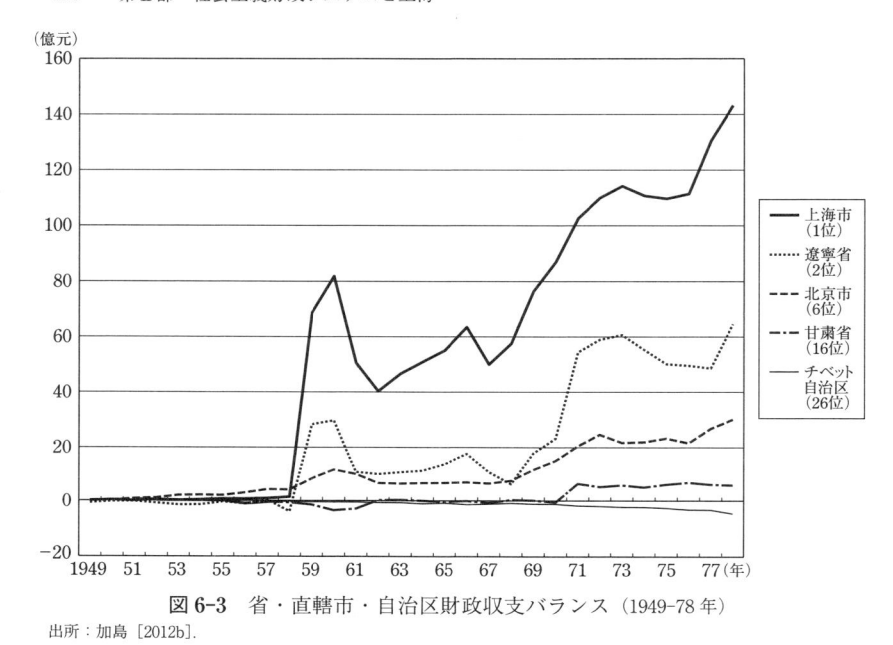

図6-3　省・直轄市・自治区財政収支バランス（1949-78年）

出所：加島［2012b］.

26位の貴州省との差は，財政収入と比較すれば大きくはない．

　通時的な変動の傾向では，1959-60年の急増と1960年代末以降の持続的拡大という点で財政収入と似ているものの，図6-2の縦軸の上限額（40億元）と図6-1のそれ（180億元）を比較すると明らかな通り，特に上位の変動の規模は財政収入よりも小さい．また財政収入・支出それぞれの年平均額の最上位と最下位の差を計算すると，財政収入で65.14億元であったのに対し，財政支出では12.61億元であり[6]，各省・市・自治区の財政支出の規模は，財政収入と比較して地域間の相違が小さかったと言える．

　こうした地方財政収支の全体的な傾向——財政収入における突出した地域の存在と，財政支出における地域間の類似性——は，地方財政全体の収支バランスという点から見れば，一部地域の大幅な黒字状態を意味していた．図6-3は各省・市・自治区の財政収支バランス（財政収入−財政支出）を示したものであ

---

6)　加島［2012b］の各省・市・自治区データより算出．

るが，1位の上海市，2位の遼寧省，6位の北京市は，特に1959年以降大幅な財政黒字を計上していることがわかる．一方，16位の甘粛省，26位のチベット自治区は，財政赤字を経験する時期もあるなど，±0付近を上下していた．このように，財政収支バランスで見る限り，各地方財政の構造は上位と下位の間で大きな隔たりがあったと言える．

(2) 中央—地方間の財政移転関係

しかし，こうした地方財政収支のみの検討から浮かび上がってくる地域間格差のイメージは，必ずしも実態を表しておらず，中央—地方間の財政移転を考慮に入れると，また違った像が映し出される．以下では，中央—地方間の財政移転を示す各省・市・自治区の中央補助収入と中央送金支出の推移，そしてそれを財政収支と組み合わせた総収支バランスについて検討しよう．

図6-4は，各省・市・自治区の中央補助収入の推移を示したものである．なお，上海市をはじめ12の省・市（北京市，河北省，山西省，上海市，安徽省，山東省，湖南省，広東省，重慶市，四川省，雲南省，陝西省）についてはデータが得られず，サンプルとする年平均額の順位も，データの利用可能な19の省・市・自治区中の1位，4位，9位，10位（遼寧省），16位と調整した．なお，上海市については，汪［1995］，『上海財政税務誌』編纂委員会［1999］において中央補助収入に関する記述がなく，中央からの補助自体が存在しなかった可能性が高い．その他の省・市については，データが非公開とされているだけなのか，あるいは中央補助収入が存在しなかったのかは不明である．

図6-4を見ると，まず1958年の遼寧省，そして1970年代初頭以降の内モンゴル自治区と新疆ウイグル自治区の急上昇がひときわ目を引く．しかしそれを除けば，中位（福建省）と下位（寧夏回族自治区）には大きな差がなく，各省・市・自治区とも一貫しておおむね4億元以下で推移していることがわかる．このことは，特定の時期や地域を除いて，各地域が享受していた中央政府からの補助の規模が，およそ数億元程度であったことを示唆している．そして，この4億元以下という中央からの補助の規模は，図6-3で見た財政収支バランスで赤字（その赤字幅はおおむね5億元以下）を経験した中位・下位の省・自治区にとっては，財政を実質的にバランスさせるのに重要な意味を持ったと見られる．

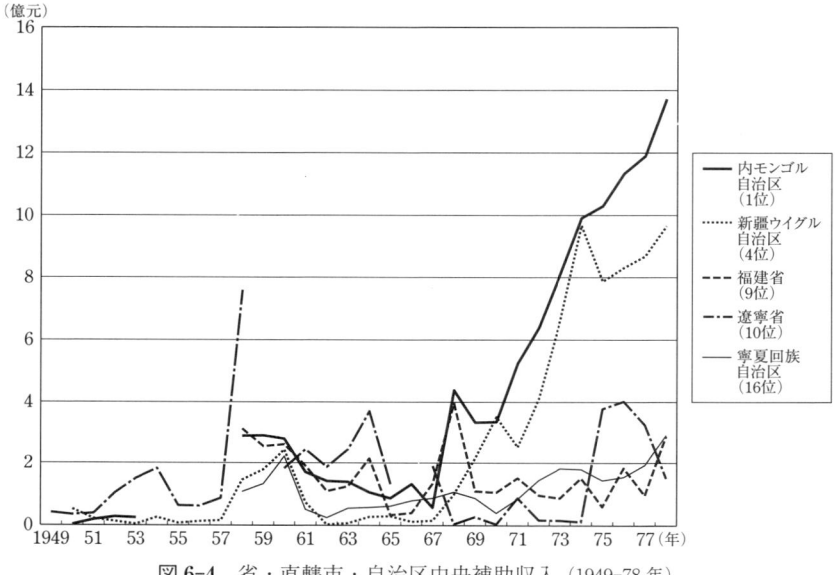

図 6-4　省・直轄市・自治区中央補助収入（1949-78 年）

出所：加島 [2012b].

　一方で，図 6-5 で示される各省・市・自治区の中央送金支出では，各地域による相違が大きく表れている．なお，中央送金支出については，7 の省・市・自治区（安徽省，重慶市，雲南省，青海省，広西チワン族自治区，チベット自治区，新疆ウイグル自治区）についてデータが得らず，データが利用可能な 23 の省・市・自治区中の上海市（1 位），遼寧省（2 位），5 位，12 位，20 位を取り上げた．

　まず，1 位の上海市について言えば，すでに第 5 章で見たように，1959 年以降の財政収入の増加にともない中央送金支出を増加させていたが，2 位の遼寧省，5 位の黒龍江省もほぼ同様の傾向を示していたことが見て取れる．このことは，財政収入で上位に位置する複数の省・市が，その収入の規模に応じて中央送金を行っていたことを意味し，上海市において 1950 年代に形成された構造が，基本的には他地域にも共有されていたことを示唆している．その一方で，中位の湖北省，下位の陝西省の中央送金支出額は数億元程度に止まっており（陝西省については，1959，68，78 年に若干のマイナスを記録している），財政収入や

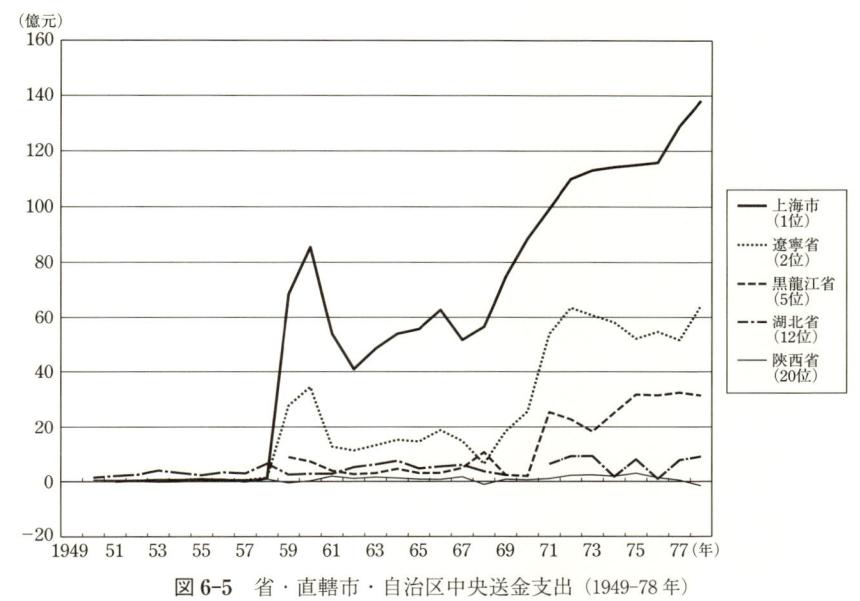

（億元）

図6-5　省・直轄市・自治区中央送金支出（1949-78年）

出所：加島［2012b］.

　財政収支バランスと同様に，上位の省・市の規模が突出している構造を確認することができる．

　そして，注目すべきは，中央補助収入と中央送金支出を財政収支に組み入れた図6-6の総収支バランスである．ここでは，中央補助収入と中央送金支出の両方のデータが得られない安徽省，重慶市，雲南省を除いた28の省・市・自治区のうち1位，6位，15位，遼寧省（20位），上海市（26位）を表示している．この図6-6によると，図6-3の財政収支バランスとは大きく異なり，1位の四川省をはじめ，上海市や遼寧省を含む全ての省・市・自治区の各年の総収支差額が±5.29億元以内に収まっていることが見て取れる[7]．これはつまり，地域ごとに多様であった各省・市・自治区の財政収支構造が，中央補助収入と中央送金支出という財政移転によって，その規模がほぼ一定水準となるように調整されていたことを意味している．

---

7)　28の省・市・自治区全てのデータをプロットしても，各年の数値は±10億元以内に収まる．加島［2012b］各省・市・自治区データ参照.

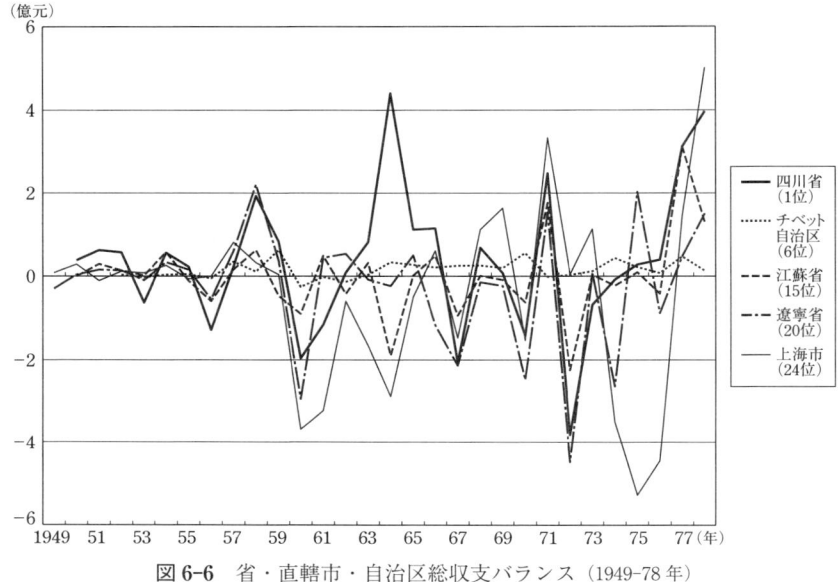

図6-6　省・直轄市・自治区総収支バランス（1949-78年）

出所：加島［2012b］.

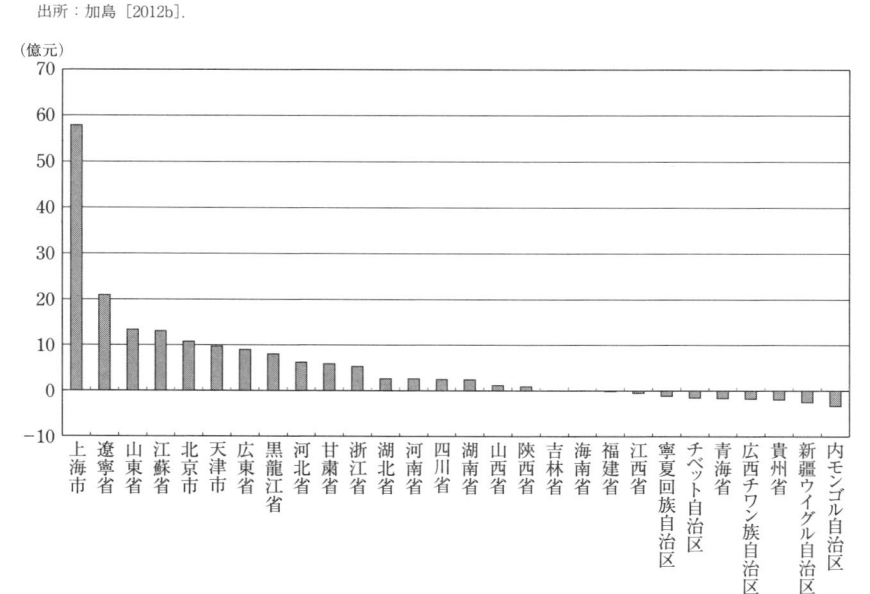

図6-7　省・直轄市・自治区純中央送金（中央送金－中央補助）年平均額（1949-78年）

出所：加島［2012b］.

　もっとも，図 6-3 が示すように，財政移転前の財政収支の段階で，上位の省・市の黒字（収入超過）額は，トップの上海市で年平均 55.50 億元，6 位の北京市で 10.43 億元と極めて大きく，一方で赤字（支出超過）の省・自治区の赤字額は，下位のチベット自治区で年平均 1.37 億，最下位の内モンゴル自治区でも年平均 3.12 億元と比較的小さかった．このことから，財政移転の基本的な方向は，黒字の省・市・自治区から中央財政への送金であり，中央から赤字の省・市・自治区への補助は相対的に小規模であったことが見て取れる．

　また，1949-78 年の各省・市・自治区の純中央送金支出（中央送金支出－中央補助収入）の年平均額を比較した図 6-7（図 6-6 と同様に安徽省，重慶市，雲南省を除いた 28 の省・市・自治区を対象）を見ると，重要な事実が浮かび上がってくる．同図が示すように，大部分の省・市・自治区は，額の多少にもかかわらず中央財政への純送金を行っており（すなわち，中央送金支出－中央補助収入 > 0 であり），純中央送金がマイナスであったのは，一部の省（福建省，江西省，青海省，貴州省）と自治区のみであった．つまり，上海市や遼寧省などの工業地域が多額の中央送金支出を行う一方で，一部の省・自治区を除いた多くの地域も，その財政規模に合わせた額の中央送金支出を行っていたのである．

　ここで，こうした各地方財政から見た中央─地方間財政移転の構造を，全国レベルの財政統計から再確認してみよう．

　図 6-8，図 6-9 は，1953-78 年の中央・地方の財政収入（支出）額と，その合計に占める中央財政収入（支出）の比率を示したものである．両図を比較するとわかるのは，中央・地方合計での財政収支はほぼ均衡していた一方で，中央財政は 1950 年代末以降，支出超過の状態が継続していたことである．それは，中央財政収入の比率が 1959 年以降急激に低下し 11.8-35.2% となったにもかかわらず，中央財政支出の比率は 1958-61 年の低下以後再び上昇し，46.7-63.1% を維持していたことに表れている．

　この中央財政の支出超過分を埋め合わせていたのが，各省・市・自治区からの純中央送金支出であった．図 6-10 は，図 6-8，図 6-9 の中央財政における各年の支出超過額（財政支出－財政収入）と，図 6-4 と図 6-5 のデータから算出した各省・市・自治区の純中央送金額（中央送金支出－中央補助収入）の各年合計を比較したものである．ここから，1950 年代に関しては両者に若干のギャ

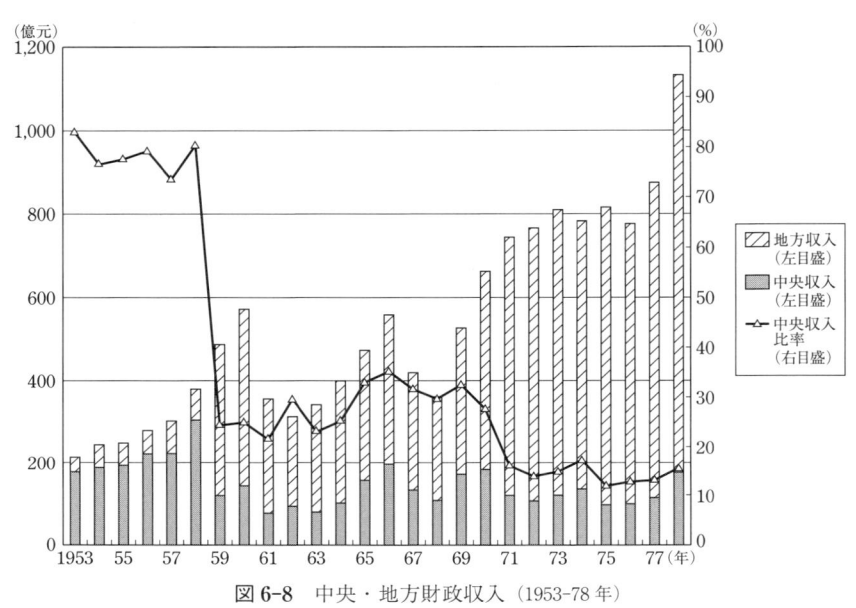

図 6-8　中央・地方財政収入（1953-78 年）

出所：加島［2012b］.

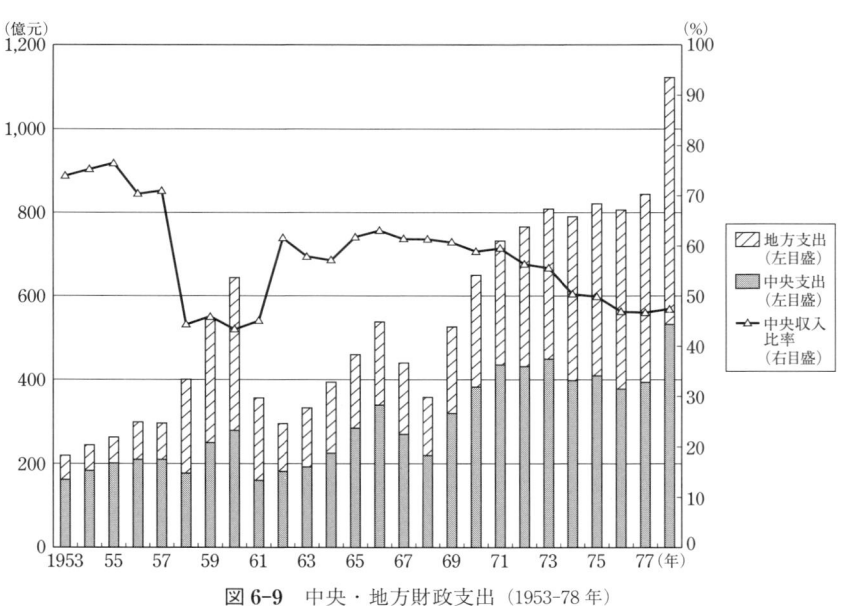

図 6-9　中央・地方財政支出（1953-78 年）

出所：加島［2012b］.

図 6-10　中央財政収支差額と各省・市・自治区純中央送金額合計 (1953-78 年)

出所：加島 [2012b].

ップ（各省・市・自治区純送金合計＞中央財政の支出超過部分）があるものの，1960年代以降は両者がほぼ一致していることが見て取れる．つまり，地方から中央送金支出として中央へ移転された金額は，おおむね中央の財政赤字分に相当しており，計画経済期の中央政府の財政は，地方で実現された財政収入の移転によって支えられていたことがあらためて確認できる．

(3)　地方財政収支構造の比較――企業収入比率と経済建設費比率

　最後に，地方政府と地域経済（主要には地方企業）との関係を表すと考えられる，地方財政収入中の企業収入の比率，および地方財政支出中の経済建設費の比率の地域間における相違について検討しよう．なお，ここでの比率算出の分母となる財政収入（支出）には，中央補助収入と中央送金支出を含めない．

　図 6-11 は，各省・市・自治区の財政収入における企業収入の比率を示したものである．企業収入比率の推移を見てみると，1950 年代初頭の時点で遼寧省の比率が 50％ 以上と相対的に高いが，これは同省に満洲国時代の遺産を引

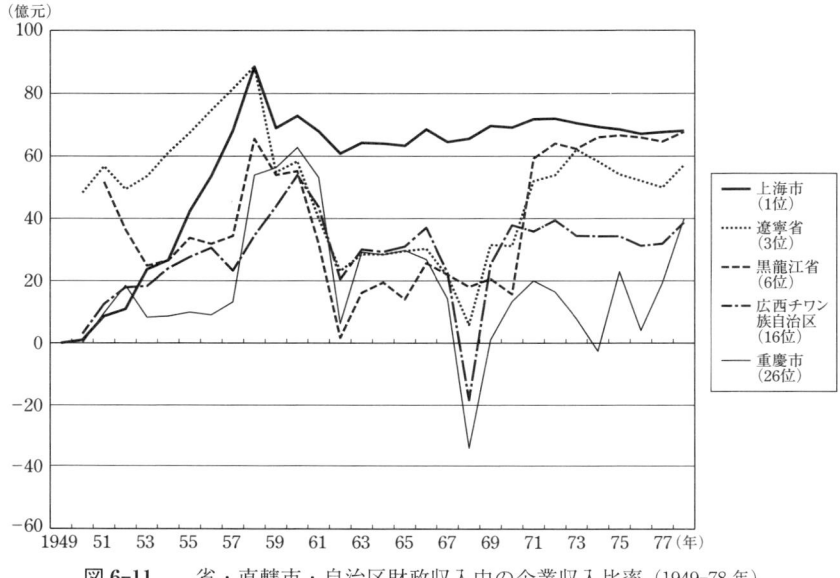

図6-11　　省・直轄市・自治区財政収入中の企業収入比率（1949-78年）

出所：加島［2012b］.

　き継いだ国営企業がすでに多く存在したためであると見られる．そして1950
年代後半には，第4，第5章で見たように，上海市の企業収入比率が社会主義
改造の完成により急上昇している．また1958-60年には，すでに述べた中央所
属企業の地方移管などの要因により，多くの各省・市・自治区において企業収
入比率が底上げされている．

　しかし1961年以降は，上海市が一貫しておよそ60-70%の高水準を維持す
る一方で，他の地域ではその比率が低下し，その後は時期によって激しく上下
動していることが見て取れる．その意味で，企業収入は多くの省・市・自治区
にとって必ずしも安定した財源ではなく，一貫して企業収入に依拠していた上
海市は特殊なケースであったと言える．例えば，1968年の重慶市や広西チワ
ン族自治区のように，企業収入が短期的に大幅な赤字を計上するケースや，同
図には示されていないが，貴州省や新疆ウイグル自治区のように，慢性的な企
業収入の赤字が地方財政を圧迫していたケースも存在した．

　一方，図6-12に示した各省・市・自治区の財政支出における経済建設費の

図 6-12　省・直轄市・自治区財政支出中の経済建設費支出比率（1949-78 年）

出所：加島［2012b］.

比率の推移は，企業収入比率よりも全体的に各地域が類似した傾向を見せている．1950 年代には，各省・市・自治区の比率は 0-70% の間で分散していたが，1958-60 年の大躍進期に一斉に経済建設費比率が上昇し，全ての省・市・自治区が 70-80% となった．その後，1962 年に各省・市・自治区の経済建設費比率は低下したが，それ以降は持続的な上昇傾向を見せ，1970 年代にはどの地域でも 50-80% を占めるにいたった．

　こうした 1950 年代末以降の各省・市・自治区間での経済建設費比率の類似した傾向は，基本的には中央政府が各地方政府に実施させた工業生産推進政策によるものであると考えられる．それは 1958-60 年の大躍進政策に始まり，1960 年代以降の三線建設，1970 年代初頭の地方工業の推進などに代表され，これらの政策は，中央政府の号令の下に各地方政府がその実施主体となり工業生産の増加に取り組んだものであった．例えば，三線建設は，国防を目的とした内陸経済開発政策であったが，中央政府が主導する「大三線」と同時に，地方政府が主体となる「小三線」も同時並行的に進められ，その下で地方政府は

積極的に投資を行い，自給自足的な国防体制を形成することが求められた．経済建設費の高い比率とその変動の類似性は，こうした中央政府の政策の特徴を反映していたと言えよう．

　以上，計画経済期の中央—地方財政関係および地方財政構造について，省・市・自治区レベルの地方財政統計データベースにもとづいて比較分析し，上海市の地方財政モデルの相対的な位置について検討してきた．

　そのなかで，あらためて浮き彫りになったのは，上海市の地方財政の全国における突出した位置である．その企業収入に支えられた豊富な財政収入，そしてその財政収入にもとづく大規模な中央送金支出は，その他の省・市・自治区と比較して群を抜いていた．とりわけ 1949-78 年の上海市の純中央送金額は，年平均で 2 位の遼寧省の 2.76 倍に達し，計画経済下の中央財政を支える最も重要な基盤であり続けた．また，その財政収入に占める企業収入比率の一貫した高さは，他地域では類を見ないものであり，第 5 章で明らかにした上海市の地方財政—地方企業体制は，地方企業の基盤が強い上海市においてこそ安定的に成立しえたものであったことが明らかとなった．その意味で，上海市の地方財政構造は極めて特殊なものであったと言うべきであろう．

　しかし，図 6-6 の各省・市・自治区の総収支バランス，および図 6-7 で示した通時的な純中央送金の状況は，社会主義財政システムにおける上海モデルの位置を考える上で大きな示唆を与える．両図が示すように，上海市に次ぐ財政規模を誇る遼寧省をはじめ，他の多くの省・市も，何らかの形で——上海市のように企業収入に継続的に依拠することができなかったとしても——地方財政の収入超過を実現し，中央補助収入を上回る中央送金支出を行っており，その財政規模は実質的に一定の範囲内に留め置かれた．その意味では，それらの省・市も上海市と同じく，地方財政からの移転によって中央財政を支えるという社会主義財政システムの共通した枠組みの下にあったと言える．また，各省・市・自治区財政支出における経済建設費の高い比率は，各地方政府が積極的に地域の経済活動にコミットするよう方向づけられていたことの証左であり，その点では第 5 章で検討した上海市と同じ構造であった．こうした点から見れば，本書第Ⅱ部でこれまで検討してきた上海市の地方財政モデルは，特殊性の強い事例であると同時に，一定の普遍性を持つものとも言えるのである．

第 III 部　上海の産業発展と社会主義体制

第7章　社会主義体制下の産業発展
——紡織工業と機械工業

　第I部，第II部の分析が明らかにしたように，1950年代の社会主義体制の形成は，上海において地方政府と企業が密接に結びつく構造を生み出した．1956年に完成した社会主義改造は，それまで存在した数多くの民間企業を地方公私合営企業とし，地方国営企業と同じく市政府の管理下に組み入れた．その結果，上海市に所属する地方国営・公私合営企業は，社会主義財政システム下において，その利潤を企業収入という形で市政府財政に納入する一方，投資は基本的に市政府財政からなされるという，まさに一蓮托生の関係が形成されたのである．また，1958年の中央所属企業の地方移管により，地方政府の管理領域と企業収入の規模は飛躍的に拡大し，上海における地方政府と企業の関係は中央—地方の財政関係の上でも重要な位置を占めるようになった．

　第III部では，こうした社会主義体制下における地方政府と企業の関係をより多面的に検討するために，いくつかの産業をケースとして取り上げる．社会主義体制の形成は，全ての産業を含みこむ形で共通して進められたが，歴史的に形づくられた各産業の構造は多様であり，また制度変更がもたらす影響も当然異なった．第III部で注目するのは，そうした産業ごとの社会主義体制の導入によるインパクトの諸相であり，また社会主義体制下における発展過程の多様性である．こうした視点を導入することにより，計画経済期の上海経済の実態をより複眼的に捉えることが可能となる．

　本章では，個別産業のケーススタディーの前提作業として，計画経済期における上海市の産業構造の変化を確認しつつ，上海市の主要産業である紡織工業と機械工業を取り上げ，利用可能な統計データにもとづき比較分析を行う．紡織工業は，第I部でも触れた通り，中華民国期までの上海工業の発展を象徴する軽工業の花形産業であった．一方，機械工業も，人民共和国成立以前に一定

の発展が見られたものの，後述するように，主要には計画経済期において重点的に投資が行われ成長を遂げた重工業の一部門である．すでに序章および第1章において，政府の「重工業優先発展戦略」の下での中国全体と上海における重工業化の進展をマクロ統計にもとづき確認したが，こうした全体的な産業構造の変化の影響を，上海市における軽工業・重工業それぞれの中心産業の実態に即して検討することが，本章の課題である．

1. 上海市の産業構造

　まず，計画経済期における上海市全体の産業構造の変化を確認しよう．

　表7-1および図7-1は，上海市の主要な工業部門の生産額とそのシェアを示したものである．ここから第一に指摘できるのは，すでに第2章でも触れた通り，上海においては1950年代初頭の段階で紡織工業が50%を超える圧倒的なシェアを占めていた点である．そして，そのシェアは1950年代半ばから徐々に低下し，1958年以降は20%程度で推移したとはいえ，ほぼ継続的に全産業中2位の位置を占めていた（1966-70年のみ3位）．ここから，計画経済期を通じて紡織工業が上海工業の主要な柱の一つであり続けたことが確認できる．

　一方，紡織工業のシェア低下と入れ替わりに台頭してきたのが，機械工業・化学工業・冶金工業といった重工業部門である．とりわけ機械工業の拡大は著しく，1958-62年にそのシェアが33.2%に達し，紡織工業を追い抜くと，以後一貫して1位の座を維持した．それに続くのが化学工業と冶金工業であり，1958年以降はこの3つの産業の合計が50-60%のシェアを占める構造が定着した．前掲表1-2で見た，1950-60年代の上海における軽工業中心から重工業中心へという産業構造の変化は，より具体的には機械工業の躍進を原動力として実現したのである．

　こうした軽工業と重工業のシェア逆転の背景は，主要工業の生産額の推移を指数で示した図7-2からより明確に見て取れる．紡織工業の生産額は，1952年から1980年までの28年間で5倍程度の増加であり，工業全体の平均を下回るものであったのに対し，機械工業・冶金工業・化学工業の生産額は30-40倍にも達している．つまり，これらの重工業部門が目覚ましい生産拡大を実現し

表 7-1　上海市主要各業工業生産額（1950-80 年，各期間年平均）

（単位：億元）

	1950-52 年	1953-57 年	1958-62 年	1963-65 年	1966-70 年	1971-75 年	1976-80 年
紡織工業	26.73	43.03	51.63	49.42	67.51	74.01	117.43
機械工業	6.71	20.16	72.19	50.31	96.68	129.62	180.29
冶金工業	1.95	7.22	22.20	25.74	34.39	52.44	61.05
化学工業	4.70	12.76	28.87	38.29	70.90	54.10	72.36
その他	13.22	26.51	42.32	44.65	56.09	78.84	107.81
合計	53.31	109.68	217.20	208.40	325.58	389.01	538.94

注：1) 1950-57 年は 1952 年，1958-70 年は 1957 年，1971-80 年は 1970 年の不変価格で算出した数値.
　　2)「その他」の内訳は，原表の食品工業，電力工業，石炭・コークス工業，石油工業，建築材料工業，木材加工工業，縫製工業，皮革工業，造紙工業，文化教育・芸術用品工業，およびその他の工業（原表の「総計」から各工業の合計を引いて算出）.
出所：上海市統計局［1992］pp.28-33.

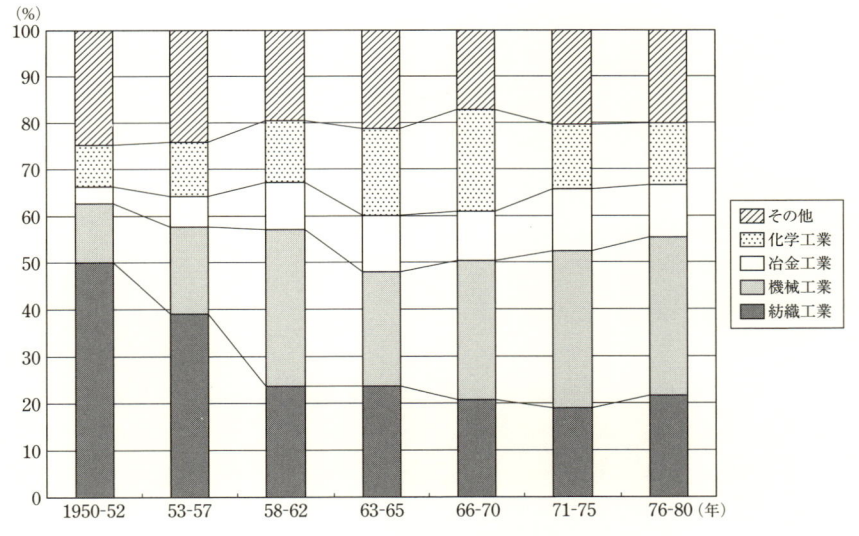

図 7-1　上海市主要各業工業生産額比率（1950-80 年）

出所：表 7-1.

た一方で，紡織工業の生産は，上海工業のなかで一定のプレゼンスを保ちつつも，相対的には停滞していたのである.

　他方，表 7-2 により，上海の紡織工業と機械工業の全国における位置を確認すると，紡織工業は，1952 年時点の 34.7% から徐々にそのシェアを低下させつつも，おおよそ 20-30% で推移していた. 機械工業について見ると，1952

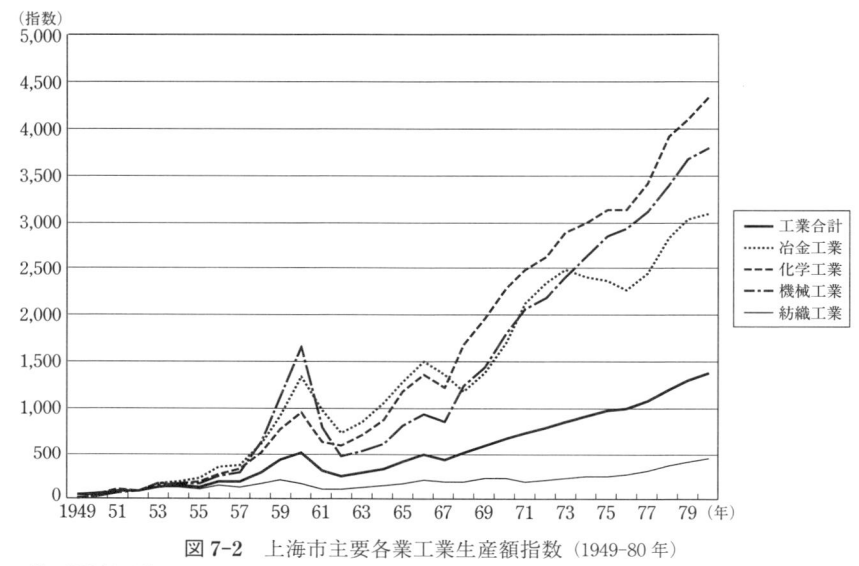

図7-2　上海市主要各業工業生産額指数（1949-80年）

注：1952年＝100.
出所：上海市統計局［1992］pp.34-35.

年の25.3%から増減を繰り返しつつ，1960年代末までは20%台前半を維持し，1970年代に10%台後半へと低下している．こうした計画経済期を通じた上海の両産業の対全国シェアの傾向的低下は，三線建設に代表されるような，内陸部を含めた全国各地方での自給自足的な工業化が推進されたためであると考えられる．その結果，中華民国期までの上海や東北など一部地域へ産業が集中する構造は一定程度転換した．とはいえ，上海の占めるシェアは両産業ともにおおむね20-30%であったのであり，主要な生産拠点の一つであったことには変わりがない．

　このように，紡織工業と機械工業は，計画経済期の上海において共に主要な産業であり，また全国的にも一定のシェアを有している点では共通していた．しかし，その生産額の推移を見ると，対照的とも言える展開をたどっていた．この生産額における相違は，端的に言えば政府の「重工業優先発展戦略」の結果であるが，そうした重工業に傾斜した発展戦略の下での両産業の実態はどのようなものであったのだろうか．

　中国の紡織工業と機械工業に関しては，特に紡織工業の主要産業である綿業

表 7-2　全国・上海市の紡織工業・機械工業生産額（1952-80 年，各期間年平均）

（単位：億元）

	紡織工業			機械工業		
	全国	上海市	比率（%）	全国	上海市	比率（%）
1952 年	94.3	32.7	34.7	39.0	9.9	25.3
1953-57 年	130.6	43.0	32.9	96.3	20.2	20.9
1958-62 年	182.7	51.6	28.3	299.3	72.2	24.1
1963-65 年	177.8	49.4	27.8	242.6	50.3	20.7
1966-70 年	250.2	67.5	27.0	417.0	96.7	23.2
1971-75 年	343.2	74.0	21.6	717.5	129.6	18.1
1976-80 年	542.5	117.4	21.6	1,121.7	180.3	16.1

注：1952-57 年は 1952 年，1958-70 年は 1957 年，1971-80 年は 1970 年の不変価格で算出した数値.
出所：国家統計局工業交通物資統計司 [1985] pp. 34-35, 上海市統計局 [1992] pp. 28-33.

を中心に膨大な研究蓄積がある[1]. しかし計画経済期の両産業の地方における
実態は必ずしも十分明らかにされておらず，また産業間の比較という視点での
研究はほぼ存在しない. 以下では，まず両産業の歴史的な発展過程を踏まえた
上で，社会主義体制下におけるパフォーマンスを検討する.

2. 紡織工業と機械工業の発展過程

両産業の具体的な分析に入る前に，ここであらためて紡織工業と機械工業の
定義について確認しておこう.

紡織工業とは，綿，麻，絹，毛などの天然繊維と化学繊維の紡糸，織物，染
色などを行う産業を指し，日本語で言う繊維産業（繊維工業）に近い概念であ
る[2]. また，計画経済期の産業分類カテゴリーとしての紡織工業について言え
ば，綿紡績・織布・捺染，毛織物，絹織物，麻織物，メリヤス（ニット），化学

---

1)　計画経済期を対象としたものとして，まず 1949-80 年代までの両産業の総論である当代中国叢
　書編輯部 [1984]，[1990a] が挙げられる. 主に 1950 年代に関しては，同時代に刊行された両産
　業を含む各産業の統計資料・概説である中華人民共和国国家統計局工業統計司 [1958] があり，
　同書をベースとした日本語の研究に尾上 [1971] がある. また，王 [2009]，富澤 [2011]，久保
　[2011] は，在華紡技術の人民共和国期への連続性について論じている.
2)　小島 [1989] p. 328. なお，中国の紡織工業と日本の繊維産業の大きな違いは，中国では綿織
　物，毛織物，絹織物など原料によって分類しているのに対し，日本では製糸（出所では「製紙」
　とあるが誤記と見られる），紡績，織物，ニットなど主として製造過程によって分類している点
　にあるとされる.

繊維などの業種に加えて，紡織機械・器材製造業も含まれるのが特徴である[3]．

　一方，機械工業は，一般に，一般機械（原動機，産業機械，工作機械など），電気機械，輸送機械（自動車，鉄道車両，船など），精密機械，兵器などを製造する産業を指す．計画経済期の中国においては，中央政府の第一機械工業部が管轄する発電設備，建設機械，計器類，自動車，オートバイ，鉱山設備，工作機械，農業機械などの民間用部門と，別系統で管理される兵器産業や電子産業で構成された．また，機械・電子工業という意味で，「機電工業」と呼ばれることもある［小島 1989, p. 41; 丸川 2000b, p. 214］．

　中国における両産業の歴史的な発展過程は，大きく異なるものであった[4]．紡織工業について言えば，中国は特に，綿業と製糸業において在来手工業が長い歴史を有することが知られている．しかし，機械化された近代的な工場が中国に現れるのは 19 世紀末であり，中国初の機械綿紡織工場である上海機器織布局の設立は 1880 年のことであった（操業開始は 1890 年）．その後，1895 年の下関条約により租界への欧米系商社の綿紡織工場の進出が本格化し，中国資本企業もこれに続いた．20 世紀に入ると，日本資本の在華紡の進出や，第一次世界大戦を契機とした中国資本企業の発展により，上海は中国における機械製綿業の一大中心地となっていく．

　中華民国期までの綿業の発展状況を表す一つの指標として，中国全体の機械製綿製品の自給率を示した図 7-3 を見てみよう．なお，同図の生産量には中国に所在する外国資本企業（在華紡など）の生産分も含んでいる．ここから，綿糸については 1910-20 年代に顕著に自給化が進み，1930 年の段階で 100% を超えていたことがわかる．また，綿布も，同様に 1920-30 年代に自給率が持続的に上昇し，1936 年には 86.5% に達していた．つまり，綿業においては日中戦争以前の段階でほぼ自給化が達成されていたと言える．日中戦争勃発以後は，一部工場の内陸部への移転，戦時下での「孤島の繁栄」，そして戦後は中紡公

---

3)　当代中国叢書編輯部［1984］p. 13．小島［1989］p. 328 によれば，工業の大分類としては，1958 年までは縫製業を含んでおり（同年分離），1965 年には皮革工業を含めて紡織・縫製・皮革工業となった．また 1980 年代には紡織機械・器材製造業を機械工業の工業設備に分類を移したとされる．もっとも，『上海紡織工業誌』編纂委員会［1998］の諸統計には，同書がカバーする最新の年度である 1995 年まで紡織機械・器材に関して記載されているため，1980 年代以降に紡織機械・器材製造業の分類がどのようであったかは不明である．

4)　以下の歴史過程に関する叙述は，久保ほか［2016］pp. 21-39，43-45，58-63 に依拠している．

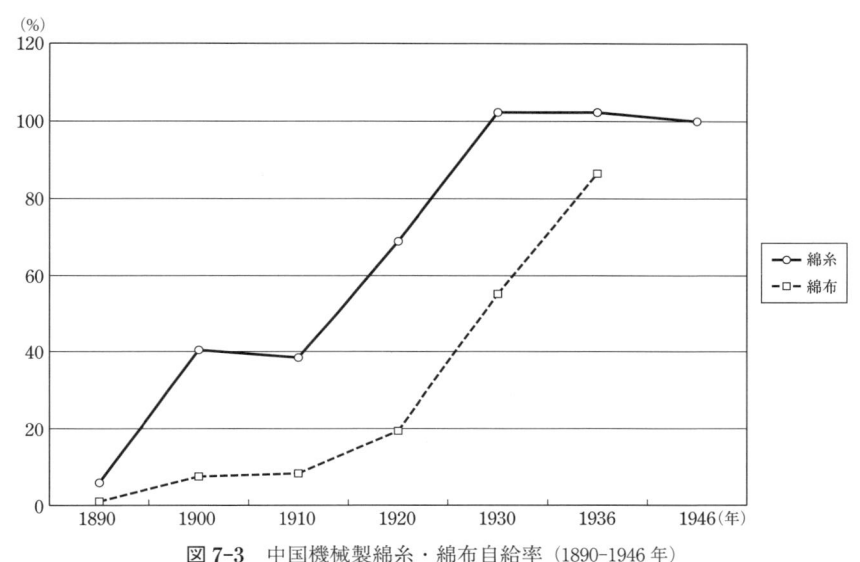

図 7-3　中国機械製綿糸・綿布自給率（1890-1946 年）

注：1）原表の自給率の計算方法は，（自給率）＝（生産量）÷（消費量）×100.
　　2）綿布の 1946 年はデータなし.
出所：久保ほか［2016］pp. 23-24 より作成.

司による旧在華紡工場の接収など，複雑な経緯をたどるが，1949 年までに中国の綿業が一定の発展を達成していたことは疑いがない.

　一方，機械工業も，同様に 19 世紀後半に中国に導入されたが，そのルートは大きく分けて二つに分類される［久保ほか 2016, pp. 60-61］．一つは欧米の貿易船の船舶修理工場であり，まず外国資本の工場が設立された後，中国資本の工場がそれに続いた．なかでも，1902 年に上海に設立された大隆鉄廠は，後に中国最大の民営機械工場へと成長していくこととなる．もう一つの導入ルートは兵器工業である．1860 年代に武器製造および軍艦建造を目的として各地に設立された官営工場がその嚆矢となり，1865 年には上海に江南製造局が設立された．なお，江南製造局は，1905 年に兵器製造部門と造船部門が分離し，1912 年には造船部門が独立して江南造船所となっている.

　こうした過程を経て導入された中国の機械工業は，主に国内の軽工業の成長にともなって発展を遂げる．とりわけ重要なのが，紡織工業の発展による紡織機械・機材製造業の発展であり，一部の部品の模倣生産からはじまり，1920

表 7-3　　中国機械類の生産と輸入（1931 年）

(単位：万元)

品目	生産量	生産額	輸入額	自給率 (%)
紡織機械	…	183.7	2,150.1	7.9
ポンプ	127 台	1.8	144.6	1.2
農業機械	…	24.4	106.3	18.7
原動機	15 千馬力	75.0	883.5	7.8

出所：久保ほか［2016］p.61.

年代末までには紡績機・力織機などの主な機械設備一式を自力生産できるに至ったとされる．そのほか，食品加工業・マッチ製造業等の機械設備，各種の内燃機関，大型の橋脚類の国産化にも成功した．

　しかし，紡織工業と機械工業の大きな違いは，紡織工業が 1930 年代までに一定の自給化を達成していた一方で，機械製品は大きく輸入に依存していた点である．上記のような機械工業の発展にもかかわらず，表 7-3 が示すように，機械工業の自給率は 1931 年時点で 1-2 割程度であったとされる［久保ほか 2016, p. 60］．日中戦争時期には，軍需生産のための基幹産業として機械工業の発展に重点が置かれるが，民用品も含めた自給率は一定程度にとどまったと見られる．

　こうした紡織工業と機械工業における輸入代替化の進展度合いの相違は，1949 年以降の「重工業優先発展戦略」の推進の重要な背景となる．1950 年の朝鮮戦争の勃発により資本主義諸国との貿易が制限され，また 1950 年代末にはソ連との関係が悪化すると，輸入機械製品の供給は逼迫した．その一方で，国内では重工業化の推進により機械工業製品に対する需要が増加しており，その結果，機械工業は，急速な自給化を迫られることになる．そして，前掲表 7-2 に示されるように民国期までに一定の集積を形成していた上海の機械工業は，そのなかで重要な役割を担うことになるのである．

3.　パフォーマンスの比較——投資と利潤から

　計画経済期の上海における両産業の展開，とりわけ生産額ベースでの動向は本章第 1 節で見た通りであるが，本節ではより立ち入って同時期における両産業のパフォーマンスについて比較分析を行う．ここでは，パフォーマンスを測

る指標として，産業への投資の蓄積である固定資産額と，政府財政へ「企業収入」として還流する利潤に注目する．

　分析に入る前に，本節で利用するデータの性質について述べておきたい．本節では，上海市の地方誌のなかの「専業誌」である『上海紡織工業誌』編纂委員会［1998］と『上海機電工業誌』編纂委員会［1996］のデータを用いた．「専業誌」とは，上海市において計画経済期に形成された各業種を管轄する行政機関（例えば紡織工業であれば上海紡織工業局）が，1990年代にそれぞれの管轄分野の歴史を総括するために編集した総合的な資料集である．

　この「専業誌」は，各業種の固定資産額や利潤といったデータが得られる点で大きな利点がある．ただしその一方で，データのカバー範囲が担当行政機関の管轄範囲に限定されるため，産業分野としての紡織工業や機械工業の区分とは必ずしも一致しないという問題が存在する．例えば，上海市統計局［1992］の各業種生産額と「専業誌」に記載された生産額を比較すると，紡織工業ではほぼ一致するものの，機械工業に関しては，『上海機電工業誌』編纂委員会［1996］の数値は上海市統計局［1992］の40-60%程度にとどまる[5]．これは，担当行政機関である上海第一機電工業局の管轄範囲が産業分類としての機械工業全体の一部であったことを示しており，その意味で『上海機電工業誌』編纂委員会［1996］のデータは機械工業全体を代表しているとは言えない．

　また，関連する問題として，『上海紡織工業誌』編纂委員会［1998］のデータが紡織機械・器材製造業を含んでいる点が挙げられる．これも，上海市紡織工業局の管轄範囲が紡織機械・機材の製造を含むことによる．上海の機械工業において紡織機械の製造は重要な一部を占めたため，悩ましい問題であるが，データセット内の整合性を維持するために，ここでは紡織機械・器材製造業を『上海紡織工業誌』編纂委員会［1998］のデータから切り離すなどの調整は行わない．なお，『上海機電工業誌』編纂委員会［1996, pp. 285-288］に記載されている紡織工業内における利潤内訳によれば，「綿紡織」の比率が紡織工業利潤全体の15-40%程度を占める一方で，「紡織機械・器材工業」の比率はおおむね5%程度である．

5）　上海市統計局［1992］pp. 28-36,『上海紡織工業誌』編纂委員会［1998］pp. 278-284,『上海機電工業誌』編纂委員会［1996］pp. 10-14.

　このように，専業誌データにはいくつかの問題があるが，ここでは現在利用できるデータのなかでは一定の代表性をもつものとして，取り扱いに注意しつつ利用する．なお，以下では専業誌データを利用した箇所を他のデータと区別するために，「紡織工業［専］」，「機械工業［専］」と表記する．

　さて，ここで両業種への投資の全体状況を把握するために，表7-4と図7-4により上海市全体の業種別の基本建設投資額とその比率を見よう．なお，このデータは専業誌のものではなく，表7-1，図7-1と同じく業種全体をカバーするものである．

　ここからまず見て取れるのは，1950年代半ばまでの機械工業の極めて高いシェアである．1950-52年，1953-57年には約50%を占め，同時期にいかに機械工業の発展に力が注がれていたかが分かる．その後，機械工業の比率は傾向的に低下し，1970年代には15%となっているが，この機械工業のシェア低下の主な原因は，1966-80年の「その他」，1971-75年の化学工業，1976-80年の冶金工業の急拡大である．1966-80年の「その他」の急拡大の原因は不明であるが[6]，1971-75年の化学工業の拡大は1972年の上海石油化工総廠の設立，1976-80年の冶金工業の拡大は1978年の上海宝山鋼鉄総廠の建設開始の影響によるものであると見られる［汪1995, pp. 161-162］．いずれにせよ，機械工業・冶金工業・化学工業といった重工業の合計で見れば，全期間を通じて全体の48-71%を占めており，投資の重点が重工業に置かれていたことがあらためて確認される．一方，生産額において一定の比率を占めていた紡織工業への投資は，比較的高い1950-52年，53-57年，71-75年でも11%程度と，生産額のシェアと比較して低水準であった．

　こうした基本建設投資における重工業への集中は，専業誌データにもとづく紡織工業と機械工業の固定資産額（減価償却済み，以下同じ）の推移を比較した図7-5からも確認することができる．同図を見ると，1953年から1980年にかけて，機械工業［専］の固定資産額が約18倍に達したのに対し，紡織工業［専］は約2倍にしかなっていない．この固定資産額の推移は，図7-2で見た機械工業と紡織工業の生産額の推移と整合的である．つまり，計画経済期を通

---

6)　この「その他」の急拡大は，不明項目（原表の「総計」から各項目合計を引いたもの）の増加によるものであり，その詳細を特定することができない．

表7-4 上海市業種別基本建設投資額（1950-80年，各期間年平均）

（単位：億元）

	1950-52年	1953-57年	1958-62年	1963-65年	1966-70年	1971-75年	1976-80年
紡織工業	0.03	0.12	0.24	0.14	0.07	0.82	0.73
機械工業	0.13	0.58	1.98	0.91	0.63	1.14	1.60
冶金工業	0.02	0.05	1.00	0.38	0.51	0.84	3.71
化学工業	0.02	0.07	0.61	0.59	0.28	2.06	0.96
その他	0.04	0.30	1.57	0.73	1.44	2.36	2.81
合計	0.24	1.12	5.41	2.76	2.94	7.22	9.81

注：「その他」の内訳は表7-1と同じ.
出所：上海市統計局［1992］pp.72-73を整理して作成.

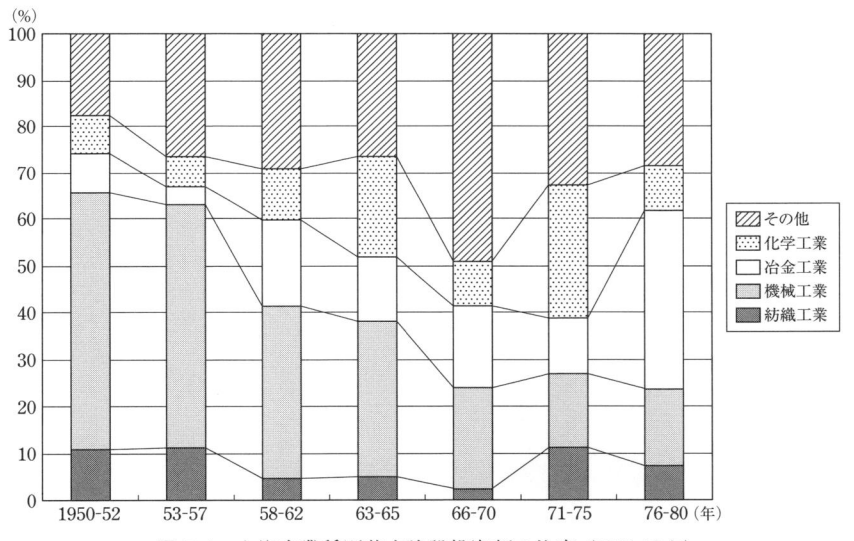

図7-4 上海市業種別基本建設投資額の比率（1950-80年）

出所：表7-4.

じて機械工業の生産設備が積極的な投資により拡大したのに対し，紡織工業への投資は相対的に少ない水準にとどまり，生産設備の拡大は抑制されていたのである．別の見方をすれば，上海の紡織工業は，民国期までに形成された生産設備に大きく依存する形で，その生産を維持していたと言える．

　一方，両産業が生み出した利潤と，その市政府財政への企業収入としての貢献について，専業誌データにもとづいて見てみよう．1950-78年の紡織工業［専］と機械工業［専］の利潤額と，市財政収入内の「企業収入」項目に対す

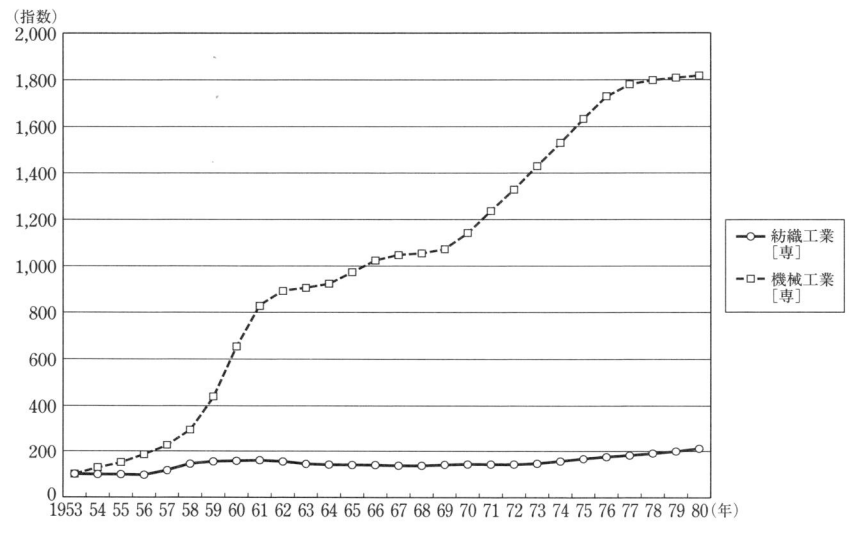

図 7-5　上海市紡織工業と機械工業の固定資産額の推移（1953-80 年）

注：1) 1953 年 ＝ 100.
　　2) 固定資産額は減価償却後の数値. また, 原表の年末額を前年末額との算術平均により期中値に換算した.
出所：『上海紡織工業誌』編纂委員会［1998］pp. 278-284.『上海機電工業誌』編纂委員会［1996］pp. 10-14.

る比率を示したのが, 表 7-5 と図 7-6 である[7].　もっとも, この利潤額のうち一定程度は企業の内部留保や職員・労働者の福利厚生基金に回されたと考えられるため, これをそのまま企業収入の業種別内訳と見なすことはできない.　また, ここでの機械工業［専］の利潤額は, 先に述べたように上海の機械工業全体を表すものではない点は, 留意しなければならない.　その意味で, ここでの利潤額と企業収入の比較は, あくまでそれぞれの相対的規模を推し量るためのものに過ぎない.

　もう一点, 1958 年までは両業種とも利潤額の対企業収入比率が非常に高く, とりわけ, 紡織工業では 1957 年まで, 機械工業でも 1955 年までは 100％を超過している点が注目される.　これは, 第 3 章, 第 6 章で見たように, 1958 年の中央企業の下放政策までは, 上海市内に多数の有力な中央政府所属国営・公私合営企業が存在しており, それらの利潤は基本的に中央財政に帰属するもの

7)　なお, ここでは両産業の当年価格での生産額データが得られないため, 利潤額・生産額比率による比較は行うことができない.

表7-5　上海市財政収入中の企業収入と紡織・機械工業の利潤額（1950-78 年）

（単位：億元）

	上海市 財政収入中の 企業収入	紡織工業［専］ 利潤額	対企業収入 比率（%）	機械工業［専］ 利潤額	対企業収入 比率（%）
1950 年	0.01	0.40	3,809.5	0.10	952.4
1951 年	0.12	0.76	610.4	0.21	168.7
1952 年	0.28	1.42	510.6	0.38	136.6
1953 年	0.47	2.22	469.6	1.03	217.9
1954 年	0.72	2.61	360.3	1.15	158.8
1955 年	1.07	2.16	201.4	1.43	133.4
1956 年	1.64	3.04	185.6	1.44	87.9
1957 年	3.15	4.51	143.1	2.10	66.7
1958 年	12.34	8.22	66.6	6.25	50.6
1959 年	58.75	10.80	18.4	11.88	20.2
1960 年	73.83	9.05	12.3	20.41	27.6
1961 年	40.52	5.86	14.5	9.13	22.5
1962 年	27.01	5.54	20.5	4.25	15.7
1963 年	33.28	7.43	22.3	4.93	14.8
1964 年	37.10	8.28	22.3	5.72	15.4
1965 年	39.87	10.48	26.3	7.57	19.0
1966 年	48.60	11.75	24.2	10.04	20.7
1967 年	36.20	8.88	24.5	5.73	15.8
1968 年	40.98	10.66	26.0	6.83	16.7
1969 年	59.25	13.74	23.2	9.55	16.1
1970 年	69.12	14.16	20.5	12.24	17.7
1971 年	81.99	14.14	17.2	14.80	18.1
1972 年	87.24	15.64	17.9	15.66	17.9
1973 年	91.46	16.49	18.0	16.45	18.0
1974 年	92.13	16.20	17.6	16.64	18.1
1975 年	93.41	16.81	18.0	16.48	17.6
1976 年	89.48	16.78	18.8	14.62	16.3
1977 年	100.01	19.30	19.3	14.99	15.0
1978 年	115.31	22.06	19.1	17.04	14.8

出所：汪［1995］p.102, 『上海紡織工業誌』編纂委員会［1998］pp.278-284, 『上海機電工業誌』編纂委員会
　　　［1996］pp.10-14.

であって，上海市財政の企業収入には組み入れられていなかったためである[8].
逆に言えば，1958 年以後は，多くの中央企業が上海市に下放されたことによ
り，市財政の企業収入の規模自体が大きく膨張したため，両産業の利潤額の対
企業収入比率は低下した．第 5 章で論じたように，1958 年の中央企業の下放

---

8)　もちろん，1958 年以前にも両産業の利潤から上海市財政に企業収入として組み入れられた部
　　分は存在したと見られるが，その額や比率は不明である．

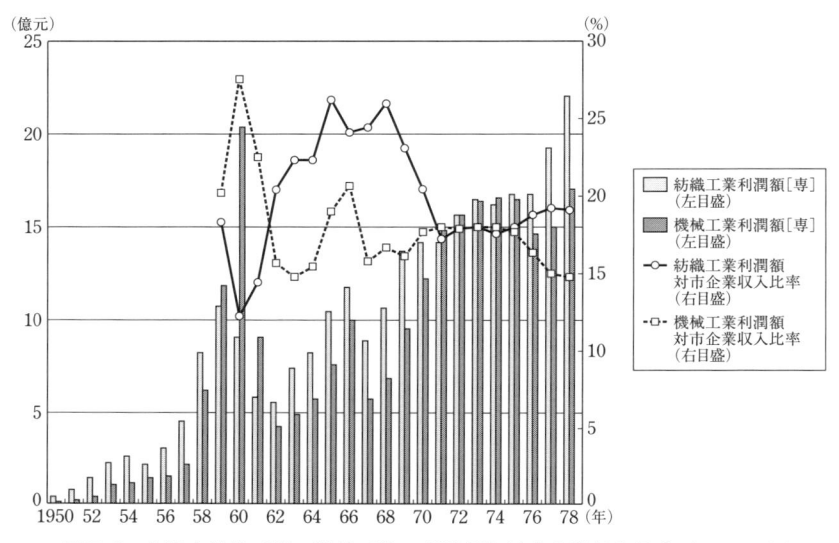

図7-6　上海市紡織工業・機械工業の利潤額と対市企業収入比率（1950-78年）

注：対市企業収入比率は，1959年以降の数値のみ表示．

出所：表7-5.

政策により中国社会主義体制を特徴づける地方政府と地方企業が密接に結びつく構造が定着したと捉えれば，1959年以降における利潤額の対企業収入比率こそが，計画経済期における両産業の市財政に対する貢献の実態を表していると考えられる．

　こうした統計上の問題点をふまえた上で，表7-5，図7-6から両産業の利潤額と1959年以降の対企業収入比率の推移をあらためて検討してみよう．まず利潤の絶対額から見ると，1960年に機械工業の利潤額が急上昇して紡織工業の2倍程度を記録し，また1970年代の後半には紡織工業が上昇して機械工業との差が開いているが，それ以外の期間では両者の差はおよそ5億元以内に収まっている．もちろん，ここで言う機械工業は専業誌のデータであり，生産額では機械工業全体の40-60%程度にすぎないから，本来の機械工業全体の利潤額は紡織工業［専］を上回るはずである．『上海機電工業誌』編纂委員会［1996］がカバーしていない部分の機械工業の利潤額を知る手段は現在のところないが，専業誌データの生産額のカバー率をもとに，生産額に対する利潤の比率を一定と仮定すれば，機械工業全体の利潤額は，機械工業［専］のおよそ

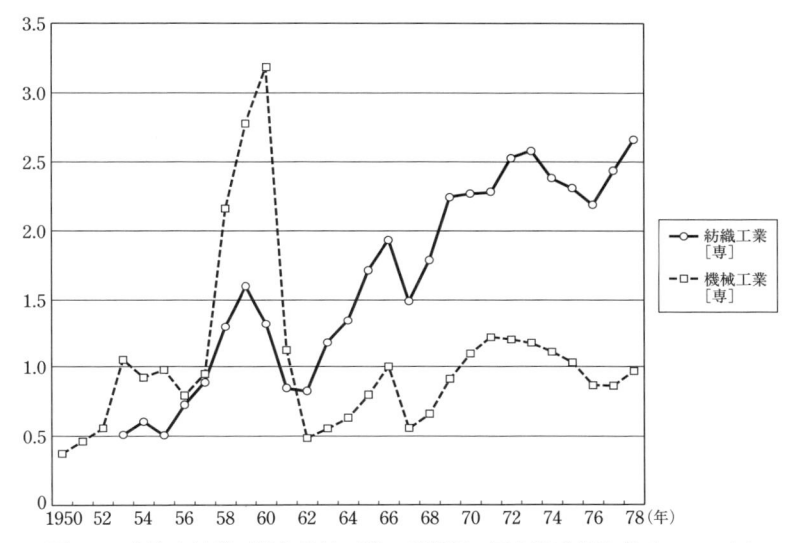

図 7-7　上海市紡織工業と機械工業の利潤額・固定資産額比率（1950-78 年）
注：利潤額・固定資産額比率（縦軸）は，利潤額÷固定資産額により算出.
　　固定資産額は減価償却後の数値．また，原表の年末額を前年末額との算術平均により期中額に換算
　　した.
出所：『上海紡織工業誌』編纂委員会［1998］pp. 278-284. 『上海機電工業誌』編纂委員会［1996］
　　　pp. 10-14.

2 倍程度と推定される.

　また，1959 年以降の両産業の利潤額の対企業収入比率では，図 7-6 で見る
限り，紡織工業が機械工業を上回る年が多いが，上限と下限を見ると，紡織工
業が 12.3-26.0%，機械工業が 13.4-27.6% と，ほぼ同じ幅におさまる．また，
両者合計では企業収入の 33.9-45.3% に達し，上記の機械工業［専］に含まれ
ない部分の利潤額を考慮すれば，おおむね企業収入の半分程度あるいはそれ以
上であったと見られる．すでに述べた通り，この両産業の利潤額がそのまま企
業収入になるわけではないが，ここから両産業の市財政に対する貢献の大まか
な規模を推し量ることはできよう.

　そして，この表 7-5 の利潤額と図 7-5 の固定資産額の数値を組み合わせて，
両産業の利潤と固定資産額の比率を示したのが，図 7-7 である．この比率は，
両産業が固定資産 1 単位あたりでどれだけの利潤を生みだしたかを表すもので
あり，固定資産の利用効率を示している．ここでまず目につくのは，1958-60

年の大躍進期における機械工業の極めて高い比率である．図 7-5 を見れば，同時期に機械工業の固定資産額は急増しているが，それ以上に利潤の増加が著しかったことを示している．ただし，その後の利潤額・固定資産額比率の低下も急激であることから，大躍進政策による一過性の変化と見なすべきであろう．なお，紡織工業でも同時期には同様の傾向が見られる．

　より注目すべきは，1960 年代以降，両産業とも多少の波動はあるものの，紡織工業の比率が持続的に上昇しているのに対し，機械工業の方は同水準にとどまっており，両者のギャップが傾向的に拡大している点である．図 7-5 で示した両産業の固定資産額の推移では，紡織工業は 1970 年代後半に若干の増加傾向を見せるものの大きな変動はなく，一方で機械工業は継続的に増加しており，特に 1970 年代前半の伸びが著しい．この固定資産額の動向を踏まえれば，紡織工業が，生産設備の拡大を抑制されるなかで，既存設備を活用して利潤を生みだし，さらにその利用効率を上昇させていた実態が浮き彫りとなる．これに対して，機械工業では，積極的な投資により生産設備が拡大される一方，固定資産の利用効率において大きな改善は見られず，1950 年代とほぼ同じ水準のままであった．

　こうした紡織工業と機械工業の資本効率の推移については，丸川知雄による計画経済期の全国軽工業・重工業の資本・産出比率に関する分析が参考になる[9]．そこでは，軽工業で傾向的な資本産出比率の低下（資本効率の上昇）が見られたのに対し，重工業ではその上昇（資本効率の低下）が見られる点が指摘されている．本節での上海市の紡織工業と機械工業の利潤・固定資産額比率に関する検討では，機械工業における資本効率の悪化は明確には読み取れなかったが，紡織工業の資本効率の上昇は確認できた．特に，利潤という市政府財政にとって直接的な収入につながる部分でのパフォーマンスの向上は，市政府にとって紡織工業が，少ない投資でも着実にリターンをもたらす「頼れる存在」であったことを示している．その意味で，「重工業優先発展戦略」の下で重工業の発展が重視される中でも，紡織工業に代表される民国期までに一定の発展を

---

9)　丸川［2000a］pp. 19-23．なお，計画経済期における上海の紡織工業と機械工業の当年価格での生産額データが得られないため，本節では資本・産出比率に関する分析は行えなかった．『上海機電工業誌』編纂委員会［1996］pp. 10-14．

遂げていた軽工業の重要性は，決して軽視できるものではなかったのである．

　以上，計画経済期の上海において中心的な産業であった紡織工業と機械工業について，その歴史的な発展過程を踏まえた上で，利用可能な統計データからその展開を考察してきた．

　紡織工業と機械工業は，計画経済期において，生産額シェアでほぼ上海市の1位と2位を独占した主要産業であり，またその利潤額も，1959年以降の市財政の企業収入に対してそれぞれ少なくとも10%台前半から20%台後半に達するなど，大きな貢献をなしていたと見られる．しかし，その発展過程は大きく異なっており，本章の分析から見えてきたのは，軽工業から重工業へという全体的な産業構造の転換のなかで，潤沢な投資によって後押しされ生産規模を拡大した機械工業と，相対的に少ない投資のなかでも既存の設備を活かして生産を維持する紡織工業とが併存する姿である．

　上海の機械工業の発展過程は，ある意味では，社会主義体制下における中国の重工業化を体現するものであった．「重工業優先発展戦略」の下で機械製品に対する需要が急増する一方，国際環境の変化により外国製品の輸入が制限されるなかで，民国期までに一定の基盤を形成していた上海の機械工業は，機械製品の国産化において重要な役割を担うこととなった．上海市における機械工業への集中的な投資は，1949年までの中国の機械工業の発展段階と，1949年以後に採用された「重工業優先発展戦略」の間に生じたギャップを埋める作業であったと言える．

　一方，紡織工業では，むしろ新たな投資をセーブし，民国期までの発展の遺産を可能な限り活用する方針が採られた．そしてその方針の下で，紡織工業が効率的に利潤を生みだしていたことは，本章の分析が示した通りである．こうした方針が採用された背景には，1949年以後の中国の紡織工業が，基本的に内陸地域での生産設備増設を志向していたことが前提として存在した［久保2011］．それゆえ，上海市における新たな投資は抑制され，既存の設備を効率的に活用することが追求されたのである．また，その結果，たとえその設備が経年劣化し，技術や品質が国際的に見て陳腐化していったとしても，販売市場が国内中心であり，また社会主義体制下において国営企業による供給独占が維持されていたならば，政府にとっては大きな問題にはならなかったであろう[10]．

こうした紡織工業の発展過程は，中華民国期までの日本資本などの外国企業との競争を通じた発展のスタイルとは大きく異なるものであった．その意味で，紡織工業の発展過程もまた，社会主義体制の導入と「重工業優先発展戦略」の推進という全体方針から強く影響を受けていたと言えるのである．

---

10)　なお，綿製品の輸出は行われていたが，その生産は旧在華紡系の諸工場によって担われていたとされる．久保［2011］参照．

第8章　産業組織の再編
――ゴム加工業

　第7章では，紡織工業と機械工業という，計画経済期の上海における主要産業を取り扱った．本章では，こうした主要産業から視点を移して，中華民国期の軽工業発展の一端を担ったゴム加工業を事例とし，同時期における産業組織の再編を考察する．

　本章でゴム加工業を取り上げる理由は，主にその市場構造の特徴による．上海は中国のゴム加工業の中心地であり，多くの企業が集積していたことが知られている．ゴム加工業の製品はゴム靴，自転車・人力車用[1]および自動車用のタイヤ・チューブ，ゴムベルトなど多様であるが，そのなかで自動車用タイヤ製造には高い技術レベルが要求されるものの，ゴム靴やその他の雑多なゴム加工品は技術的な参入障壁が低く新規参入が容易であった．そのため，全体として見れば，自動車用タイヤを生産可能な少数の大企業と，簡便な設備で資本規模も小さい無数の中小企業が併存しており，後者は市況に敏感に反応して企業数の増減を繰り返すという過程を辿っていた．また第二次世界大戦後の再編および1949年の接収・管理を経ても，国営・公私合営企業の大幅な拡大は見られず，基本的に民間企業が中心であった．こうした点で，同じ軽工業でも1949年時点で生産設備の一定部分が国営・公私合営化された紡織工業とは異なる特徴を持っており，上海の軽工業のひとつの典型と言える[2]．

　加えて，中国ゴム加工業における原料の海外依存，およびゴム製品の軍需品としての性格も，重要な要素である．ゴム加工業の原料となる原料ゴム（生ゴム）は，基本的に中国では生産されておらず，その全てを東南アジア等からの

---

1)　中国語の原語は「力車輪胎」であり，自転車用や人力車用に加え，三輪車用や手押し車用などを含む幅広い概念である．『上海橡膠工業誌』編纂委員会［2000］pp. 188-191.

2)　例えば，ゴム加工業を含めた化学工業全体の中小企業の多さについては，加島［2005］を参照．

輸入に依拠していた．それゆえゴム加工業は原料ゴムの輸入状況に大きく左右されるという特徴を持っていた．こうした特徴は，第3章で論じた1950年の朝鮮戦争の勃発から物資統制の実施にいたる過程と大きく関わる．さらに，ゴム製品は軍用ゴム靴やレインコートという形で軍需品としても用いられ，中国の朝鮮戦争参戦による軍需の増加はゴム加工業の供給体制を変動させた．これらの点でゴム加工業は，社会主義体制の形成期にあたる1950年代の前半において，国際環境の変化から大きな影響を受けた産業であると言える．この点も本章でゴム加工業に注目する理由のひとつである．

　上海のゴム加工業に関しては，すでに『上海民族橡膠工業』および『上海橡膠工業誌』などの専著がある［上海市工商行政管理局ほか1979;『上海橡膠工業誌』編纂委員会2000］．これらは関連する基本事実を整理しており参考になるが，人民共和国成立以後の産業発展については，主に国家統制の過程と生産量の増加，生産性の向上などに注目しており，その産業組織の歴史的変化に関してはあまり注意を払っていない．それゆえ本章では，ゴム加工業の持つ上記のような特徴に留意しつつ，その産業組織の変動を検討していく．

1.　上海ゴム加工業の発展過程

(1)　上海ゴム加工業の誕生と発展

　まず，上海ゴム加工業の発展過程を概観しよう[3]．

　上海における最初のゴム加工企業は，1919年に日本華僑の容祝三・子光兄弟が設立した中華製造橡皮有限公司であったとされる．その後，原料ゴム安とゴム加工製品高という有利な市場状況の下，上海ゴム加工業は発展の時期（1925-1931年）を迎え，1927年に劉永康と石芝珊が開設した上海義昌橡皮物品製造廠は，1934年に正泰信記橡膠廠（略称，正泰橡膠廠）と改称し，「回力」ブランドのゴム靴とタイヤで名を馳せる大企業に成長した．一方，1928年に余芝卿，薛福基，呉哲生が設立した大中華橡膠廠は，「双銭」ブランドを掲げ，1934年には中国初の自動車用タイヤ製造に成功し，中国ゴム加工業の最大手

---

3)　以下の概観は，基本的に上海市工商行政管理局ほか［1979］pp. 1-40の記述による．

となる．この 2 社以外にも，上海では大小の企業が次々と設立され，1933 年には上海のゴム加工業企業は全国 74 社中 48 社を占め，中国ゴム加工業の一大集積地となった［中支建設資料整備委員会 1940, pp. 38-39］．上海ゴム加工業の主要な市場は国内の各地（江蘇，浙江，湖南，湖北，江西など各省）であり，輸出はほぼ行っていなかったが，特に主要製品であるゴム靴は中国国内の都市と農村に一定の市場を有していたとされる．

　上海ゴム加工業の発展過程においては，日本のゴム加工業との関係が極めて大きな役割を果たした．上海のゴム加工業の著名な経営者は，ほぼ全てが元々日本製品を専門に販売する「東洋荘」と呼ばれる商人であったのであり，日本からのゴム製品輸入を経験した後，自身でゴム加工業への投資をはじめるケースが多かった．さらに，多くの企業がゴム加工工場を開設する際に日本の生産設備を輸入し，日本人技術者を雇っていたとされる．一方，日本のゴム加工業にとって，中国は主要な市場であった．1936 年の統計によれば，中国の自動車用タイヤ（チューブも含む）輸入量 15 万 5528 本のうち日本製品は 45.3% を占め，自転車・人力車用タイヤでは 114 万 1415 本中の 85.6% を，ゴム靴・ゴム靴底では 559 万 2150 足中の 94.4% を占めていた[4]．とりわけ 1932 年以降は，多くの中国系の中小工場が日本製品との競争激化により生産停止や閉鎖を余儀なくされたとされる．明らかに，1920-30 年代の上海ゴム加工業にとって日本製ゴム製品は最大のライバルであったのであり，大中華や正泰といった中国資本の大企業は，日本製品との競争を通じて持続的に成長していったと言える．

　こうした状況のなか，1937 年 7 月に日中戦争がはじまり，同年 8 月 13 日に日本軍が上海を占領すると，軍事的圧力を背景として日本資本による上海ゴム加工業への進出が見られ，中国資本のゴム加工工場が接収・併合された．一方で，日本軍の経済統制下において営業を続ける中国資本のゴム加工工場もあり，例えば正泰橡膠廠は日本資本の愛克隆洋行と提携し，愛克隆洋行橡膠部に改組して生産を継続した[5]．また，一部の中国資本企業は内陸部への移転を実施し

---

4)　上海市工商行政管理局ほか［1979］pp. 34, 115. ただし，日本からの輸入量には在日イギリス資本工場の製品も含まれる．中支建設資料整備委員会［1940］pp. 60-61.

5)　その後，愛克隆洋行が大陸洋行に改組したことにより，大陸洋行橡膠部に改称した．上海市工商行政管理局ほか［1979］pp. 51-52.

ており，例えば大中華橡膠廠四廠は武漢経由で重慶へと移転したとされる[6]．

　このように，上海のゴム加工業は，ゴム加工製品輸入商人により先鞭がつけられた後，1945年までに一定の発展を遂げていた．その過程においては，とりわけ日本のゴム加工業との関係が重要であり，それゆえ上海ゴム加工業にとって1945年の日中戦争の終結は，日本ゴム加工業の中国市場からの退出を意味したのであった．

(2)　第二次世界大戦後の上海ゴム加工業

　第二次世界大戦終結前夜，上海にある中国資本のゴム加工工場数は35であったとされる［上海市工商行政管理局ほか1979, p. 53］．そしてそれらと併存していた日本資本のゴム加工工場は，終戦後間もない1945年10月24日に国民政府が公布した「上海区敵偽産業処理規則」にもとづき，上海市政府に接収された．当時上海で接収された工場は21に上ったが，これらは全体として規模が小さく，大東護謨工業株式会社と中華電気工業株式会社が国民政府に接収されたほか，万国橡皮品機器廠，上海明治産業株式会社，漢口護謨工業所上海支店などは元の所有者に返還され，そのほかの16社は入札で売りに出された［上海市工商行政管理局ほか1979, pp. 55, 57-58］．

　これらの旧日本資本工場の入札は，大中華や正泰などの大企業にとって規模をさらに拡大する契機となった．大中華橡膠廠は複数の工場を買い上げ，1948年までに製造工場6，原料加工工場5，機械修理工場1，機械修理作業場1，包装作業場1を擁する全国最大のゴム加工企業となった．正泰橡膠廠も，国民政府交通部汽車器材総庫が接収した上海橡膠廠を自身の第2工場とし，通用橡膠廠と民豊紙廠を買上げてそれぞれ第3工場と炭酸カルシウム製造工場とした［上海市工商行政管理局ほか1979, p. 55］．同時に，両社は共に日中戦争前と戦中に形成された営業所と発行所（卸売拠点）の再編を実施しており，例えば大中華橡膠廠は，南京，温州，広州，杭州，天津，台北の発行所を再建・新設したとされる［『双銭雄風』編委会1993, p. 34; 銭1994, pp. 48-50］．この結果，大中華の生産・販売ネットワークは図8-1のように全国的に展開した．

---

6)　日中戦争時期の上海の工場の内陸への移転については，孫［1991］pp. 52-60，呉［2001］pp. 5-25を参照．

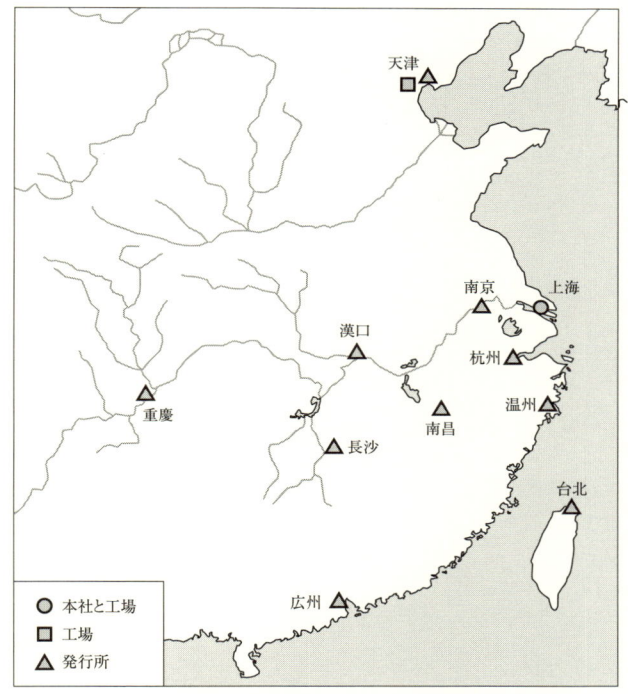

図 8-1　大中華橡膠廠の全国ネットワーク（1948 年）
出所：『双銭雄風』編委会［1993］p. 34 をもとに筆者作成.

　また，表 8-1 により 1928 年から 1949 年にかけての大中華橡膠廠の主要製品
生産量の推移を見ると，各製品について明らかに第二次世界大戦後の増産状況
が見て取れる．この増産の基本的な要因として挙げられるのは，戦後の復興需
要であろう．先行研究では戦後の上海ゴム加工業がアメリカからの自動車用タ
イヤの大量輸入によって受けた打撃が強調されているが［上海市工商行政管理局
ほか 1979, pp. 59-60］，当時の上海においてほぼ唯一の自動車用タイヤ生産メー
カーであった大中華橡膠廠の自動車用タイヤ生産量を見ると，1947 年には戦
前の最高水準を上回っており，そうした打撃は限定的であったことが見て取れ
る[7]．また主力製品である自転車・人力車用タイヤとゴム靴の増産については，

表 8-1　大中華橡膠廠主要製品生産量（1928-49 年）

	ゴム靴 （万足）	自転車・人力車用タイヤ （万本）		自動車用タイヤ （万本）	
		タイヤ	チューブ	タイヤ	チューブ
1928 年	5. 63	—	—	—	—
1929 年	109. 05	—	—	—	—
1930 年	300. 00	—	—	—	—
1931 年	638. 02	—	—	—	—
1932 年	604. 55	—	—	—	—
1933 年	755. 16	—	—	—	—
1934 年	666. 17	0. 95	—	—	—
1935 年	642. 76	6. 34	4. 23	0. 69	0. 37
1936 年	874. 63	19. 40	14. 64	1. 47	1. 17
1937 年	871. 24	27. 12	15. 76	1. 81	1. 75
1938 年	818. 16	24. 95	30. 51	0. 73	0. 69
1939 年	742. 08	33. 34	38. 73	0. 80	0. 64
1940 年	559. 13	40. 30	32. 84	0. 75	0. 67
1941 年	665. 52	38. 67	25. 00	0. 80	0. 59
1942 年	117. 21	16. 87	13. 12	0. 03	0. 01
1943 年	83. 04	6. 84	9. 27	0. 15	0. 18
1944 年	17. 15	5. 72	5. 63	0. 66	0. 70
1945 年	37. 75	7. 34	6. 84	0. 21	0. 29
1946 年	605. 27	34. 00	28. 82	1. 37	1. 05
1947 年	1, 182. 80	54. 11	57. 77	2. 71	2. 70
1948 年	1, 132. 26	48. 62	57. 19	2. 29	2. 43
1949 年	647. 90	27. 16	21. 86	0. 59	0. 52

出所：『双銭雄風』編委会 ［1993］pp. 270-273.

戦前における日本からの大量の輸入を念頭におけば，戦後の日本製品の中国市場からの退出が中国資本企業に販路獲得の機会をもたらしたことが大きな要因と考えられる.

　一方で，こうした活況が大中華のような大企業だけではなく，ゴム加工業全体のものであったことは，戦後において中小のゴム加工工場が次々と設立されたことから明らかである. そしてその結果，上海ゴム加工業の企業数は戦前よりも一層増加した. 1949 年 5 月時点で統計に表れる上海のゴム加工企業は全95 企業 106 工場であり，1945 年の 35 工場から大きく増加している. 主たる生産設備であるゴム製造用ミキサーの保有台数の分布状況を見てみると，全工場の合計台数 497 台のうち，大中華橡膠廠の保有台数が 93 台，正泰橡膠廠が 63台，宏大橡膠廠が 28 台であり，それ以外は，11-20 台保有する企業が 4，6-10

台の企業が 15, 1-5 台の企業が 73 という状況であった［上海市工商行政管理局ほか 1979, pp. 53, 73］．大中華および正泰の規模の大きさが際立つが，一方で注目すべきはミキサー保有台数 1-5 台という小規模な企業の多さである．

　先行研究では，こうした中小企業の乱立を盲目的・投機的な発展と見なし，それが「虚構の繁栄」であることを強調している［上海市工商行政管理局ほか 1979, p. 54］．確かに，これらの企業の増加は戦後のインフレのもとで一定の投機的要素を含んでいた可能性があるが，先に指摘した戦後における日本製品の中国市場からの退出という要素を考慮に入れるならば，市場拡大への対応としての企業開設と見ることもできる．当時の上海市におけるゴム靴生産のシェアを，利用可能な資料から見てみると，1947 年 8-10 月の上海のゴム靴総生産量 1885 万 4571 足のうち，大中華，正泰，宏大の三大企業のシェアは 37.68% であった（自転車・人力車用タイヤで 79.33%，自動車用タイヤでは 100%）［上海市工商行政管理局ほか 1979, p. 74］．これはつまり，残りの 62.32% はそのほかの中小企業の生産によって担われていたことを示しており，ゴム靴市場において中小企業は無視しえない存在であったのである．日本製品の退出と戦後の復興需要という条件の下で，中小企業の新設には一定の必然性があったのであり，これを単純に「虚構の繁栄」と見なすことはできないであろう．

　このように，第二次世界大戦後の上海ゴム加工業は，戦後の復興需要という全体状況の中でその生産規模を拡大しつつ，一方では中小企業の新設により企業数が大幅に増加していたのである．

2，人民共和国初期の統制

⑴　政府の原料ゴム統制

　すでに述べたように，1949 年 5 月の人民解放軍による上海占領時，上海ゴム加工業の企業数は 95（106 工場）であった．そしてそのうち国民政府が所有していたゴム加工企業は，わずかに資源委員会中央電工器材廠上海制造廠と中央加工廠のみであり，政府はこれらと国民党海軍上海工廠のゴム加工作業場を接収した［上海市工商行政管理局ほか 1979, p. 173］．その後，大孚，紅星，振新，実生，越華，威力等の私営ゴム加工企業が上海市政府によって接収あるいは買

上げられ，中央または地方国営企業になったとされる［『上海橡膠工業誌』編纂委員会 2000, pp. 50-51］．とはいえ，1949 年時点の上海ゴム加工業において国営企業の全体に占める比率は高くなく，依然として民間企業を中心としていた．

　上海のゴム加工業をめぐる環境について言えば，1948 年から 1950 年までの政権交代前後に発生した最も大きな変化は，国際環境の変化によって引き起こされた市場における原料ゴム供給の減少であった．中国における原料ゴム価格の高騰は，1948 年からすでに始まっており，その後 1949 年の国民党による海上封鎖，1950 年 6 月の朝鮮戦争の勃発とアメリカの対中貿易制限実施などの要因によってその市場価格は大きく上昇した．前掲図 3-1 で示したように，上海の原料ゴムの卸売価格は 1950 年 5 月より急激に高騰し始め，同年 11 月まで物価総指数をはるかに上回る勢いで上昇し続けていた．こうした原料ゴム価格の高騰は，政府の警戒を引き起こし，上海市軍事管制委員会と市政府が同年 12 月 18 日に「市場管理と投機取締り強化に関する暫定規則」を公布し，物価と物資に対する統制を開始したことは，第 3 章で論じた通りである[8]．それ以後，ゴム価格は一旦下落し，再度上昇した後，1951 年 6 月以降相対的に安定し始めている．

　こうした原料ゴム価格の変動は，政府の流通統制の強化を反映している．原料ゴム輸入量を示した図 8-2 を見ると，まず 1950-51 年の中国の輸入量は，ゴム加工業が活況を呈していた 1946-48 年の 2 倍程度に達し，当時の日本の輸入量さえも上回っており，輸入量自体は確保されていた．1952 年の輸入量の低下は，アメリカの対中貿易制限の影響によるものと見られるが，その後 1953 年には持ち直している．これは，1952 年に中国政府がセイロン政府と米・ゴムのバーター協定を締結し，1953-57 年の 5 年間，毎年米 27 万トンと原料ゴム 5 万トンの交換を取り決めたことに由来する[9]．中華民国期の中国の原料ゴム年間輸入量は，おおむね 2 万トン前後であり，最多の 1947 年でも 3.89 万トンであったことを考えると，この 5 万トンは非常に大きな数字であり，基本的

---

8)　「加強市場管理取締投機暫行辦法」，中国科学院上海経済研究所・上海社会科学院経済研究所［1958］pp. 574-575.

9)　「中華人民共和国中央人民政府錫蘭政府関於橡膠和大米的五年貿易協定」（1952 年 12 月 18 日），中国社会科学院・中央檔案館［1994］pp. 557-560.

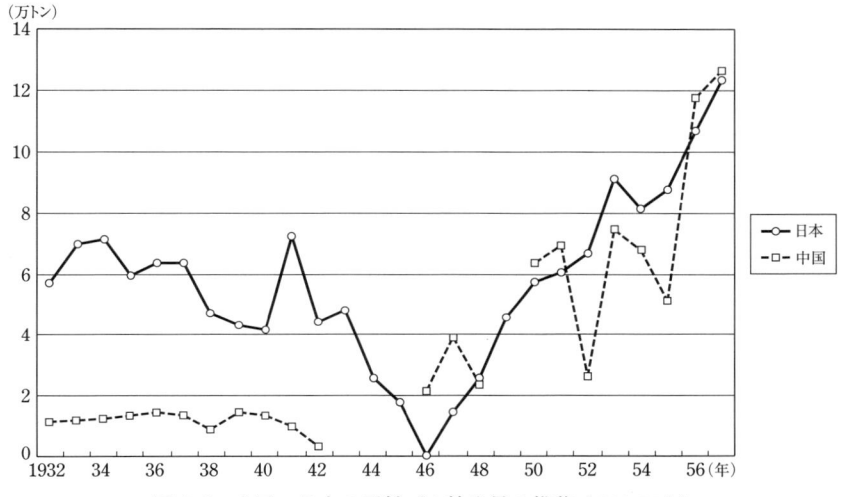

図 8-2　中国・日本の原料ゴム輸入量の推移（1932-57 年）

注：1）中国の 1940-42, 46-48 年は，再生ゴム，古ゴム，その他の生ゴムを含む.
　　2）中国の 1943-45, 49 年はデータなし.
　　3）中国の 1932-45 年は「満洲国」の輸入量を含まない.
出所：
　　中国　1932-48 年　上海市工商行政管理局ほか［1979］pp. 32-33, 44, 59.　原表の出所は「上海海関」とされる.
　　　　　1950-57 年　『中国対外経済貿易年鑑』編集委員会［1984］p. IV-115.
　　日本　1932-50 年　日本ゴム工業会［1969］附属資料 1, p. 105.
　　　　　　　　　　　原表の出所は『日本外国貿易年表』とされる.
　　　　　1951-57 年　日本ゴム工業会［1971］附属資料 1, p. 34.
　　　　　　　　　　　原表の出所は『日本貿易年表』及び『日本貿易月報』とされる.

に当時の中国のゴム加工業の原料需要を満たす量であったと言える．また，1956 年に原料ゴム輸入量は急増しているが，これは，一貫してアメリカの対中貿易制限を不合理と主張してきたイギリス政府が，1956 年 5 月にマラヤ連邦の対中貿易を解禁したことによるものであろう［日比野 1956］.

　ともあれ，こうした政府主導での原料ゴム輸入が，原料ゴム流通統制を支えた背景であり，原料ゴム価格の安定化は，それによってもたらされたものと見られる．そしてそれは，政府の原料ゴムに対する統制の強さを示すものであったのである.

⑵　製品販路の固定化

　このように政府が原料ゴムを強力に統制する状況下において，上海ゴム加工

業と政府の関係は第2章，第3章で検討した加工発注政策を通じて徐々に緊密になっていった．

　まず表8-2により計画経済期における上海ゴム加工業の生産量の変化を見てみよう．ここから，1951年に主要な製品の生産量が増加し，その後は増減を繰り返しつつ基本的には1950年代後半まで増加傾向にあったことが見て取れる．とりわけ自動車用のタイヤとチューブの1951年における激増は目覚ましい．

　こうした1950年代初頭の生産量増加の基本的な要因は，内戦からの復興需要と軍需の増加に求めることができる．第3章で見たように，タイヤ，ゴム靴，レインコートなどのゴム製品は重要な軍需物資であり，中国志願軍の朝鮮戦争への参加は巨大な需要を生み出した．そして軍需品の確保という目的のために，国営企業と国家機関（軍事関係機関を含む）の私営工場への加工発注量も増加していったのである．正泰橡膠廠の社史によれば，1951年後半に大中華，正泰，義生の3社の工場で生産した軍事用ゴム靴は1200万足に上ったとされる［銭1994, p. 71］．これは表8-2に示される1951年の年間全市生産量3199万足の37.5%にあたった．

　しかし，第3章で示したように，戦時下において拡大した加工発注の執行過程においては多くの問題が発生していた．そして1951年末から1952年にかけて展開された「三反」「五反」運動においては，そうした戦時下において発生した国営企業・国家機関と私営企業との関係が「三害」，「五毒」として批判された[10]．例えば正泰橡膠廠は，「五反」運動のなかで脱税等の罪に問われ，厳重違法戸に指定され税金455億元（新人民元455万元相当）を追徴され，1952年4月に経営者である楊少振が逮捕された（7ヶ月後に釈放）［銭1994, p.72］．先行研究は，国営企業・国家機関と私営企業の間に発生した問題の原因に関して，資本家の利益追求的・投機的な本質を強調しているが［上海市工商行政管理局ほか1979, pp. 178-181］，軍需が急増するなかで国営企業・国家機関と私営企業が接近していったことは，ある程度構造的な問題であったと言えるだろう．

　結果として，「五反」運動以後，政府の私営企業に対する統制は強化され，

---

10)　上海市工商行政管理局ほか［1979］pp. 178-180．「三反」「五反」運動全般に関しては泉谷［2007］および本書第3章を参照．

表 8-2　上海市主要ゴム製品生産量 (1949-78 年)

	ゴム靴 (万足)	自転車・ 人力車用タイヤ (万本)	自動車用タイヤ (万本)	自動車用チューブ (万本)
1949 年	2,302	60.0	0.8	0.6
1950 年	2,071	55.0	0.9	0.9
1951 年	3,199	64.3	7.2	7.5
1952 年	2,827	77.4	7.7	7.4
1953 年	4,470	116.8	7.5	7.0
1954 年	4,321	125.1	10.5	8.5
1955 年	4,909	123.5	8.7	7.4
1956 年	5,344	153.5	15.2	14.2
1957 年	6,627	206.8	16.0	15.7
1958 年	8,398	424.8	33.1	32.9
1959 年	6,101	380.8	49.3	45.0
1960 年	5,209	425.8	49.8	44.9
1961 年	3,459	377.6	38.8	31.7
1962 年	5,137	388.2	40.0	39.3
1963 年	5,258	425.2	55.7	53.1
1964 年	5,282	482.3	68.5	70.0
1965 年	5,234	452.0	75.1	80.4
1966 年	4,774	363.2	74.4	79.9
1967 年	3,411	318.7	61.0	65.0
1968 年	4,142	318.4	82.4	68.7
1969 年	5,137	485.1	100.5	100.3
1970 年	4,836	503.2	114.3	120.7
1971 年	4,906	536.3	114.5	120.2
1972 年	4,511	584.5	118.9	119.7
1973 年	5,004	632.5	126.4	130.0
1974 年	5,158	688.4	130.0	133.7
1975 年	5,335	705.2	136.0	133.7
1976 年	4,897	701.2	130.3	136.9
1977 年	5,402	711.9	140.2	140.9
1978 年	5,908	771.5	149.6	146.1

注：「ゴム靴」以外は，上海市化学工業局系統の企業のみの生産量を表す.
出所：「ゴム靴」は，上海市統計局［1992］p. 39.
　　　それ以外は，『上海化学工業志』編纂委員会［1997］pp. 450-451, 465-466.

国営企業・国家機関の加工発注は，上海ゴム加工業の生産において大きな比重
を占めることとなった．正泰橡膠廠では，1952 年 5 月以降，主要製品である
自動車用タイヤについては全て上海市軽工業管理局からの委託加工，自転車・
人力車用タイヤ，ゴム靴の生産は中国百貨公司からの発注となり，国営企業・
国家機関の加工発注を通じて「販売量にもとづき生産量を決定する（以銷定
産）」生産形式が採られたとされる［銭 1994, p. 72］．大中華橡膠廠の生産も，

1952 年 6 月から全て国営企業・国家機関からの加工発注となり，自動車用タイヤは交通電器公司からの委託加工，自転車・人力車用タイヤとゴム靴類は中国百貨公司の発注，手袋やボール用チューブは貿易信託公司の買上げを受けることとなった[11]．ゴム加工業全体として見れば，1953 年には，私営大型ゴム加工業企業 116 のうち，国営企業・国家機関および合作社の加工発注任務を受けた企業は 105（委託加工 8，発注 84，統一買付・一手販売 2，買上げ・取次販売 11）にのぼったとされる[12]．

　こうした政府の私営ゴム加工企業に対する加工発注政策は，ゴム製品の販路の固定化を促進し，必然的に市場での取引を縮小させた．それを象徴するのが，大企業が保有していた全国的な販売網の閉鎖である．大中華橡膠廠は，前掲図 8-1 で示した発行所の全国ネットワークを 1952 年に失い［『双銭雄風』編委会 1993, p. 221］，正泰橡膠廠も，中国百貨公司からの統一買付がはじまったことにより，1953 年 1 月までに上海および他地域の営業所および発行所を次々と閉鎖したとされる［銭 1994, p. 73］．つまり，製品の主要な購買主体が国営企業・国家機関へと移行していくにつれて，工業企業と市場の直接的関係は分断されていったのであり，流通と工業生産は明確にふたつの系統に分かれることとなった．これは政府の経済統制の過程において発生した大きな変化のひとつである．

3.　社会主義改造と産業組織の再編

(1)　経済統制下の「繁栄」

　前節で見たように，政府の原料ゴムおよびゴム加工製品の流通に関する統制は，1952 年から 53 年にかけて基本的に確立したと言える．しかし注意しなければならないのは，経済統制下においてもゴム加工業の企業構成は必ずしも政府の統制に対応して集中化に向かっていったわけではなかった点である．

　1949-56 年の上海ゴム加工業企業数の変化を特徴づけるのは，中小企業の激

---

11)　上海大中華橡膠廠「大中華橡膠廠社会主義改造的過程」中共上海市委統戦部ほか［1993］p. 1337.

12)　B31-1-125,「1953 年私営大型工業企業接受加工訂貨等任務的企業単位数及職工人数」.

増であった. 1949 年 5 月時点での上海のゴム加工企業数 95（106 工場）からの増加状況は，上海市第二軽工業局の報告によれば次の通りであった.「〔企業数は——訳者注〕1950 年に 177 に増加し，1951 年には軍需関係任務の増加および人民の購買力の上昇から 203 まで増えた. 1952 年の〔五反運動——訳者注〕終結後，ゴムが分配物資であると公式に定められ，加工発注が開始され，生産は次第に正常化に向かい，年末には 224 となった. 1953 年末は 255 であり，1954 年は 239 であった[13]」. なお，別の文献によると，1956 年 1 月の業種全体の公私合営化実行時には 536 であったとされる[14]. このように，政府が原料ゴムを統制する状況下においても，復興需要と軍需の増加によって多くの中小企業が新たに出現していたのである.

こうした企業数の増加は，政府による生産・流通管理の実行という視点から見れば好ましいものではなく，第 3 章で見たように，政府の政策担当者は管理上の困難と再編の必要性を訴えていた[15]. しかしゴム加工製品の需給関係から言えば，企業の増加傾向は，当時の需要の増加が既存のゴム加工業の生産能力を超過していたことを示している. つまり政策担当者が訴えた管理上の困難は，当時の需給関係と管理体制との間の矛盾を体現したものであり，構造的な問題であったのである.

このように，原料ゴムおよびゴム製品流通においては政府の統制体制が基本的に確立した一方で，企業数は需要の拡大にともない増加する方向に向かい，生産管理上の困難が発生していた. こうしたなかで，第 3 章で見たように，公私合営化というさらに直接的な管理体制が構想されることとなる.

(2) 社会主義改造による再編

1954 年から 56 年にかけて実行された社会主義改造は，ゴム加工業の産業組織に大きな影響を与えた.

---

13) B5-2-6, 上海市第二軽工業局「橡膠工業五年来供産銷情況（初稿，絶密）」1955 年 5 月 12 日.

14) 『上海橡膠工業誌』編纂委員会［2000］pp. 50-51. ただし，同書の巻末付録表 6-1 の「1956 年公私合営時上海橡膠行業 536 戸名録」には，多くの「工業社」と「橡膠社」などの単位が含まれている. これらの単位はそれ以前の業界名簿にはほとんど出てきておらず，単純に以前の統計数字と比較することはできない.

15) 特に，次の史料を参照. 宋季文「関於加工訂貨問題的講話」（1952 年 5 月 19 日）中共上海市委統戦部ほか［1993］p. 143.

　すでに述べたように，上海ゴム加工業の中心は私営企業であり，1954 年以前には公私合営企業は存在せず，いくつかの地方国営企業があったにすぎなかった［上海市工商行政管理局ほか 1979, p. 194］．しかし 1954 年に，正泰橡膠廠と中南橡膠廠をモデル企業として公私合営化が開始され，同年中に，大中華橡膠廠，宏大橡膠廠，双竜橡膠廠，新亜橡膠廠，勤工橡膠廠の 5 社が公私合営化を申請した．これらの大企業が公私合営化されたことにより，1954 年末までに上海ゴム加工業の中心部分の社会主義改造は完成したと言える．その後，1955 年秋に，上海ゴム加工業の同業団体である上海橡膠工業同業公会が政府に対して業界全体の公私合営化を申請し，1956 年 1 月 20 日には全 536 企業の公私合営化が完成することとなった．

　社会主義改造の実施が上海ゴム加工業にもたらした変化は，産業組織の再編と地方レベルでの産業に対する管理体制の形成である．

　産業組織の再編において主要なポイントとなったのは，多数存在した中小企業の統合であった．この点に関して，上海ゴム加工業においては，社会主義改造の過程を通じて，「大部分は動かさず，小部分を調整する」（大部不動，小部調整），「大が小を率い，先進が後進を率いる」（以大帯小，以先進帯落後）という原則にもとづき再編が行われた．結果として，業種全体の公私合営後の初歩的な調整により 473 に減少した企業数（国営と既存の公私合営企業を含む）は，1956 年から 1957 年下半期にかけての第 1 次再編により 244 にまで削減され，それらは独立廠 62，中心廠 26，衛星廠 156 に振り分けられた［上海市工商行政管理局ほか 1979, pp. 197-200］．独立廠とは規模が大きく独立して生産を行う工場であり，中心廠は比較的生産の基礎が整った工場で，より規模が小さく設備も劣る衛星廠を管理することとされた．一方で，撤廃された 229 の企業のうち 10 社は，陝西，河南，安徽，南京などに移転されている［『上海化学工業誌』編纂委員会 1997, pp. 68-69］．そして 1958 年上半期から 1959 年末にかけての第 2 次再編により，企業数は 106（独立廠 64，中心廠 15，衛星廠 27）にまで減少したとされる［『上海橡膠工業誌』編纂委員会 2000, pp. 344-346］．明らかに，こうした再編の目的は，上海ゴム加工業の生産の集中度を引上げ，政府の経済計画の要求によりスムーズに適合させる体制を形成することにあった．

　また，地方レベルでのゴム加工業に対する管理体制については，市内のゴム

加工業を管理する機関として，1956 年 2 月に上海市第二軽工業局橡膠工業処を母体とする上海市橡膠工業公司が設立された［『上海橡膠工業誌』編纂委員会 2000, pp. 51, 330-332］．同公司は，同年 9 月に上海市輪胎膠鞋（タイヤ，ゴム靴）工業公司と市橡膠雑品（ゴム雑貨）工業公司に分かれ，1957 年 5 月に上海市化学工業局の指導下に置かれた後，1958 年 4 月には再び合併され上海市橡膠工業公司に戻るなど，再編を繰り返したが，こうした過程をへて，地方レベルの産業管理体制の基本構造として，政府機関（上海市第二軽工業局および化学工業局）—専業公司（市橡膠工業公司および市輪胎膠鞋工業公司・市橡膠雑品工業公司）—ゴム加工業企業という枠組みが成立した．

　注意すべきは，こうした産業組織の再編と地方レベルでの管理体制の形成は，大企業が中華民国期に形成した全国的な生産・販売ネットワークを完全に分断することになった点である．すでに述べたように，政府によるゴム製品の流通管理体制の確立により大企業の販売網は分断されていたが，社会主義改造以後は，大企業が各地に保有していた工場についても企業本体との所有関係自体が分断され，当該工場が立地する地方政府の管轄下に帰属することとなった．例えば，大中華橡膠廠の公私合営化実行後の 1954 年 10 月，天津に設立されていた大中華六廠は上海の大中華本体から離脱し，天津大中華となった［『双銭雄風』編委会 1993, p. 53］．また正泰橡膠廠は，1943 年に広州の万里興記橡膠廠を買収し自社の工場としていたが（1945 年に広州正隆橡膠廠，1951 年に正泰信記広州分廠と改称），1955 年 6 月 1 日に広州市が同工場を単独で公私合営化し，広州大華膠輪廠と合併したことにより，同工場は正泰企業集団から離脱することとなった[16]．

　以上の産業組織の再編と地方レベルでの産業管理体制が完成した後の上海ゴム加工業の状況を，主要製品生産量の変化を指数で表した図 8-3 から見てみよう．ここから，従来中小ゴム加工企業の主力製品であったゴム靴生産が，1958 年までは増加傾向にあったもののその後減少し，1960 年以降はほぼ 1956 年と同じ水準のまま 1978 年まで至っていることが見て取れる．その一方で，生産の増加が著しいのが自動車用タイヤと自動車用チューブであり，1970 年代ま

16）　銭［1994］p. 36．A36-2-69，事由「正泰橡膠廠広州分廠擬由当地合営」1954 年 1 月．

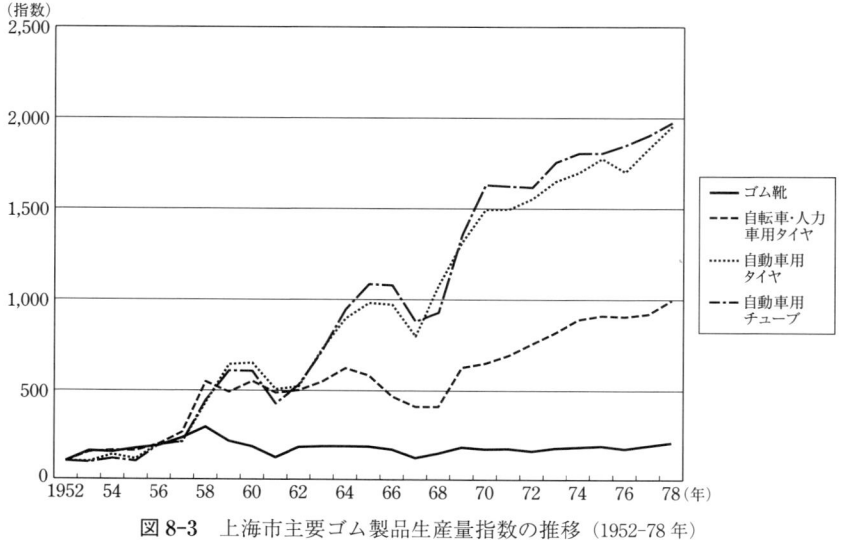

図 8-3　上海市主要ゴム製品生産量指数の推移（1952-78 年）

注：1952 年＝100.
出所：表 8-2 より算出.

でに 1952 年の 15 倍の生産量となり，1978 年には 20 倍程度に達している．基準となる 1952 年時点での生産量の規模の相違という要素も考慮しなければならないが，産業管理体制による長期的な方針の下で，上海ゴム加工業を象徴していた比較的参入障壁の低いゴム靴生産が制限され，それにかわって高い技術レベルが要求される自動車用タイヤ・チューブの生産に重点が移っていったことを表していると言えよう．これは，従来までの中小企業が乱立する上海ゴム加工業の構造が，1956 年の社会主義改造を経過して大きく転換したことを示すものであった．

　以上の本章の考察にもとづき，上海ゴム加工業の第二次世界大戦後から社会主義体制の形成期における産業組織の再編過程を総括すれば，以下の通りである．

　第二次世界大戦後の上海ゴム加工業は，戦後の復興需要や日本製品の退出などの要因により活況を呈し，大中華や正泰など従来の大企業はその規模を拡大させた．その一方で，市場の好況から中小企業も多数設立され，上海ゴム加工業の企業数は戦前よりもいっそう増加することとなった．

　1949 年 5 月の中共による上海軍事占領以後，国民党の海上封鎖や朝鮮戦争の勃発などの原因により原料ゴムの価格が高騰すると，政府は経済統制を開始し原料ゴムの流通を掌握した．また軍需の増加により国営企業・国家機関の私営工場に対する加工発注の数量は増加し，政府のゴム製品流通に対する統制も強化された．ただし同時に，需要の増加を背景として中小企業の数はさらに増加し，政府の側においては生産管理上の困難が認識されていた．

　こうした歴史過程から見れば，1954 年から 56 年にかけての社会主義改造は，上海ゴム加工業が有していた生産集中度の低下傾向を政治的な方法によって断ち切り，それを政府の経済計画に即した管理体制に適合させていく過程であったと言える．この過程において，上海ゴム加工業は，大企業の他地域工場の離脱や中小企業の合併・閉鎖などをへて，独立廠・中心廠・衛星廠という分類により新たに再編された．そして地方行政機関（市化学工業局）―地方専業公司（市橡膠工業公司）―ゴム加工企業という地方レベルでの管理体制の下に，上海ゴム加工業の産業組織は一元化されたのである．こうした地方ごとの産業管理体制は，第 5 章で明らかにした地方政府と地方所属企業の財務上における密接な関係を背景として，中国社会主義体制を構成する重要な一要素であった．

第9章　物資分配と需給関係
——セメント産業

　第8章においては，ゴム加工業の産業組織の再編に関する分析から，1956年の社会主義改造を通じて地方政府および専業公司を中心とする地方レベルの産業管理体制が形成された点を確認した．本章では，こうした地方政府の主導的な役割が，生産のレベルのみに限られるわけではなく，生産において必要とされる生産財の流通にも及んでいた点を，セメント産業の事例に即して指摘したい．

　セメントは，中国社会主義体制において一貫して統制対象の重要物資として位置づけられており，第1次五ヵ年計画（1953-57年）の初年度に国家統一分配物資として物資管理等級の最上位クラスに分類された．これにより，セメントは鋼材や石炭などと並んで中央政府機関である国家計画委員会が編制する物資分配計画に組み込まれることとなったのであり，その管理権限は原則的には中央政府の下に置かれた［当代中国叢書編輯部 1993, pp. 6-10］．そしてこの物資管理制度において，地方政府は物資分配の単位として位置づけられており，そのため地域内の物資生産とその需給関係に積極的に関与することになる．本章は，こうした物資分配とその需給関係における地方政府の役割に注目しつつセメント産業を検討する．

　社会主義体制における中央集権的な物資管理制度は，序章で触れたコルナイの「不足」の経済の制度的前提である［コルナイ 1984］．とりわけ，コルナイは「不足」を数種類に分類しており，物資を中央機関が垂直的に管理する体制下において，割当てを受ける中間機関や企業の要求総量が中央機関の処分可能量を超える際に，ヒエラルキーの上下関係にもとづいて発生する不足状態を「垂直的不足」と定義した．これについて，計画経済の原理に照らして考えれば，物資が生産財である場合，中間機関や企業の要求総量を規定する工業生産計画

を最終的に策定するのも中央機関であるから，工業生産計画と物資分配計画が矛盾なく策定・実行されれば「垂直的不足」は発生しないはずである．しかし現実の計画経済下においては日常的に「垂直的不足」が発生していたのであり，それは計画の策定およびその実行過程において何らかの齟齬が不可避的に生じていたことを示唆している．

　この「垂直的不足」の概念を中国社会主義体制に当てはめて考える際に重要なのは，石原亨一が指摘するように，中国では当初形成された中央集権的な物資管理制度が，地方の掌握する物資の増加，計画管理の弛緩，情報処理能力の問題などにより大きく揺らいだ点である［石原 1990］．つまり中国においては，中央機関による垂直的な物資管理という「垂直的不足」の前提が変化していたわけであり，こうした物資管理制度の分権化傾向はいかなるメカニズムによって生じ，また物資の「垂直的不足」とはどのような関係にあるのであろうか．

　ここでポイントとなるのは，物資の主たる需要者である各級政府機関と国営企業の動向である．とりわけ中国の物資分配については，石原をはじめとして多くの研究が中央—地方政府間の物資管理権限の配分に注目してきた．しかし，物資管理制度の運営の上で同様に重要なのは，各地の物資需要の変動であろう．後述するように，地方における物資需要は中央の政策と連動して時期ごとに大きく変動していたのであり，また中国の物資管理制度においては，地方政府は当該地域内の需要と中央からの物資分配量に応じて独自の対応をとっていた．

　本章では，こうした点をふまえて，計画経済期の上海市における地域的なセメント需給関係と市政府のセメント生産・分配に関する行動を検討する．中華民国期において中国の近代的産業の中心地であった上海は，セメントの一大消費地でもあった．同時にセメント産業自体にも一定の発展が見られたが，人民共和国成立以後は，内陸重視の発展戦略により中央政府の重点的な投資対象からは外され，大規模なセメント工場の新設は見られなかった．また，一定の工業的基礎を持つがゆえに中央政府主導の工業生産推進政策によって幾度かのセメント需要の急増を経験する一方で，中央政府からのセメント分配は十分でなく，まさにセメントの「垂直的不足」への対応を迫られていた地域であった．

　計画経済期の物資流通については，代表的な概説として『当代中国物資流通』が挙げられ，また日本ではすでに触れた石原亨一が詳細な検討を行ってお

り，一定の蓄積がある［当代中国叢書編輯部 1993; 石原 1985; 1989; 1990］．一方，上海市のセメント生産・流通に関しても，それぞれ『上海建築材料工業誌』と『上海物資流通誌』という専論が存在する［『上海建築材料工業誌』編纂委員会 1997;『上海物資流通誌』編纂委員会 2003］．しかし問題は，前者に関しては物資流通制度全体を扱うため，各主体とりわけ地方政府の動向が分析対象から外れる点であり，後者については，その分析視角がそれぞれの行政管理区分（具体的には生産と流通）に限定されている点である．それゆえ，特定地域における需要と供給の変化を連動させて捉えることができず，セメントの分配をめぐる各主体の対応については十分明らかになっていない．本章ではこうした問題点をふまえて，社会主義体制下における上海市のセメント需給関係を歴史的に考察し，物資分配をめぐる各主体，とりわけ地方政府の行動を検討する．

1. 物資管理制度とセメント

(1) 物資管理制度

まず，中国社会主義体制における物資管理制度について概観しておこう．

ここで確認しておかなければならないのは，社会主義体制における「物資」の概念である．社会主義体制での「物資」は，一般的な意味での物資とは異なり，国営企業間で流通する生産財・資本財を指す[1]．これは，非国営企業間（国営企業と集団所有制企業，集団所有制企業間，国営企業と個人など）において流通する消費財，農産物，および一部の生産財・資本財を指す「商品」と対をなす概念であり，この両者が社会主義体制における流通の二大系統であった．

ポイントは，両者がその品目の性質ではなく，管理系統と供給計画の策定過程によって区別されていた点である．それゆえ，同じ品目であってもそれを取り扱う管理系統と供給計画によって「物資」にも「商品」にもなることがあった．例えばセメントであれば，国営企業が生産したセメントが国営企業に供給されれば「物資」となるが，国営企業が集団所有制企業に供給した場合，あるいは集団所有制企業自体が生産したセメントである場合は「商品」となる．つ

---

1)　「物資」の定義については以下の研究を参照．石原［1985］pp. 37-41,［1989］，堀井［2005］pp. 18-20.

まり「物資」とは，単に生産財・資本財全般を指すわけではなく，あくまで国営企業間という特定の経路で流通する生産財・資本財に対して与えられた概念であった[2].

そして物資のなかにも，表9-1に示したようにその管理等級に応じて一類から三類までの分類があった．国家計画委員会が管理する一類物資と，国務院各部による二類物資は，共に中央政府機関の管理に属するため，広義には両者を合わせて中央分配物資とも呼んだ[3]．また三類物資は品目数が段違いに多く，一，二類物資以外の雑多な品目を包括するものであった．

ここで注目すべきは，各類物資の品目数が時期によって変化している点である．1950年に物資管理制度が導入された当初は，鋼材，木材，石炭，セメント，精製ソーダ，銅，工作機材，麻袋の8種類が統制物資として指定されただけであったが，1953-57年の第1次五ヵ年計画期には，二類物資を含めて大幅に増加している．しかし一類物資に関しては，1958年から1960年代初頭および1970年代において大幅に減少しており，同時期に進められた地方分権化政策の影響から国家計画委員会による物資の直接管理が後退しているのが見てとれる．これらの時期には，中央企業の「下放」にともない，物資管理においてそれまでの「統籌統支」（統一的に計画し分配する）から「地区平衡，差額調撥」（地区内でバランスをとり，不足分を調達する）への転換が提唱され，さらに物資管理権限の地方への移譲が推進されたのである［当代中国叢書編輯部1993, pp. 17-18］．

物資管理機構についても，同様に時期によってかなりの変動が見られる．中央レベルの機構は，人民共和国成立初期に政務院財政経済委員会計画局が設立

---

2)　以下の文章でいう「物資」は，全て社会主義体制での「物資」を指し，かぎ括弧をつけない．

3)　各類物資のバランス表と分配計画は，一類物資については国家計画委員会の指導下に国家物資総局が，二類物資は国務院各部が，三類物資は省・直轄市・自治区，専区・省轄市・県の各レベルの物資局系統がそれぞれ担当し，年1回制定された．ただし，分配計画の段階では具体的な規格や供給単位は決まっておらず，それは各レベルでの訂貨会議（発注会議）において確定される．全国レベルの訂貨会議は一般に年2回（計画年度前年の10-11月と当該年の4-5月）開かれ，物資の生産主管部門が供給側（国家計画に組み込まれた重点生産企業など）の生産を，また物資部門が需要側（各省・自治区・直轄市および国務院各部の物資部門など）の「訂貨単」（注文書）を取りまとめる．そして両者が共同で需給を調整した上で，生産企業と需要者が具体的な品種・規格・数量・供給地点・納期を決め契約を結んでいた．石原［1989］p. 317，当代中国叢書編輯部［1993］pp. 113-116.

表9-1 各類物資の管理系統，代表的品目，品目数（1950-78年）

	一類物資 （統配物資）	二類物資 （部管物資）	三類物資 （地方管理物資）
管理系統	国家計画委員会の指導下で物資総局が配分計画を作成して管理	国務院の各部が配分を管理．多くは専門性が比較的強い物資か中間製品	省・直轄市・自治区，専区・省轄市・県の各レベルの物資局系統が管理
代表的品目	銑鉄，鋼材，鋳鉄管，廃鋼鉄，銅，アルミ，鉛，亜鉛，錫，原炭，ガソリン，電力，綿糸，綿布，麻袋，苛性ソーダ，精製ソーダ，ゴム，木材，セメント，スチームボイラー，電動機，変圧器，旋盤，研磨機など	マンガン鋼，スチールワイヤ，カドミウム，耐火建材，石棉スレート，マグネシアクリンカー，圧延ローラー，キー溝フライス盤，電動ホイスト，ベルトコンベヤーなど	煉瓦，瓦，砂，石，その他現地で生産・消費する製品など
1950年	8		
1951年	33		
1952年	55		
1953年	112	115	5,000
1954年	121	140	
1955年	162	139	
1956年	234	151	
1957年	231	301	
1958年	93	336	
1959年	67	218	
1960年	75	342	
1961年	87	416	
1962年	153	345	
1963年	256	260	
1964年	370	222	
1965年			5,929
1966年	326	253	
1972年	49	168	
1973年	50	567	
1975年	52	565	
1978年	53	636	

注：代表的品目は，主に第1次五ヵ年計画時のもの．
出所：石原［1985］p. 42，［1990］p. 159．当代中国叢書編輯部［1993］pp. 8-10.
　　　原表の出所は，「一類物資」，「二類物資」品目数が山岸・伊井［1986］p. 120，高［1987］p. 36.
　　　「三類物資」品目数は，1953年が馬［1986］pp. 463-466，1965年が周［1984］pp. 70-72.

した物資分配処がその嚆矢とされ，同処は1952年には格上げされて物資分配局となった．また第1次五ヵ年計画期には，中央に物資供応総局が設立される一方，国務院各部や各省・自治区・直轄市人民政府がそれぞれ物資供給機構を設立し，重層的な物資管理系統が形成されていた．そして全国統一的な物資管

理機構として中心的な役割を担ったのが，大躍進期の地方分権化からの揺り戻しのなかで 1963 年に設立された国家物資管理総局である．同局は翌 1964 年には物資管理部に昇格され，またこれと前後して金属・機電（機械・電気製品）・建材・木材・化軽（化学製品）・儲運（貯蔵・運輸）という 6 つの総公司が設立された．しかし，同部は 1970 年の地方分権化のなかで撤廃され，再び中央レベルで独立機関が出現するのは，国家物資総局が設立された 1975 年のことであった［当代中国叢書編輯部 1993, pp. 3-30］．

　このように，計画経済期の物資管理制度は，計画にもとづく物資分配という原則の下，中央政府による一，二類物資の管理をその骨子としていた．しかし商品の形態をとる物資品目の存在や，地方分権化政策にともなう地方への物資管理権限の移譲などにより，必ずしも中央政府による管理が一貫して全面的に展開されていたわけではなかったのである．

(2)　セメントの生産・流通管理

　次に，セメントの生産・流通管理体制を見てみよう．

　まずセメント管理体制の前提として，全国レベルでのセメントの生産・輸出入関係を図 9-1 から確認したい．計画経済期の中国のセメント生産量は，1950年代から逓増しつつも，1961-62 年および 1967-68 年に急減しており（原因は前者が大躍進政策，後者が文化大革命による混乱とみられる），相対的に安定した増加を見せるのは 1969 年以降であった．その後は何度かの停滞を経つつも全体的には大幅に増加し，改革開放政策の始まる 1978 年には 6524 万トンと 1968年の約 5 倍に達している．

　また，輸出入に目を向けると，中華民国期の輸入（主に日本・アメリカから）状況を前提とすればやや意外であるが，計画経済期の中国はセメントの純輸出国であった（白色セメントなど特殊製品を含む）．輸出が 1955 年以降おおむね 40-120 万トン程度で推移していたのに対して，輸入は一貫して数十万トンに留まっており，両者が逆転し輸入量が輸出量を追い抜くのは 1979 年以降である．これはつまり，計画経済期の国内のセメント供給はほぼ国内生産によるものであったことを意味している．このことは国内の物資管理体制の重要な前提であった．

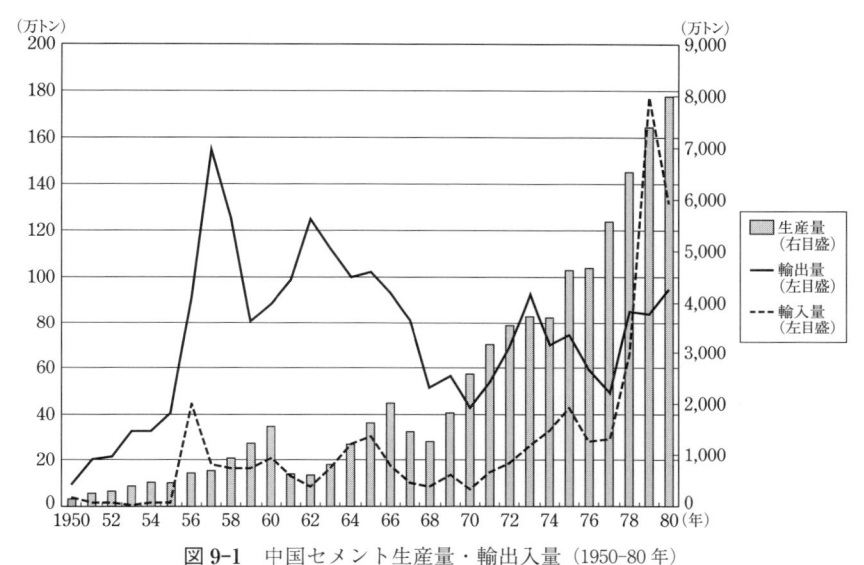

図 9-1　中国セメント生産量・輸出入量（1950-80 年）

出所：中国水泥協会［2007］p. 604,『中国対外経済貿易年鑑』編輯委員会［1984］pp. IV-104, IV-114.

　こうした生産・輸出入関係の前提として，すでに述べたようにセメントは比較的早い段階で統制下に置かれ，1953 年には一類物資に組み入れられていた．そしてその生産と流通については，その他の物資と同じく，生産部門と物資部門の二方面から管理を受けていた．全国的なセメント生産管理の中心的機構は1956 年に中央に設立された建築材料工業部であり，一方，流通面では，物資局系統，とりわけ 1963 年に設立された国家物資管理総局とその下部組織である中国建築材料総公司が中心的な役割を担った．とはいえ，前項で見たように，特に物資部門の中央機構は組織自体が流動的であり，また以下で検討する上海市の事例から見て取れるように，実質的には各級政府内に設置された下部組織は相対的に独立して活動しており，中央政府の部局の支配下にあると同時に地方政府の強い影響下にもあった．

　しかもセメントは，その輸送コストの高さという性質もあり，前項で指摘した物資管理権限の地方分権化政策に対して比較的適合的な物資であったと言える．中央政府は 1960 年に，国家計画内セメントの分配方法の調整を通じ，セ

メントの地方自給奨励を行っている[4].　これは各地域内でのセメント生産の一定部分を地方資源として留保することを認めるものであり，管理上の困難から1年で廃止されたが，地方政府の生産意欲を刺激したとされる.　そして1970年には，物資全般で展開された「地区包乾制」がセメントにおいても開始され，「国家の統一的な計画のもと，地区内でバランスをとり，不足分を調達し，品種を調整し，上級機関への納入を保証する」という原則の下，地方で生産されたセメントは一定の上級機関への納入分を除き全て地方の管理に属することとなった.　この政策も同様に地方の生産に対する積極性を喚起し，1978-79年に全国的に廃止されるまで継続した［当代中国叢書編輯部1993, pp. 36-37, 43］.

　これらの分権的政策について，『当代中国物資流通』は，「地方が支配する物資資源は相当に増加し，地方の積極性を引き起こし，地方工業とりわけ「五小」工業〔主に県レベルの鉄鋼，セメント，農業機械，炭坑，化学肥料，水力発電などの小型国営重工業——訳者注〕の発展を加速させた」と評価する一方で，全国統一的な物資管理という観点からは様々な問題が生じたことを指摘している[5].　しかしそうした問題は存在しつつも，これらの政策を契機とした分権化は実態として進んでいた.　石原享一は，セメント管理における中央—地方比率について，1965年と1980年の全国セメント総生産量と統一配分量（国家計画にもとづき分配される量）を比較し，統一配分量は絶対量では増加しつつも（1160万トン→2322万トン），その総生産量（1634万トン→7986万トン）に占める割合は71%から29.1%に低下していた点を指摘している［石原1985, pp. 42-48］.　つまり，

---

4)　1960年に国務院が公布したセメントの中央—地方間分配に関する決定では，国務院各部所属セメント工場（10工場）の計画超過生産分は中央7割と地方3割，重点地方セメント工場（22工場）の計画超過生産分は中央3割と地方7割の比率で分配すること，非重点地方セメント工場（9工場）の計画内生産部分の95%を中央に，5%を地方に割り当て，計画超過生産部分は全て地方に留めることとされた.　そして小規模の堅窯，および地方自身の大規模工場に対する投資により拡張された生産能力による生産分については，全て地方の自己使用に属することとしている.　当代中国叢書編輯部［1993］p. 272.

5)　当代中国叢書編輯部［1993］p. 37.　具体的に挙げられている問題は以下の通りである.　1.　多くの企業の生産建設計画は依然として中央が統一的に割り当てていたが，物資資源については地方が掌握していたため，相互の連携が切断された.　2.　中央と地方は毎年物資の調出・調入（移出・移入）量を協議しなければならず，意見を一致させるのが困難であった.　3.　ある地方は，傘下の下放企業に対して，中央部門は任務を押しつけるだけで原材料を供給せず，「戸籍だけを移動して，食糧供給関係を移動していない」状態で，地方の負担を増加させたと報告しており，中央部門はこれに対して異論を述べている.　なお，「五小工業」については，岡本［2013］pp. 286-287を参照.

計画経済期の後半において，セメント生産の中心は全般的には地方に移っていったのであり，図 9-1 で見た 1969 年以降の全国生産量の増加は国家計画外での生産によってもたらされていたのである．

　しかし，ここまでの検討では，物資管理権限の地方分権化がどのように地方のセメント生産意欲を刺激するかというメカニズムは必ずしも明らかではない．次節では，上記のような中国全体の物資管理制度とセメント生産・流通構造の下での上海セメント産業および市内のセメント需給関係に対して分析を行い，そのメカニズムを検討していく．

2.　上海セメント産業の発展過程

　まず，上海市のセメント産業の基本構造を，その歴史的背景と 1949 年以降の社会主義体制の導入による変化を中心に確認しよう．

(1)　歴史的背景

　上海のセメント産業の起源は，1920 年の劉鴻生らによる華商上海水泥股份有限公司（以下，「上海水泥公司」と略記）設立にもとめられる[6]．同公司は上海市郊外龍華鎮東南の黄浦江沿岸に工場を構え，ドイツの Polysius 社製湿式ロータリーキルン（日産約 200 トン）2 基を設置，1923 年 8 月に生産を開始した．これ以後，中華民国期において確認される上海のセメント工場は，戦時下の 1941 年 8 月に設立された天祥実業公司水泥廠（1942 年生産開始，1945 年時点で年間生産能力 1.8 万トン）［王 2005, p. 116］，および 1947 年に相次いで設立された光華水泥廠（白色セメントを専門生産，日産 8 トン），建亜水泥廠（日産 20 トン），順昌公司水泥廠（年産 1.5 万トン）のみで，いずれも小規模であった［『上海建築材料工業誌』編纂委員会 1997, pp. 14-15, 56］．ここから，人民共和国成立以前の上海セメント産業の歴史は，ほぼ上海水泥公司の歴史と重なると言ってよいだろう．

　上海水泥公司は，全国的に見ても河北の啓新洋灰公司，南京の中国水泥公司，広東の広東西村士敏土廠と並ぶ当時の有力な中国資本セメント企業のひとつで

---

6)　同公司は，第二次世界大戦後の 1946 年 6 月 29 日に，上海水泥股份有限公司への改名を決定している（1948 年 1 月 1 日正式施行）．上海水泥廠［1990］p. 173.

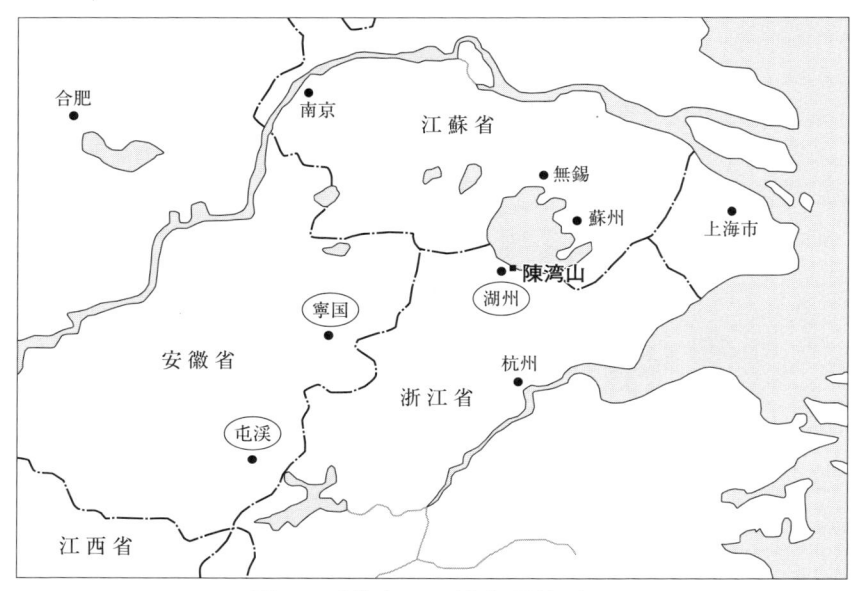

図 9-2 上海市および華東地区概略図

出所：筆者作成.

あり，「象牌」のブランドで知られた[7]．その民国期における生産量を見ると，戦前はおおむね 5-8 万トンで推移し，ピークの 1936 年には 9.78 万トンに達している［上海水泥廠 1990, pp. 25, 32, 40］．日中戦争勃発後は，日本軍による占領を受けて小野田セメントの管理下に入り，1938，39 年には戦争の影響から生産停止を余儀なくされたが，1940 年以降は年生産量 4-7 万トンで推移した．そして戦後は，アメリカ製セメントの流入に悩まされ，1946 年 9 月から 47 年 7 月まで生産停止に追い込まれたものの，生産再開後の 1948 年には，戦前のピークの約半分に当たる生産量にまで回復したとされる［上海水泥廠 1990, pp. 36-37］.

　上海のセメント産業の特徴の一つとしては，都市近郊（需要地）立地である反面，主要原料の石灰石および燃料の石炭を他地域に依存していた点が挙げられる．その輸送コストは経営上の大きな問題であり，上海水泥公司は石灰石を

---

7) 上海水泥有限公司を含む劉鴻生企業グループに関しては，すでに多くの研究があるが，差し当たり以下の研究を参照．盧［2010］，朱［2010］，Chan［2006］.

浙江省湖州の陳湾山（自社開発の石灰石鉱山）から船舶で上海市内の工場まで運んでおり（図9-2参照），1930年には輸送用のはしけ船40艘を自社保有するに至っていた［上海水泥廠1990, p.17］．石炭に関しては，江蘇省徐州の賈汪炭鉱のものと，劉鴻生が長江流域で販売していた河北省唐山の開灤炭鉱産石炭の石炭屑を利用していた［『上海建築材料工業誌』編纂委員会1997, p.60］．

　こうした原料供給の制約もあり，民国期の上海水泥公司の販路は主に上海であったものの，上海市場における同公司のシェアは必ずしも支配的ではなかった．上海水泥公司の社史である『上海水泥廠七十年（1920-1980）』は，「抗日戦争勃発前，象牌セメントの上海における販売量は，本廠の総販売量の3/4，上海セメント市場の総販売量の1/3ほどを占めた」としている［上海水泥廠1990, p.10］．当時の上海は中国における最大の都市であり，セメント需要も旺盛で，国内外企業のセメント製品がしのぎを削っていたのである[8]．その巨大市場に比べれば，上海のセメント産業は相対的に小規模であり，その需要は他地域からのセメント流入に依存するかたちで満たされていたと言える．

(2)　体制転換と上海セメント産業

　1949年の中共による政権奪取と，その後の社会主義体制の導入は，上海セメント産業をめぐる状況を大きく転換させた．他業種と同じく，上海のセメント産業においても1950年代に計画経済の導入と生産手段の公有化が漸進的に実施され，前者については1950年以来の物資統制政策が，後者では1956年に完成する社会主義改造が主要な促進要因となった．

　物資統制政策について言えば，政府はすでに1950年4月下旬から上海水泥公司に対しセメントの発注（訂貨）を実行していた．この後，華東工業部，上海市工販委員会，浙江水利局，杭州建設局，華東支部公路委員会，江西軍区司令部，華東空軍機関（空港の修理・建設）等の政府・軍事機関からのセメント発注は急増し，同年の同公司の年間販売量の90%を占めたとされる．そして

---

8)　同時代の観察者は，1930年代半ばの上海のセメント消費量を全国70万トンの3割，約23万トンと見積もり，当時の上海市場向け出荷高を，上海水泥公司が9万トン，啓新が8万トン，中国が7万トンとしている．それに当時の上海港の年間セメント輸入量約1-4万トンが加わると考えると，やはり上海水泥公司のシェアは3-4割ということになる．日本ポルトランドセメント同業会調査部・小林［1936］p.29，総税務司署統計科［各年版］.

1950 年 11 月以降，上海水泥公司の生産・販売は国家計画に組み込まれ，生産するすべての製品は華東工業部により統一的に購入・販売されることとなった[9]．なお，販売価格については，1950 年代後半から固定化される傾向にあり，工場出荷価格（銘柄不明，500 号普通ポルトランドセメント，紙袋包装）は 1950 年から 57 年まで 1 トン 56-74 元の間を上下していたが，1958 年以降は 52 元に固定され 1977 年まで維持された．卸売価格（象牌，400 号普通ポルトランドセメント，紙袋包装）も，同様に 1956 年以降 73 元に定められ，1970 年代に 80 元に上昇するまで固定されていたと見られる［『上海価格誌』編纂委員会 1998, pp. 470-472; 中国科学院上海経済研究所・上海社会科学院経済研究所 1958, pp. 510-511］．

　また，生産・販売の国家計画への組み入れとともに，原燃料供給についても国家による統一配分を受けることとなった．石炭については 1950 年以後，主に山西省大同炭鉱，陽泉炭鉱，安徽省の淮南炭鉱および淮北炭鉱からの供給に転換した．一方，石灰石については，1957 年に上海水泥公司が元来保有していた浙江省湖州の陳湾山および石灰石輸送に要する船舶を現地政府の要求で移譲せざるをえなくなり，その後，浙江，江蘇，安徽各省の石灰石鉱山より供給を受けたものの，生産に困難をもたらしたとされる［『上海建築材料工業誌』編纂委員会 1997, p. 60; 上海水泥廠 1990, pp. 64-66］．こうした生産手段の公有化にともなう各地方政府の属地的な領域支配は，第 8 章でも見られたが，社会主義体制の大きな特徴であったと言える［田島 2000］．

　これらの生産・販売における組織化を背景として，1954 年 6 月 21 日，上海水泥公司は上海市重工業管理局と公私合営化の協議書を交わし，1955 年に公私合営上海水泥廠となった．翌 1956 年 1 月 1 日には上海市内の天祥実業公司水泥廠を合併し，中央重工業部建築材料工業局に属する中央企業となっている［上海水泥廠 1990, pp. 62-63］．1956 年時点での全国の中央政府所属セメント工場

---

9)　上海水泥廠［1990］pp. 53-54, 57．華東工業部との発注関係についてやや詳しく見ると，発注契約は半年を 1 期とし，毎年のセメント生産量と買上価格は双方の協議の上で中央が審査を受けた後に締結することとされた．販売の際は，華東工業部が各購入単位に受取証書（提貨単）を配布し，各購入単位はそれにもとづき上海水泥公司から製品を受け取る．代金は毎月前後期の 2 回に分けて上海水泥廠と華東工業部との決算により支払われた．1953 年 1 月以降は上海水泥公司の指導関係が華東工業部から華東化工局，中央重工業部上海弁事処と変化し，手続きは簡略化され購入単位は中央重工業部上海弁事処の通知証書にもとづいて直接水泥公司と契約を結び，支払いと納品を行ったとされる．

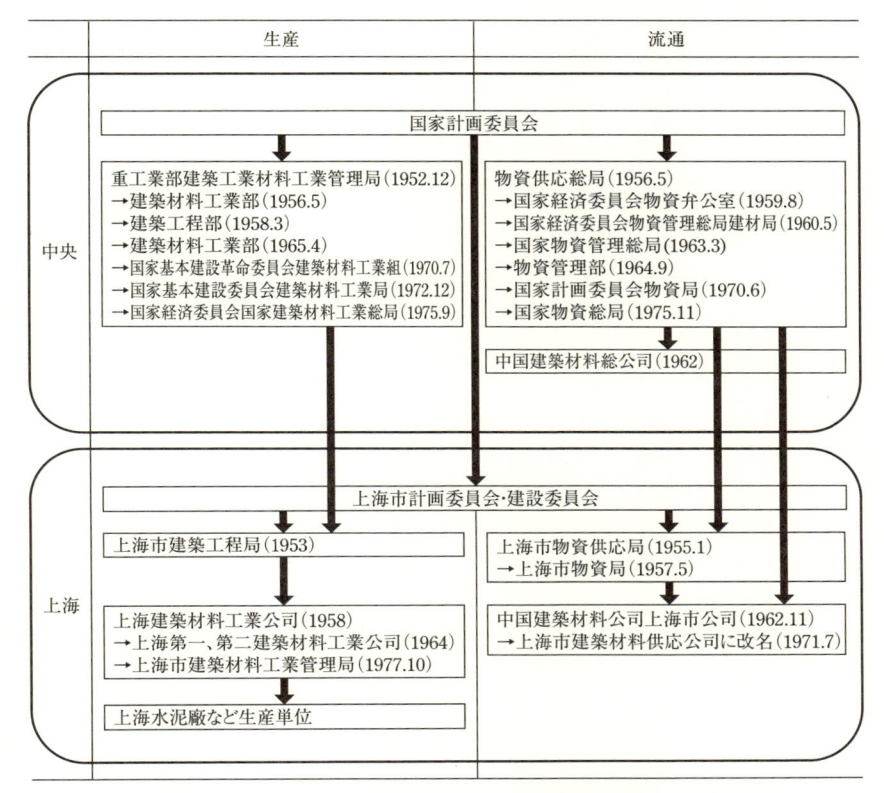

図 9-3　中央・上海市のセメント生産・流通管理機構（1949-78 年）

注：括弧内は各単位の設立時期（年月）を，下向きの矢印は基本的な指導関係を表す．
出所：張［1995］pp. 93-98，王［2005］p. 167，当代中国叢書編輯部［1990b］p. 657，当代中国叢書編輯部
　　　［1993］pp. 27-29，271-274，676-677．

リストによれば，当時の上海水泥廠の生産能力は年産 19 万トンで，第 16 位に位置していた．なお，トップの公私合営啓新水泥廠は年産 58 万トンである［王 2005, pp. 134-135］．しかし，その後施行された中央企業の「下放」政策により，上海水泥廠は 1958 年 7 月には所属関係が中央重工業部から上海市政府に移ることとなる［上海水泥廠 1990, p. 70］．

　図 9-3 は，計画経済期における中央と上海のセメント生産・流通管理機関を整理したものである．中央において生産と流通の管理がそれぞれ建築材料工業系統と物資管理系統（中国建築材料総公司を含む）に分かれているのに対応して，

上海市内においても生産系統として建築工程局—建築材料工業公司—上海水泥廠等の生産単位という指導体制が存在し，流通系統では上海市物資局—中国建築材料公司上海市公司というラインが形成されていたことが見てとれる．つまり生産・流通の両面において，中央—上海の垂直的な指導系統と上海市の属地的な指導系統という二重の指導系統が併存しており，この両者は時期ごとの中央の方針に応じてその比重を変化させていた．

　このように，社会主義体制下での大きな変化は，セメント生産と流通がそれぞれ国家計画に組み入れられ組織化された点にある．それはある意味では，従来のセメント企業が保持していた生産と販売という二つの機能の分離を意味した．その結果，生産単位は生産管理部門からの発注による生産にのみ従事することになり，その後の流通については物資管理部門に委ねられたのである．しかしポイントは，両系統の管理機構が必ずしも全国的に一元化されていたわけではなく，一方では中央政府の対応機関に垂直的に従属しつつも，他方では上海市という地方行政単位の枠組みも同時に存在していた点であった．

3.　上海市のセメント需要と供給

　それでは，こうした計画経済体制の下での上海市におけるセメントの需給関係，およびそれに対する地方政府の対応はどのようなものであったであろうか．以下ではいくつかのデータにもとづき検討する．

　図9-4 は，計画経済期の上海市におけるセメント生産量（上海水泥廠とその他生産単位），供給量，消費量，国家分配量（中央計画から上海市への分配量）の推移を表したものである．データの欠如によりいくつかの項目は部分的にならざるを得ないが，ここから基本的な傾向を把握することができる．

　分析に入る前に説明を要するのは，「供給量」という概念である．図9-4 のグラフが1962 年から始まっていることからもわかるように，これは上海市の物資管理機関である上海市物資局，およびその指導下にある中国建築材料公司上海市公司（1971 年以降は上海市建築材料供応公司）を通じて供給されたセメントの量を表すものである．また，この「供給量」は必ずしも上海市内での消費量を表しているわけではなく，以下に述べる他地域での「小三線」建設への供

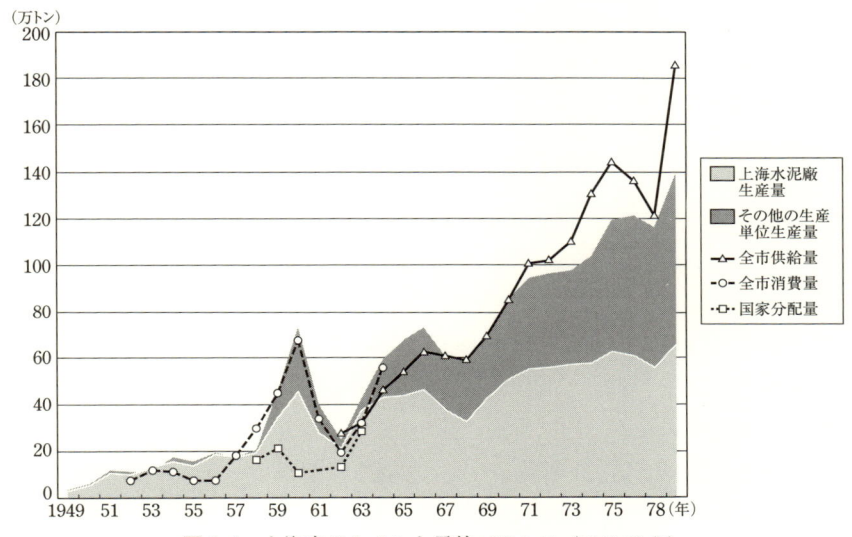

図9-4　上海市のセメント需給バランス（1949-78年）

注：供給量は，自家用生産房地局紅旗水泥廠での自給自足分，上海市内の中央機関・企業や「小三線」，国外援
　　助への供給を含むとみられる．地方消費量は，自家用生産単位の消費量も含む．
出所：全市生産量　『上海建築材料工業誌』編纂委員会［1997］p. 54.
　　　上海水泥廠生産量　上海水泥廠［1990］p. 190.
　　　全市供給量　『上海物資流通誌』編纂委員会［2003］pp. 242-243.
　　　地方消費量　B31-1-230,「地方系統主要物資消費量及比重（1957-1962年）」.
　　　　　　　　　B31-1-232,「主要物資消費量」.
　　　国家分配量　B31-1-230,「地方系統主要物資消費量及比重（1957-1962年）」.
　　　　　　　　　B31-1-232,「主要物資分地区到貨量」.

給や国外への援助物資としてのセメントを含む．つまり上海市物資局が掌握す
るセメント量（これを当時の用語では上海市のセメント「資源量」と呼んだ）のなか
から供給された量と理解すればよい．

　図9-4から確認できる基本的な傾向としては，以下の点が挙げられる．

　①1958年から1960年をピークとする生産量・消費量の急増，およびその後
　　の下落．

　②1958-62年における国家分配量と生産量・消費量の乖離．

　③1963年から1966年をピークとする生産量（特にその他生産単位生産量）・供
　　給量の増加．

　④1969年以降1975年までの生産量（特にその他生産単位生産量）・供給量の増

加.

これらの傾向を念頭に置いたうえで，以下では需要と供給の構造についてそれぞれ検討を加える.

(1)　需要

まず，上海市のセメント需要の構造から考察しよう．図 9-4 で示した全市消費量と全市供給量，およびその供給先からその一端をうかがい知ることができる.

上海市におけるセメントの供給先は，主に，生産用，補修用，基本建設用，民間用，農業用，民間防空用，対外支援用（ベトナムなど），災害救助用，在上海中央企業用などであった．なかでも特に多いのは基本建設用，補修用，農業用であり，1960 年代には毎年それぞれ建設用 12-22 万トン（総供給量の 25.2-45.7%），補修用 7-13 万トン，農業用 2.16-14.95 万トンの供給を行っていたとされる［『上海物資流通誌』編纂委員会 2003, pp. 236-240].

需要量の増減を決定する要因は多様であるが，供給量に占める割合が最も大きい基本建設用の需要については，上海市の基本建設投資額との相関が予想される．そこで 1953 年以降の上海市の基本建設投資額とセメント消費量・供給量の対前年増加率の推移を示した図 9-5 からその時系列的変化を見ると，基本建設投資増加率が相対的に高い（1953-78 年の平均以上）年次が 1953，57-60，63-64，69-70，73-75，78 年，セメント供給量増加率では 1953，57-60，64，70，74，78 年と，若干の前後はあるがほぼ一致していることがわかる（1957 年のセメント消費量急増の原因は不明）．ここから，基本建設投資額の変動が上海市のセメント需要量を左右する大きな要因のひとつであったと推測できよう.

基本建設投資額およびセメント消費量・供給量の増加が重なる時期を 1953，57-60，64，70，74，78 年として，その増加要因を上海市の基本建設の展開状況に照らしてより具体的に見てみると，1953 年は第 1 次五ヵ年計画の開始，1957-59 年は大躍進政策，1964 年は三線建設プロジェクト中の「小三線」建設，1970 年は地方工業の推進[10]，1974 年は上海石油化工総廠建設，1978 年につい

---

10)　1970 年代初頭の地方工業の推進については，田島［1990］を参照.

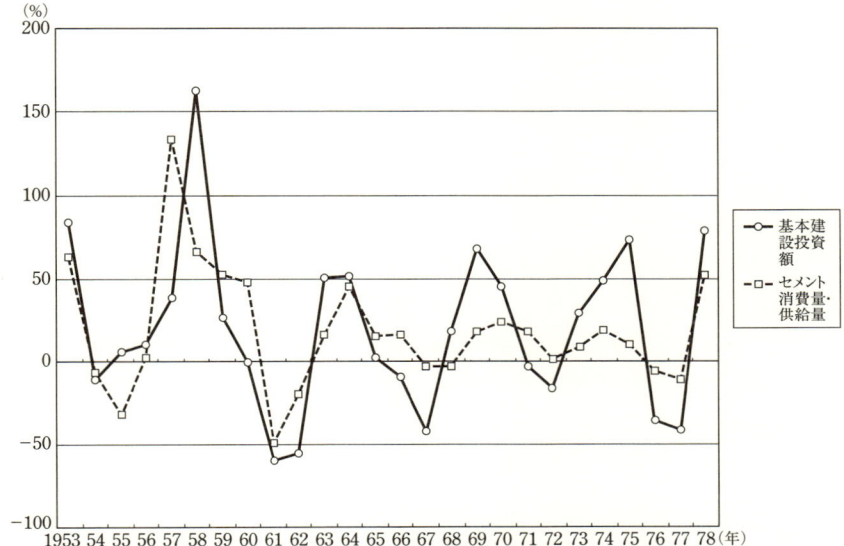

図 9-5　上海市基本建設投資額とセメント消費量・供給量の増加率（1953-78 年）
注：「消費量・供給量」の原数値は，1952-61 年については全市消費量，1962-78 年は全市供給量を用いている．
出所：上海市統計局［1992］，p.71，『上海物資流通誌』編纂委員会［2003］，pp.242-243.
　　B31-1-230,「地方系統主要物資消費量及比重（1957-1962 年）」.
　　B31-1-232,「主要物資消費量」.

ては宝山鋼鉄総廠建設がそれぞれ当てはまる．

　1953 年の第 1 次五ヵ年計画開始によるセメント消費量の増加は比較的容易に理解できるとして，1957-60 年の増加に関しては，『上海水泥廠七十年（1920-1980）』が「1958 年，国家基本建設事業が大規模に展開した．上海の基本建設任務は非常に重く，セメントの需要も猛烈に増加した．当時，上海が必要とするセメントは毎年約 80 万トン以上だったが，上海地区はわずかに上海水泥廠（龍華廠）が毎年普通ポルトランドセメントを 17 万トン生産するだけで，到底需要を満足できなかった」としているように［上海水泥廠 1990, p.70］，同時期に推進された大躍進政策によって基本建設用の需要が急増し，セメント供給がそれに追いつかなかったことが読み取れる．

　1964 年の「小三線」建設が喚起した需要については，対する供給とともに後述するとして，県レベルを主な対象とする 1970-71 年の地方工業化は，第 1

章で確認した 1958 年の上海市行政区画の拡大を前提としていた．この基礎の
もとに，1970 年前後より県レベルの工業化が推進された結果，上海市郊外に
おけるセメント需要が喚起されたのである．それと対応して，1972 年には郊
外各県に相次いで建築材料公司が設立され，「以塊為主，条塊結合（横割りを主
とし，縦割りと結合させる）」の原則の下，県内の農業，林業，牧畜業，副業，
漁業，および市街地の工業建設が必要とする建築材料物資の分配が組織化され
た［『上海物資流通誌』編纂委員会 2003, p. 239］．

　上海石油化工総廠の建築は，人民共和国成立以後の上海における最大の基本
建設プロジェクトであり，上海市建築材料公司は「石油化工総廠工程需用建築
材料的供応辦法（石油化工総廠プロジェクトが必要とする建築材料の供給に関する規
則）」を公布し，第 1 期工事だけで 66. 46 万トンのセメントを供給した．また
1978 年の宝山鋼鉄総廠建設についても，第 1，2 期工事で合計 252. 5 万トンを
供給したとされる．こうした巨大な建設プロジェクトの施工が，上海市におい
て大量のセメント需要を引き起こしていたのである［『上海物資流通誌』編纂委員
会 2003, p. 238］．

　これらのセメント需要量急増の要因を考察してみると，その端緒はいずれも
中央政府主導の工業生産推進政策の発動にあったと言える．第 1 次五ヵ年計画，
大躍進，「三線建設」，地方工業の推進などの工業建設方針あるいは工業発展キ
ャンペーンは，実際に執行したのは地方であったとしても，中央の全体方針に
よって全国的に呼びかけられたものである．上海石油化工総廠と宝山鋼鉄総廠
の建設はやや性格が異なるが，いずれも中央レベルの巨大プロジェクトとして
導入された．つまり上海市の需要変動は，主要には中央政府主導の政策によっ
て引き起こされたものであった．そして上海市として問題になったのは，市場
からの調達という手段がほぼ存在しない計画経済下において，大きく変動する
セメント需要にどのように対応するかという点であった．

⑵　供給Ⅰ──国家分配

　次に供給の検討に移ろう．まずは供給の源泉のひとつである国家分配につい
て見る．国家分配量とは，国家（中央）計画から上海市に割り当てられるセメ
ント量を意味する．とはいえ上海市の場合，基本的には他地域からセメントが

運ばれてくるわけではない（後述するように緊急の場合は除く）．すでに述べたように，一類物資であるセメントは基本的に国家計画にもとづいて分配されるが，上海市の中心的生産単位である上海水泥廠は，所属関係が上海市政府に移った後も国家計画に組み入れられており，上海市における国家分配量とは，上海水泥廠の生産量から上海市の管理に引き渡されるセメントの量を意味していた．逆に言えば，上海市内で生産されたセメントであっても，それが国家計画に組み込まれている限り，自動的に上海市の管理に帰属するわけではなかったのである．

　問題は，この国家分配量が上海市の需要をどの程度満たしていたかという点である．これについては部分的なデータしか得られないものの，前掲図9-4から1958-63年の状況が読み取れる．ここから，上記②で指摘したように，1963年を除き消費量が国家分配量を毎年上回っており，とりわけ1960年には消費量が急激に伸びて両者のギャップが著しく大きくなっていたことがわかる．また『上海物資流通誌』は，「1960年代，国家が上海に分配したセメントは，毎年12.5万-25万トンで，全市需要量の45.1-53.6%であった」としており［『上海物資流通誌』編纂委員会2003, p. 232］，こうした状況が1960年代を通じて存在していたことを示唆している．つまり，少なくとも1950年代後半から1960年代にかけて，正規ルートでの国家分配は上海市のセメント需要を十分満たすとは言い難い状況であった．

　しかし重要なのは，物資管理制度の検討で見たように，国家計画に沿った分配制度は必ずしも固定的なものではなく，比較的弾力的に運用されたという点である．すでに述べた1950年代末から1960年代初頭および1970年の地方分権化政策は，セメント管理における「国家統一分配」という縦割りのラインを一定程度緩め，地方政府による自律的なセメント調達活動を許容するものであった．とりわけ上海市においては，セメントの「地区包乾制」が全国的に見ても早い1967年に実施されており，その結果，上海市は上海水泥廠が生産したセメントを，在上海中央企業への供給を除いて全て上海市の物資とすることができたとされる［『上海物資流通誌』編纂委員会2003, p. 232］．またこうした政策的な分権化以外にも，上海市の物資管理機関である中国建築材料公司上海市公司は，セメント確保の手段として市内の生産単位の増産部分を上海市へ割増分配

するよう主管部門に要求していたとされ，1963年に国家建材工業局は上海市のセメント増産分から7.7万トンを上海市へ割増分配することに同意している［『上海物資流通誌』編纂委員会 2003, p. 232］．つまり，正規ルートでの国家分配量は十分とは言えなかったものの，中央政府は物資管理の制度運用に幅をもたせることによって，実質的に地方にセメント調達に関する一定の裁量権を与えていたのである．そしてこれが，以下に見る上海市のセメント調達行動を促す重要な前提となっていた．

(3) 供給Ⅱ──上海市のセメント調達

　それでは以下，上海市自身のセメント調達行動をいくつかに分類して考察してみよう．

a. 上海水泥廠の生産設備拡張

　まず挙げられるのが，上海水泥廠における生産設備の拡張である．前掲図9-4で確認できるように，上海水泥廠の生産量は何度かの急増と下降を繰り返しつつ，全般的には緩やかに増加していた．この背景にあったのが，上海市政府による上海水泥廠の設備拡張に対する積極的な姿勢である．すでに述べたように，上海水泥廠は1958年から中央企業の「下放」政策により上海市政府の所属に移ったが，これを契機として上海市計画委員会および建設委員会は，上海市のセメント需給逼迫状況の緩和のために上海水泥廠の設備拡張に主体的に関わることになったとされる［上海水泥廠 1990, p. 70］．

　それを示すのが，表9-2の計画経済期における上海水泥廠の設備拡張とその投資支出主体の一覧である．同表で直接的な生産能力の拡大として挙げられるのは，1958-59年の1，2号窯系統の設備増強・新工場の建設と，1971-74年の6号窯増設とそれに関わる設備更新であろう．この2項目の投資支出機関を見てみると，前者は上海市政府の基本建設投資から支出されており[11]，後者につ

---

11)　「上海市1959年国民経済計画報告」には，「1959年の地方系統の基本建設投資は5.6億元であり，……地方系統の基本建設中，工業投資は3.8億元で，……原材料生産の増加に関する重要なプロジェクトに，呉淞化工廠，呉淞煉焦廠の新規建造と，上海水泥廠の拡張がある」とある．上海市計画委員会［1998］p. 42.

表 9-2　上海水泥廠の設備拡張と投資（1949-78 年）

年月	投資内容	主導（認可）機関	支出（決定）主体	投資額
1956-63 年	プレヒーター試験導入第 4 作業場（原天祥水泥廠）2 号窯をプレヒーター試験窯に利用	建築材料工程部技術司	建築材料工業部	5 万元（設備装備と試験）6 万 9380 元（試験費用）
1958-59 年	1，2 号窯系統設備増強，5 号窯新工場建設第 1，2 期工程（1958 年 7 月～）：1，2 号窯系統に 3，4 号窯増設，原料粉砕機・セメント粉砕機各 1 台増設第 3 期工程（1958 年 11 月～）：工場南大門外に新工場建設（ロータリーキルン 1 台［5 号窯］，原料粉砕機 2 台，セメント粉砕機 4 台）	上海市計委上海市建工局	上海市	第 1 期：46.04 万元以上第 2 期：505.92 万元（設備費 310.22 万元，建築費 195.7 万元）第 3 期：1435.85 万元
1961 年	1，2 号窯冷却・防塵等に関する技術改造（1962 年 2 月完成）	上海市建工局	上海市計委	250 万元
1965 年 8 月	1-4 号窯高性能集塵器設置（1968 年完成）	上海市建工局	上海市計委国家経委・財政部	50 万元（上海市計委）70 万元（国家経委・財政部）
1966 年 1 月	微粉炭灰の輸送，包装，火乾，防塵措置の増強	上海市計委市工業生産委員会	上海市財政局	50 万元（技術改良費）
1966 年	5 号窯筒体の拡大（1968 年 9 月に完成）	上海市建工局	上海市計委	25.48 万元
1966 年 1 月	バルクセメント運搬車施設の増設	国家経委	国家経委	40 万元
1971 年	6 号窯（湿式ロータリーキルン）増設（1974 年に生産開始）	上海市建工局革委会	国家建委	128.3 万元
1973-74 年	6 号窯生産能力に向けた設備更新	上海市革委会工交組	上海市財政局	185 万元（技術改良費）346 万元（追加投資・市大型技術改良費）
1978 年	1，3，5 号窯技術改造・大修理（1982 年全て完成）	上海市	上海市	65 万元
1978 年 7 月	バルクセメント発展加速基本計画	国家建材部	国家建材部	258 万元
1978 年 4 月	6 号窯補修	国家建材総局	国家建材総局	310 万元
1978 年	第 1 作業場更新改造（1984 年正式開始）	上海市建材局	国家計委，国家経委，上海市	宝山水泥廠の設備（約 993 万元相当）転用を中央投資，不足部分を上海市の自己調達とし，1983 年 4 月正式認可時総投資額 7,623.75 万元

注：計委＝計画委員会，建工局＝建築工程局，革委会＝革命委員会，経委＝経済委員会，建委＝建設委員会，建材部＝建築材料工業部，建材総局＝建築材料工業総局．
　　原資料にある「建築材料工程部技術司」は「建築材料工業部技術司」の誤りとみられる．
出所：上海水泥廠［1990］pp. 60, 70-75, 83-86, 91-92, 96-98, 104-105, 109, 182.

いては，6号窯の増設自体は国家プロジェクトとして国家建設委員会の投資で行われたものの，6号窯に適応した設備更新のために上海市財政から投資された技術措置費は531万元にのぼり，国家投資の128.3万元を大きく上回っていた．またその他の生産性や安全性の向上に関わる投資においても上海市レベルからのものが多く，中央レベルからの投資は，プレヒーターの試験やバルクセメント（バラ積みセメント）の利用促進など新技術導入のためのテストとしての側面が強かった．これらのことから，上海水泥廠の生産能力の拡大および維持に対し，上海市が主体的に関わっていたことが確認できる．

b.　新工場の建設・拡大

　しかし，生産能力の増加という点で言えば，上海水泥廠の設備拡張以上に大きく貢献したのが，上海市およびその下部単位による新たなセメント工場の建設である．前掲図9-4の上海水泥廠とその他の生産単位の生産量の推移から明らかなように，1958年までは上海水泥廠が上海市のセメント生産のほぼ全てを占めていたのが，1959-60年の大躍進期に上海水泥廠以外のセメント生産が急増し，その後1964年以降に再び拡大すると，1970年以降は持続的に増加している．

　こうした上海市におけるセメント生産主体の構造変化は，表9-3に示される計画経済期における各セメント工場の設立年からも見て取ることができる．ほとんどの工場は1958-59年および1970年以降に集中して設立されており，これは明らかに同時期に急増したセメント需要に対応するものであった．また，各工場の生産量のデータが得られる1965-69年の平均生産量を比較してみると，上海水泥廠の40.6万トンに対して紅旗，呉淞，洋涇，金山の4工場は合計（上海白水泥廠は白色セメントなど特殊商品の生産に特化しているので除く）で23.4万トンと，上海水泥廠の約半分に相当する生産量を1958-59年に設立された4工場が担っていたことがわかる．また1970年代以降は，同時期に推進された県レベルでの工業化による需要を満足させるため，市郊外の各県で続々と小セメント工場が新設・改築された．

　そして，こうした上海市政府によるセメント工場新設のなかでとりわけ興味深いのは，1970年に生産を開始した上海勝利水泥廠の事例である．同工場は

表9-3　上海市のセメント工場（1949-78年）

名称	設立年	所在地	1965-69年 平均生産量 （万トン）	備考
上海水泥廠	1920年	龍華鎮	40.6	1923年生産開始.
上海紅旗水泥廠	1958年	嘉定県	4.0	上海市房地局に所属.
上海洋涇水泥廠	1958年	浦東洋涇鎮	5.4	設立時は上海市紡織工業局に所属.
上海呉淞水泥廠	1958年	蘊藻浜畔	10.7	
上海金山水泥廠	1959年	金山県朱涇鎮	3.3	1958年に金山県金山鋼鉄廠として設立. 当初は土法.
上海白水泥廠	1962年	呉涇工業区	1.8	1959年に上海市建材工業局第四工程公司附属聯合工廠の一部として設立.
上海浦江水泥廠	1970年		―	
上海勝利水泥廠	1970年	安徽省寧国県	―	1970年設立当初は「徽州専区勝利水泥廠」で, 1974年1月より改名. 1985年より安徽省に移譲され「寧国水泥廠勝利分廠」に改名.
上海浦東水泥廠	1971年	浦東	―	1971年川沙県農機局川沙冶煉廠として設立. 1976年乾式ロータリーキルン設置. 1981年上海川沙水泥廠に改名.
上海松江水泥廠	1971年	松江鎮	―	設立初期, 年産1万トン.
上海奉賢水泥廠	1971年	奉賢県北部	―	
南匯水泥廠	1973年	南匯県	―	
青浦水泥廠	1975年	青浦県	―	
崇明水泥廠	1976年	崇明県	―	1979年5月生産開始.

注：1）上海白水泥廠は1968-69年の生産量データがなく, 1965-67年の平均生産量である.
　　2）本表で挙げたセメント工場は出所資料から確認できた限りであり, 全てを網羅するものではない.
出所：『上海建築材料工業誌』編纂委員会［1997］pp. 10-45, 61-64. 上海水泥廠［1990］pp. 93-96.
　　B109-3-71,「1965年-1969年水泥分廠産量情況表」.

上海市政府の投資によって安徽省寧国県に建設されたもので（前掲図9-2参照），その発端は1964年から全国的に展開された「三線建設」の一部である「小三線」建設にある[12]．「小三線」建設とは，来るべき戦争に備え沿海各省市の後方工業基地を内陸山間部に建設するプロジェクトであったが，上海市の「小三線」は安徽省南部の徽州専区に設定された．その結果，同地において大量の基本建設用セメント需要が発生したが，上海からのセメント輸送はあまりにもコスト高であったため，上海市経済計画委員会および上海建築工程局は，上海水泥廠に対して同地でのセメント工場建設を指示した［上海水泥廠1990, p. 81］．当

12）　三線建設および小三線については丸川［1993］，呉［2002］を参照..

初は安徽省屯渓の屯渓水泥廠（大躍進期に建設された「土法」工場）という廃工場を上海市の投資・人員供出により修復・改造することで対応していたが，その後，1967年に基本建設対象地域の移動および屯渓水泥廠の品質問題などから，安徽省寧国県に新たな工場（上海勝利水泥廠）を建設することとされた（屯渓水泥廠は1968年に徽州専区に無償譲渡）．同地で上海勝利水泥廠が生産したセメントは，国家計画物資に組み入れられ，主に上海の「小三線」建設と上海地区に供給され，同廠が1985年より現地政府に移譲されるまで上海市のセメント供給を支えた［『上海物資流通誌』編纂委員会2003, p.233］．

　また，こうした上海市政府による他地域でのセメント工場新設と関連して，他地域にて原料資源の開拓も行われたことを記しておきたい．上海建築材料公司は，1971年4月以降，131万元の資金前貸しと設備提供により江蘇省句容県，丹徒県に二つの石灰石鉱山を開発し，年30万トンを上海市冶金局に指定供給させた．また，1972年に浙江省呉興県龍渓，長興県青山，江蘇省丹徒県林山の石灰石鉱山を開発，年100万トンの供給を得た．1973年には，浙江省呉興県黄龍洞，安吉県梅渓など9の石灰石鉱山を開発し，年産30-40万トンのうち現地で使用する以外は上海市に供給することとされた［『上海物資流通誌』編纂委員会 2003, p.235］．これは明らかに，1970年以降始まった上海市でのセメント需要の急増に対応した石灰石の主体的な確保の動きと言える．

　c.　他地域からの移輸入

　その他に，他地域からのセメントの移輸入が挙げられる．一つには「協作串換」という，いわゆる物々交換の方法が採られた．「協作串換」は1972年から開始されたが，上海建築材料公司が他地域から獲得したセメントは，1972-74年には年間で2500-4796トンに上った．

　また，需要の急増に対して国外からセメントを輸入して対応したケースもある．上海建築材料公司は1972年以降（何年までかは不明．引用資料の記述から，おそらく1980年代末までとみられる），上海市計画委員会に対して外貨為替7442万米ドルを申請し，それをもとにセメント158.32万トン等を輸入したとされる[13]．

　これらの多様なセメント調達活動に上海市政府が従事していた要因として指

摘できるのは，①中央政府主導の工業生産推進政策による上海市セメント需要の増加，②正規ルートでの国家分配の不足と物資管理制度の弾力的運用，③それらの条件の下で，生産設備の拡大や新工場建設，物々交換など非市場的な方法でセメント需要増加に対応する上海市政府の自律的な調達活動，という構造である．つまり，中央政府は物資の一元的管理という計画経済の原則を掲げつつ，自身が推進する工業政策が引き起こす需給ギャップに対して，地方に供給不足の解決を委ねる形で対処していたのである．そしてこうした中央政府のスタンスが，国家計画に組み入れられた工場である上海水泥廠の傍らに「五小工業」としての小セメント工場が点在するという計画経済期上海のセメント産業の構造を形づくっていたと言える．

　ここで，1978年以降の上海におけるセメント需給状況に触れておこう．一般に，改革開放政策は1978年に始まったとされるが，長期にわたり形成された「不足」の経済がすぐに解消したわけではなく，1980年代前半には計画経済期と同様の供給不足がみられた．セメントについて言えば，むしろ相次ぐ建設プロジェクトの実施により需要が急増し，その供給不足の傾向は強まったとも言える．

　象徴的なのは，計画経済期に見られた「協作串換」のような物々交換形式でのセメント調達が，依然として存続していた点である．1982年2月に上海市計画委員会が下達した「関於安排1982年物資協作所需主要物資計画的通知（1982年の物資協力に要する主要物資計画の手配に関する通知）」では，セメントとその他の建築材料を「協進」（他地域・他機関と協力して調達）すべき重要物資と位置づけ，同時に「協進」物資の対価に当たる「協出」物資として，主に自転車，ミシン，洗濯機，カラーテレビ，たばこ，ビール，化学工業製品，乗用車，住宅などが指定されていた．また1986年には，乗用車91台，住宅4996平方メートルを「協出」し，セメント7万トン余りを「協進」したとされる〔『上

---

13) 『上海物資流通誌』編纂委員会［2003］pp. 234-236. なお，本章の初出論文においては，「上海建築材料公司に1972年に上海市計画委員会に対して外貨為替7442万元を申請し，それをもとにセメント158.32万トンを輸入したとされる」とした．加島［2010］p. 162. しかし，セメント輸入量が1972年単年ではなく1972年以降の累計量である点，外貨為替の単位が米ドルである点，同外貨為替を用いて輸入したものにはセメントだけではなくガラス板やダイヤモンド原料等も含まれる点で不正確であり，本章では訂正した．なお，同箇所の誤りについては，張馨元氏よりご指摘をいただいた．記して謝意を表したい．

海物資流通誌』編纂委員会 2003, pp. 234-235].

　こうした状況を大きく転換させたのは，市場を通じたセメント調達量の増加であった．市場機能の回復にともない国家分配の相対的役割は低下し，「1979-84 年，国家が上海に分配したセメントは 62-102 万トンで，量では「地区包乾制」実施以前の 3 倍以上に増えたが，上海市の需要量に占める割合は 50% 程度から 34% 程度に減少」し，「1984 年以降，国家が上海に分配する建築材料の品種と数量は次第に減少」したとされる［『上海物資流通誌』編纂委員会 2003, p. 232］．つまり上海市においては，1980 年代後半にようやく市場を通じたセメント調達が需要の大部分をカバーするようになり，セメントの「不足」状態が解消されたのだと言える．

　以上，本章ではセメント産業を事例として上海市における物資分配と地域内の需給との関係について考察してきたが，そこから得られる含意は以下のようにまとめられる．

　①　セメントの「垂直的不足」発生の構造

　計画経済期において，セメントは一類物資として原則的に国家計画委員会の管理下にあり，分配は市場を通じてではなく計画にもとづいて行われた．これはつまり，中央政府がセメント供給の大枠を垂直的にコントロールする権限を保持していたということである．また同時に，中央政府は工業計画というセメント需要を左右する政策の決定権限を持っていたのであり，原理的に考えれば，各地・各単位のセメント需給をコントロールし，それに応じてセメントを分配することができるはずであった．

　しかし現実の過程では，中央政府は自身の工業生産推進政策が引き起こす各地のセメント需要に対して適合的にセメントを分配しなかった（できなかった）．本章での検討が示す通り，上海市における何度かのセメント需要の急増は，基本的には中央が発動する政策によって喚起されたが，中央から上海へのセメント分配（国家分配量）は，少なくとも 1950 年代末から 1960 年代にかけては十分ではなかった．これは中央政府の需要把握と資源分配に関する能力の不足という管理面の問題であると同時に，そもそも現有のセメント供給能力に対して過大な工業生産推進政策を全国的に推し進めたことによる構造的な問題でもあったと言える．

②　「垂直的不足」に対する中央政府の姿勢

　こうした地方におけるセメントの「垂直的不足」に対して中央政府がとった姿勢は，物資管理制度自体に弾力性を持たせるというものであった．1960 年のセメント分配割合の調整，1970 年（上海では 1967 年）の「地区包乾制」の導入は，計画経済の制度的前提である中央政府による物資の垂直的コントロールを自ら緩め，地方に物資管理権限を委譲するものであった．こうすることで，中央政府は自身がセメントを需要適合的に分配する代わりに，地方政府に対して一定の裁量権のなかで当該地域のセメント供給不足を解決するよう促したのである．

③　「垂直的不足」下の地方政府の対応

　こうした状況下で，上海市政府は自らセメント調達に関する自律的な活動を行った．しかし，計画経済下においては市場を通じた調達という方法が制限されており，そのセメント調達活動は既存生産設備の拡張や新工場の設立，他地域との物々交換などの手段にならざるをえなかった．1970 年代の上海市に相次いで出現した「五小工業」としての小セメント工場は，こうした文脈から生まれたものであり，中国全体のセメント産業において同時期にみられた国家計画外の地方セメント工業の生産拡大も，本章で見た上海市のケースと同様，計画経済期の物資管理制度と中央の工業生産推進政策によって必然的に引き起こされたものであったと考えられる．

　以上の点を総括すると，中国社会主義体制における物資管理体制とは，中央政府による計画的物資管理という制度的前提にもとづきつつ，実際には中央政府が需給のギャップをコントロールしきれず発生する「垂直的不足」を，地方政府に一定の裁量権を与えて解決させることで成立していたシステムと言える．無論，上海市のセメント産業の事例は，初期段階での一定のセメント生産能力の存在，工業都市として潜在的に高いセメント需要，自律的活動によるセメント調達を可能にする上海市政府の資金力と人的資源などの点で特異であり，単純に一般化することはできない．また，こうしたシステムは，当初から計画されていたものではなく，実際に計画経済の運営を進める中で発生した構造を追認する形で漸進的に形成されたものである点も指摘すべきであろう．ともあれ，こうした地方政府主導の自律的な活動によりセメントの「垂直的不足」に対処

する構造は，市場の機能が回復し，「不足」の経済が解消される 1980 年代後半になって，ようやく姿を消すことになったのである．

第 10 章 地域内統合と広域的分配
——電力産業

　第8章，第9章のケーススタディーで明らかにしてきたように，社会主義体制下における経済活動では当該地域の地方政府が重要な役割を担っていた．しかし，こうした特徴は必ずしも全ての産業に当てはまるわけではない．強調しなければならないのは，本書で指摘する地方政府の主体性とは，あくまで集権的な構造を原則とする社会主義体制の枠組みのなかで展開していたものであり，中央政府を頂点とする縦割りラインの主導的な役割は，それとは別に強固に存在していた点である．本章で検討する電力産業は，エネルギー産業としてまさに中央政府の管理が相対的に強い産業であり，それゆえ上海市における展開もゴム加工業やセメント産業とは異なる様相を呈する．しかしそれは第8章，第9章の議論と矛盾するわけではなく，中央政府の主導的役割という中国社会主義体制のもうひとつの側面を示しているのである．

　また，上海の電力産業の事例でポイントとなるのは，その歴史的発展が外資企業によって担われてきたという点である．19世紀後半以降の中国の経済発展において外国資本が重要な役割を果たしたことは多くの研究が指摘しているが，電力産業は相対的に外資の影響が大きい産業である[1]．清末から中華民国期にかけて，満洲国統治下で日本資本により積極的に電力開発が進められた東北地域と，欧米資本に牽引された東部沿海地域において電力産業の集中的な発展が見られた．とりわけ上海においては，1893年に成立した公共租界工部局電気処，および1929年に同処を買収して設立されたアメリカ資本の上海電力公司を中心として，フランス資本の法商電車電灯公司，中国人居住区で発展した複数の中国資本電力会社が，近代工業の発展とともに成長していたことが知

---

1)　中国の電力産業の発展過程については，田島［2008］を参照．

られている[2].　その規模については，1935 年時点で東北地域を除いた全国の発電容量 58.5 万 kW の 42.9% にあたる 25.1 万 kW を誇り，狭小な都市でありながらまさに電力産業の一大集積地であった［中央党部国民経済計画委員会 1937, pp. 9-10］.

　その一方で，上海市と江蘇省全域および周辺諸省とをつなぐ広域送電ネットワークは，民国期を通じて未形成であった．この点に関して，1920 年代に広域にわたる電力価格競争を通じて「五大電力」体制の確立を見た日本における電力産業の発展過程を想起すれば［橋本 1977-78］，豊富な発電容量を誇る上海の電力会社（とりわけ上海電力公司）が市場を求めて近隣諸省に高圧電線を展開し，価格競争を通じて独占を形成するという筋書きが予想される．しかし現実には，外資企業の公共事業への参入を規制する法令により上海の外資電力企業は市外に事業展開できず，もっぱら急速に発展する市内の工業への供給を主としていた．また 1930 年代に江蘇省において国民政府建設委員会を中心とした小規模発電所の統合が一定程度進んでいたものの，日中戦争の勃発という状況も重なり，上海の電力産業と周辺諸地域が広域送電ネットワークで連結されることはなかった[3].　むしろ上海という一都市内においてさえも，複数の電力会社が市内の各区域における独占営業権（原語は「専営権」）を保持するという複雑な状況を呈していた[4].

　結論から先に言えば，こうした上海市内における電力会社の並存状況は，戦後国民政府期における上海電力公司を中心とした統合案の挫折を経て，人民共和国成立以後に各電力会社が国営・公私合営化され，上海市電業管理局による一元的管理体制下に置かれたことをもって終結する．そしてその上で，政府の工業発展戦略に準ずる形で，上海市と江蘇・浙江・安徽省を結ぶ華東電網と呼

---

2)　満洲国および上海の電力産業の発展過程については堀［1987］，金丸［1993］を参照.

3)　1930 年代の江蘇省における電力産業の統合過程については，金丸［1994］pp. 189-192 を参照. 同論文によれば，1930 年代の中葉以降，小出力の発電所を統合していった主体は，建設委員会傘下の首都電廠（南京市）と戚墅堰電廠（武進県），民営の蘇州電廠および上海の華商電気公司，閘北水電公司，浦東電気公司であった．ただし，同論文の表 1 を見ると，上海の 3 社が合併しているのは上海近郊の県の小規模発電所であり，この段階ではその範囲は極めて限定されていたと言える.

4)　なお，旧稿加島［2006］，［2008b］では，「専営権」の日本語訳を「特許権」としたが，本章ではより原語の意味に近い「独占営業権」という訳語を用いる.

ばれる広域送電ネットワークが形成されるのである.

　本章の主要な目的は，こうした第二次世界大戦後から人民共和国成立を経て社会主義改造の完成に到るまでの上海電力産業の統合過程と広域ネットワークの形成に注目しつつ，社会主義体制下における地域内統合と広域的分配の展開を考察することにある．先行研究において同時期の上海電力産業の変遷を追究したものは管見の限り存在しない．中国電力産業史の先駆的業績である李代耕の研究は，1949 年以降の発電設備など主に生産面への評価に傾き，金丸裕一や王樹槐，林美莉の研究は，基本的に日中戦争期までを対象としており戦後については議論が及んでいない［李 1983; 1984; 金丸 1992; 1993; 1999; 王 1991; 林 1990］．また近年刊行されている上海市「地方誌」叢書中の『上海電力工業誌』や電力産業史叢書中の『上海市電力工業史』，『上海電網調度史』，『華東電網調度史』などでは概説的に触れられているが，民国期から人民共和国の成立をへて計画経済期にいたるまでの構造変動については十分に論じられていない［上海市電力工業局史誌編纂委員会 1994;『上海市電力工業史』編委会 2003;『上海電網調度史』編委会 2004;『華東電網調度史』編委会 2004］．

　そこで本章では，まず特異な発展を遂げた上海電力産業が，第二次世界大戦後から人民共和国初期にかけて政府のもとに統合されていく歴史過程を考察する．そしてその上で，計画経済期における上海電力産業の全国および華東電網での位置づけを分析することによって，社会主義体制下での上海電力産業の構造変動を明らかにする．

1.　上海電力産業の構造

(1)　第二次世界大戦後の上海電力産業

　戦後の中国電力産業においては，国民政府資源委員会が日本資本の電力会社を「敵産」として接収・国営化し，巨大な勢力を誇ったことが知られている．とりわけ，1946 年の接収時点で満洲電業株式会社を中心とする東北地域の電力施設をほぼ 100%（小規模施設は除く）掌握したことで，1947 年における資源委員会傘下の電力企業の総発電量は全国の 54.9% に達したとされ，中国電力産業の国営化は著しく進んだ［鄭ほか 1991, pp. 152, 188］．

　それに対して，もう一つの電力産業の集積地である上海では，状況が異なっていた．すでに述べた通り，日中戦争以前の上海の電力産業は，市内にアメリカ資本の上海電力公司，アメリカ・中国の合資形態の滬西電力公司（実質的には上海電力公司の子会社），フランス資本の法商電車電灯公司，中国資本の華商電気公司・閘北水電公司・浦東電気公司等の複数の電力会社が並存していたことが知られている．

　こうした状態は，日中戦争勃発後の 1938 年 6 月に設立された日本資本の華中水電株式会社（中支那振興株式会社の子会社）が，華商電気公司・閘北水電公司・浦東電気公司を接収し，さらに太平洋戦争勃発後には上海電力公司と滬西電力公司を接収したことで，一時的に統合が実現される[5]．しかし，終戦後の 1945 年 9 月 17 日，上海市公用局が国民政府経済部特派員に従い華中水電株式会社を接収すると，5 社は原所有者に返還され，戦前に各社が上海市政府や租界当局と結んでいた各区域における排他的事業経営を認める独占営業権も回復した．例えば，上海電力公司は，1929 年に公共租界工部局電気処を買収した際に工部局との間に 40 年にわたる公共租界内の独占営業権契約を結んでおり，また滬西電力公司も，1935 年の設立時に，国民政府の管理下で上海市政府と30 年を期限とする独占営業権契約を結んでいた[6]．こうして再び戦前の並存状態へと回帰することとなったのである．

　表 10-1 と表 10-2 により，1946 年の上海電力産業の状況を見ると，発電容量では全市合計で 22.3 万 kW と全国 128.1 万 kW の 17.5% を占めていた．とはいえ，1946 年段階では華商電気公司と浦東電気公司の発電施設は回復しておらず，上海電力公司が全市の 78.9% にあたる 17.6 万 kW を占め，戦前と同様に他を圧倒していた．また発電量についても，全市で 7.83 億 kWh と全国 36.3 億 kWh の 21.6% に達したが[7]，華商電気公司と浦東電気公司は発電を行えず，閘北水電公司の発電量も戦前の水準には及ばない状態で，上海電力公司

　5）　華中水電会社の設立およびその調査活動については次の研究を参照．金丸［2002］，［2005］．
　6）　在上海中国通信社調査部［1937］pp. 13-14, 37-39．ちなみに上海電力公司と工部局との独占営業権契約においては，半期毎に電気・電力料金収入の 5% を工部局に納入し，資本金の 1 割を超す利益があれば，その超過額の半分を特別資金として保留し電気料金の値下げに充て，また，10 割以上の配当は，その半分を電気料金の値下げに充てるとされた．ただし同書の分析によれば，同規定は必ずしも履行されていたわけではなかったようである．
　7）　全国の数値については，李［1983］pp. 27-28 を参照．

表 10-1　上海市の電力会社（1946 年 12 月）

名称	資本形態	創立年	資本総額（千元）	供給区域	発電設備		
					原動機種類	数量	容量（万 kW）
上海電力公司	米資本	1929 年	56,502	旧公共租界	スチームタービン	14	17.6
滬西電力公司	中米合資	1935 年	3,000	滬西越界築路区	―	―	―
法商電車電灯公司	仏資本	1902 年	125,000	旧フランス租界	ディーゼルエンジン	4	1.2
閘北水電公司	市営	1911 年	9,000	閘北全区	スチームタービン	4	3.5
華商電気公司	民営	1904 年	6,000	南市全区	―	―	―
浦東電気公司	民営	1919 年	1,500	浦東全区	―	―	―

注：1）法商電車電灯公司の資本総額の単位は千フラン．
　　2）上海電力公司・閘北水電公司の発電設備は修理・故障中を含み，法商電車電灯公司は董家渡水廠の設備を含まない．
出所：上海市政府統計処［1947］第 11 類，p.12 を整理して作成．創立年については金丸［1993］p.60 にもとづき修正．

表 10-2　上海市電気発電量・販売量・発電燃料消費量（1946 年）

	発電・購入電力量（億 kWh）			販売電力量（億 kWh）			発電燃料消費量（万トン）	
	発電量	購入量	合計	市内販売量	卸売り量	合計	石油	石炭
上海電力公司	7.07	―	7.07	3.77	2.59	6.37	21.4	30.4
滬西電力公司	―	1.37	1.37	1.16	0.13	1.3	―	―
法商電車電灯公司	0.64	0.13	0.77	0.67	―	0.67	1.7	―
閘北水電公司	0.12	0.59	0.71	0.53	0.04	0.57	―	1.7
華商電気公司	―	0.38	0.38	0.31	―	0.31	―	―
浦東電気公司	―	0.25	0.25	0.15	0.05	0.2	―	―
全公司合計	7.83	2.73	10.57	6.61	2.81	9.42	23.1	32.1

注：1）いくつかの項目は全公司合計が項目内訳の合計と一致しないが，原表のままである．
　　2）卸売り電力量には，市外への販売量も含む．
出所：上海市政府統計処［1947］第 11 類，pp.22, 26 を整理して作成．

からの電力購入が主であった．供給先については，家庭用電気販売が中心であった法商電車電灯公司を除き，工業用が約 60% 以上を占めていた［上海市政府統計処 1947，第 11 類，p.16］．また発電量の大部分が市内で消費されており，戦前と同じく，上海市内の工業用電力需要と非常に強く結びついていた．

　そして発電燃料に注目して見ると，上海電力公司と法商電車電灯公司の石油使用が特徴的である．とりわけ上海電力公司について言えば，戦後にアメリカ軍から緊急提供された石油に対応するためにボイラーの大部分を石油用に改造

した後［上海市電力工業局史誌編纂委員会 1994, p. 48］，翌 1947 年には石油消費量を 35.3 万トンに引き上げる一方，石炭消費量を 22.6 万トンに減らしていた．これによって，全市の石油消費量は 37.8 万トンに達し，石炭消費量 32.2 万トンを上回った［上海市政府統計処 出版年不明，第 10 類，pp. 16-17］．一般に石油による熱量は同量の石炭の約 6 倍とされ，戦後上海の発電燃料の主要な柱は石油であったと言える．当時，中国の石油自給率は 1-2 割程度で，ソコニー・スタンダード（中国名：美孚），アジア石油，テキサコ（中国名：德士石）のメジャー 3 社から主に輸入しており，特に上海電力公司にて使用される燃料石油は協定により低価格で輸入することが可能であったとされる［久保ほか 2016, pp. 99-100; 鄭ほか 1991, p. 183］．

　これらの基本状況から浮かび上がってくるのは，全国の約 17% の発電容量を擁する一方で，発電燃料を海外からの輸入に依存しつつ，発電と電力消費が市内だけでほぼ完結するという上海電力産業の独特な構造である．こうした上海電力産業と市内の近代工業との密接な関係は，租界の存在という清末以降の特殊な政治経済的条件によって形成されたものであったが，租界が消滅した第二次世界大戦後においても強い規定性を持っており，市場の面でも発電燃料の面でも近隣諸地域との連関性は相対的に薄かったのである．

(2) 聯合電力公司設立構想とその顛末

　上述のように，戦後上海においては発電をほぼ上海電力公司のみに依存していたが，戦後復興により増加する電力需要に十分に対応できず，電力不足が顕著になっていた［上海市電力公司 1946, pp. 1-2］．このような状況を背景として，上海電力公司を中心に提起されたのが，聯合電力公司設立構想であった．その具体的内容については，上海電力公司が当時出版していたパンフレットを通じて垣間見ることができる[8]．

　同書によれば，上海市の各電力会社は，「創設時から特定の区域の需要に対

---

[8]　以下の記述は，次の史料による．上海電力公司述『解除上海電荒之計画──「聯合電力」計画』1947 年 5 月（英文タイトル　Shanghai Power Company, A Plan for Relieving Shanghai's Electric Power Shortage: The "United Power" Plan, May 1947.），Q5-3-5469，上海市公用局「籌組聯合電力公司巻」．

して供給しており，各社は本市の一部分の営業区域内においてのみ合法的な独占営業権を持っている．各社は独立した組織であり，各社の資金，発電容量，顧客数，電力使用負荷およびその外の主要事項はみなバラバラ」であるが，現在は戦時中の設備損壊により市の電力需要に対応できないという共通の問題に直面しており，「「聯合電力」の計画は，中心的発電所を建設することでその問題を解決するものである」とされている．そして中心的発電所の長所として，以下の点が挙げられていた．（1）必要な資金を減少させることができる．（2）機器の容量が大きく，発電コストが経済的である．（3）効率が最も良い発電設備から基本負荷を供給することができ，比較的古く効率が悪い設備は，最高負荷時にしばらく使用するだけで良く，経済的である．（4）各社の設備・機器を減少させ，生産的でない投資を最小限度まで減らせる．（5）各社の電力供給コストおよび電力価格の差異を次第に消滅させることができる．

　その上で，「現在，上海では発電容量 6 万 kW が不足し」，供給不足は日に日に深刻になっており，「発電容量の不足は少なくとも 10-15 万 kW に達するであろう」とし，15 年以内に「聯合電力」が設置する必要がある発電容量を 50 万 kW と見積もっている．そして，その第一歩として，黄浦江沿岸に 10 万 kW の発電設備を設置し，現有の各電力会社の発電所を結ぶ 13.2 万 V の高圧環状電線を建設することを提起している．1946 年時点での上海全市の発電容量が 22.3 万 kW であったことを想起すると，これは上海における将来的な電力需要の増加を見込んだ，極めて長期的かつ大規模な建設計画であったと言えよう．

　こうした上海電力公司の構想に対して，上海市政府と市参議会（第二次世界大戦後に設立された上海市の民意代表機関）は，基本的には賛同の意思を示した．上海市公用局は，以前より上海の各電力会社を統一的に管理する意向を持っており，1947 年 4 月に技術委員会を任命し聯合電力公司設立の計画を検討させている［上海市電力工業局史誌編纂委員会 1994, p. 467］．また，上海市参議会も，電力不足という当時の状況を背景に，1947 年 3 月に聯合電力公司計画を採択した．一方，上海のその他の中国資本電力会社の間には反対があったが，市政府と外国資本の圧力の前に表向きは賛成せざるをえなかったとされる[9]．

　そして，聯合電力公司設立計画を実現するにあたり焦点となったのが，上海

市政府と聯合電力公司との間で新たに結ばなければならない独占営業権契約であった．この点に関しては，1947年7月に杜月笙（華商電気公司董事長），銭新之（閘北水電公司董事長），童世亨（浦東電気公司総経理），P. S. Hopkins（上海電力公司総裁），李銘（同公司顧問）などからなるシンジケートが組織され，契約草案が起草された後，1947年9月4日から16日までに6度の会議が開かれ，草案に対する修正が繰り返されている[10]．この独占営業権契約草案は，最終的に市政府第95回市政会議を通過し，ここに至って，上海市における聯合電力公司設立に対する準備態勢は基本的に整った．

　こうした過程を経て，1947年12月，上海市長の呉国楨は国民政府行政院と経済部に対し，2-3台，計5万kWの日本の中古機械設備を購入して聯合電力公司を創設することを申請した．しかし結果的に，これは国民政府による承認を得ることができなかった．国民政府が同申請に許可を与えなかった理由については，以下の1948年3月1日に上海市へ送付された行政院の経済・財政・外交・地政各部と全国経済委員会・資源委員会による聯合電力公司構想に対する評議後の回答からうかがい知ることができる[11]．

　同回答は，「上海が聯合電力公司の設立を計画して電力不足を解決し生産を促進することは，外資を借用あるいは外国人出資者の参加であっても，原則的に賛同する」としつつも，「草案の形式は，かつての租界の外国人経営の公共事業および滬西電力公司の各種独占営業権契約となんら異なるところがなく，不平等条約が撤廃された今日では，こうした方式を再び援用すべきではない」，「草案では，聯合電力公司は上海管轄区域の境界線の外に電力販売と送電ができるとしているが，これは各外国資本会社がその営業範囲を拡充することになる」，「草案は，我が国の法律に基づいていると称しているが，双方に争いが生じたときには，イギリスの電機技術者学会の会長に仲裁人を指定する権利を授

---

9) 例えば閘北水電公司は，上海電力公司の勢力拡大に対抗して，ひそかに事業投資と会社買収を専門に行う遠東電気股份有限公司を設立し，閘北水電の営業区域外に所在する翔華・大耀・生明・黄渡・華興永・真如など小規模な電力会社の株式の全部あるいは大部分を購入していた．また同公司は，銭新之を聯合電力公司の全権代表として派遣する一方で，王兼士を遠東公司の指導者としていた．上海市電力工業局史誌編纂委員会［1994］p. 448．こうした中国資本側の動きについては，今後の重要な検討課題である．

10) 契約草案については以下の史料を参照．Q1-14-456,「聯合電力公司権約草案」．

11) Q1-14-456,「抄経済部等会呈」．

けており，また仲裁の下した決定は最終的な決定で，なんと我が国の法律の拘束を受けない．参加会社および聯合電力公司の契約履行の義務に関する規定は片務的であり，これは不平等条約の復活に他ならない」などの理由を挙げ，「上述の各点を総括すれば，原契約草案は形式・内容とも現行法律に抵触し，成立を許しがたしとしなければならない」と結論づけているのである．

　この国民政府の対応は，戦前の 1930 年に閘北水電公司が上海電力公司からの電力購入の継続契約を結ぼうとした際，国民政府主管機関が外資発電所との契約締結に難色を示し，これを許可しなかった事例を想起させる［在上海中国通信社調査部 1937, pp. 57-58］．その根底には，国民政府の主権侵害に対する強い意識が共通して存在していた．無論，こうした主権侵害の強調は，単純な愛国主義の発露とのみ捉えるべきではなく，戦後における国民政府の電力産業統合政策に関連する利害関係からも検討される必要があろう[12]．ともあれこうして，戦後における外国資本企業を中心とした上海電力産業統合の試みは，上海市政府と市参議会の賛同を得られたものの，欧米資本による独占営業権契約を問題とする国民政府の承認を得られず，ついに実現することはなかったのである．

2.　人民共和国初期の地域内統合

(1)　朝鮮戦争の勃発と軍事管制

　第 2 章で見たように，1949 年 5 月 27 日に上海が人民解放軍により軍事的に占領されると，軍事管制期間中の最高権力機関として上海市軍事管制委員会が組織され，上海市の政府機関および国営企業の接収・管理が着手された．また，当時の中共の国営企業と公共性を有する企業の接収に関する基本方針は「原封不動」（元のまま動かさない）であり，私営企業とその一切の財産については，一律に保護し侵犯してはならないとしていた[13]．そして外資企業に対しては，

---

12)　現在のところ，筆者は第二次世界大戦後の中央政府による上海市および江蘇省地域の電力産業統合に関する具体的な計画等を把握していない．ただし，金丸［1994］の指摘する 1930 年代の国民政府建設委員会による江蘇省の電力産業統合過程を想起すれば，戦後において上海市をも含む同地域の電力産業統合計画が長期的に模索されていたことは，十分想像できる．

13)　中共中央「関於接管江南都市給華東局的指示（1949 年 4 月 25 日）」および華東局「関於接管江南城市工作的指示（節録）（1949 年 4 月 1 日）」中央巻編集部［1992］pp. 30-33.

1949 年 1 月 14 日の中共中央の指示のなかで，一切の資本主義国家の政府・個人の在華経済特権，商工業，投資に対しては，正式な承認を与えないものの，現在のところ急いで禁止，回収，没収に関する言動をしてはならないとしており，性急な対応を抑制している[14]．

　こうした全体方針のなかで，上海の電力産業の中心であった外国資本企業に対する対応も，きわめて慎重なものだった．上海市政府公用局は，軍事占領後 3 ヵ月間における外国資本企業による公共事業への政策を総括して，「外国資本企業が経営する公共事業に対する政策は，一般的に極めて周到かつ慎重に行い，何かあったら市委員会の指示を仰ぎ，密接に外僑〔外国居留民──訳者注〕事務処と相談して，一方では饒〔漱石──訳者注〕政治委員の指示をしっかりと把握する．……外国資本が厳格に政府の法令を遵守している条件下においては，保護しなければならず，あらゆる方面からの破壊は取り締まられねばならず，困難には協力を与えるという方針の下で，次第に改造を実行する[15]」としている．

　また，外国資本の独占営業権については，「我々は上海を解放して以降，こうした契約問題に対しては，承認もしていないが，否認もしていない．しかし，事実上契約は継続して効力を発揮しており，外国人は一般に契約に照らして権利を行使し義務を履行している．……我々は自己の主観的力量（技術と財力）にもとづき，自身で経営できるものは回収して自身で経営する．自身で経営する力がないものは，しばらく外国人に経営させるという政策に則り，再契約する．しかし，現在は時期尚早で，条件も熟しておらず，ただ計画を立て，準備を進めることができるだけである」と述べており，独占営業権については現状維持の姿勢を見せていた．

　1949 年の上海電力産業の状況に目を向けてみると，発電量に関して言えば，1 月に全市で 1.04 億 kWh であったのが，4 月には 0.36 億 kWh にまで低下している．しかし，5 月には 0.59 億 kWh に持ち直し，その後も緩やかに回復して 1949 年全体では 9.32 億 kWh と，1946 年をやや下回る程度の水準を維持し

---

14)　中央「関於外交工作的指示（1949 年 1 月 19 日）」中央檔案館［1992］pp. 44-49.
15)　B1-2-389，上海市人民政府公用局「公用処両個半月的工作報告（1949 年 5 月 28 日-8 月 23 日）」.

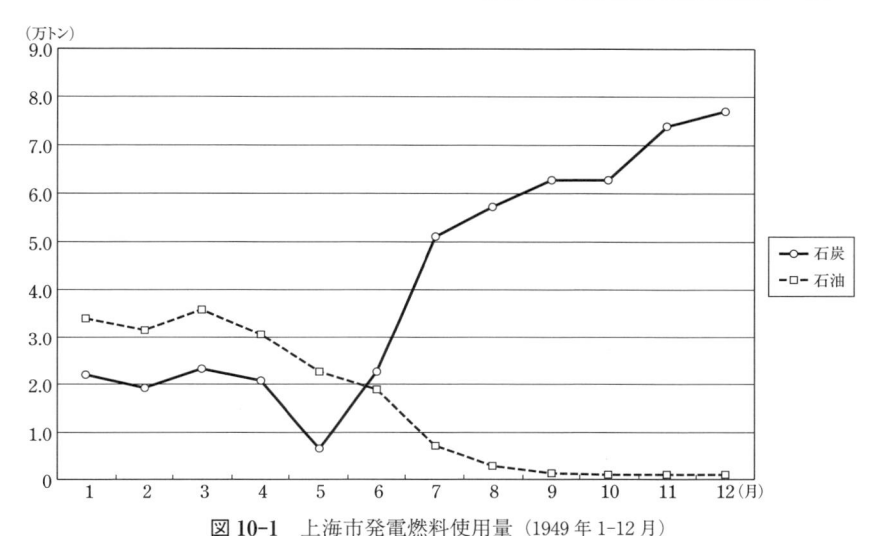

図 10-1　上海市発電燃料使用量（1949 年 1-12 月）

出所：上海市人民政府秘書処［出版年不明］，公用類 pp. 183, 199-200 を整理して作成．

ていた［上海市人民政府秘書処　出版年不明，公用類 p. 183］．

　しかし，上海の電力産業をめぐる環境は徐々に変化しつつあった．とりわけ顕著にそれを表すのが，石油使用量の変化であり，図 10-1 に示されるように，1949 年 6 月以降は国民党の海上封鎖により石油輸入が急減し，供給は著しく逼迫した[16]．こうした状況に対して，中共中央は上海市へ石炭を集中供給することで対応し，戦後国民政府期の発電燃料の供給構造は転換することとなる［中国工業経済研究所 1949］．

　そして，1950 年 6 月に勃発した朝鮮戦争，および同年 10 月の中国の参戦により，東アジアにおける冷戦の構図は一層明確になった．中央人民政府外交部は，1950 年 11 月 5 日に示した「外資企業の処理方法に関する初歩的な意見」のなかで，在華アメリカ企業に対する管理の強化を叫び，まず公共事業に対して軍事管制を実行する方針を打ち出している．同時に，石油関連企業の保有する石油を直ちに強制的に買い上げ，必要なときには企業自体を接収・管理することとした[17]．

---

16)　「中財委報告敵封鎖我海航後之航務情況（1949 年 10 月 30 日）」中国社会科学院・中央檔案館［1994］p. 445.

　さらに決定的であったのは，1950 年 12 月に実行された米中双方の相手国資産の凍結である．1950 年 12 月 16 日，アメリカ政府は，対中貿易制限の施行と並行して，アメリカ管轄区域内における中華人民共和国の公的・私的財産の管制，並びにアメリカで登録している船舶の中国の港への航行禁止を宣布した．これへの対抗措置として，1950 年 12 月 28 日，政務院は「アメリカの在華財産の管制・在華預金の凍結に関する命令」を公布し，「中華人民共和国国内のアメリカ政府とアメリカ企業の一切の財産は，当該地域の人民政府が管制を行い，並びに詳細な調査を行う」ことを宣言したのである[18]．

　この在華アメリカ資産への管制・凍結が，上海電力公司への軍事管制の直接的な契機となった．政務院による命令の直後の 1950 年 12 月 30 日，上海市軍事管制委員会は上海電力公司に対する軍事管制を決定し，翌年 1 月 2 日に執行を宣言した［上海市電力工業局史誌編纂委員会 1994, p. 21］．これと同時期にテキサコや上海電話公司など 115 のアメリカ企業に対しても同様の措置が採られ，1951 年 7 月 11 日にはソコニー・スタンダード，キャセイ（中国名：中美），テキサコの 3 社の一部資産を徴用し，その全ての石油を強制的に買い上げた．こうした過程を経て，1952 年末にはアメリカの在華企業総資産の 94.5% が中国政府の管理下に置かれたとされる［劉 1997, p. 314］．

　このように，中国の朝鮮戦争への参戦とそれにともなう在華アメリカ資産の管制・凍結を契機として，中国政府は上海電力公司への軍事管制へ踏み切った．その結果として，上海電力産業の統合において最大のネックとなっていた外国資本の独占営業権を回収することに成功したのである．

(2)　国営・公私合営化による統合

　上海電力産業において圧倒的な地位を占めていた上海電力公司に対して軍事管制が執行されたことにより，政府主導の電力産業の統合は一気に進展していった．

---

17)　外交部「関於外資企業処理辦法的初歩意見（1950 年 11 月 5 日）」．同文書については以下の研究による．劉［1997］p. 314.

18)　政務院「関於管制美国在華財産凍結美国在華存款的命令（1950 年 12 月 28 日）」中央人民政府法制委員会［1952］p. 204.

　まず，上海市人民政府は 1951 年 6 月に「上海市電力供給事業の統一価格に関する暫定規則」を公布し，従来各電力会社によって異なっていた市内の電力価格を，電力 1 kWh あたり 820 元（新人民元 0.082 元相当），電灯 1 kWh あたり 2460 元（同 0.246 元相当）に統一した[19].

　そして，送電網の統一も進められた．1950 年 2 月 6 日の国民党戦闘機による爆撃後の電力会社間における電力融通が契機となり，同年 3 月には市公用局の下に調度組（管理機関）が設置され，1951 年には，図 10-2 が示すように各電力会社間に 3.3 万 V の連絡線を繋ぎ合わせる形で環状送電線が完成した．この環状送電線は，1953 年に 3.5 万 V に引き上げられ，1960 年には 11/3.5 万 V の混合形式に改変された．そして 1967 年に 22 万 V 環状送電線が完成することとなる［『上海電網調度史』編委会 2004, pp. 19-36］.

　こうした運用面での統一の進展を背景として，1953 年 2 月 20 日に上海市公用局電力処と上海電力公司総辦事処が合併して中央燃料工業部上海電業管理局が成立し，1954 年 4 月 1 日にはその下に中心調度所が設立され，上海電力産業を一元的に管理する機関となった．そして 1954 年 2 月 2 日には上海電力公司の軍事管制が終了し，上海電業管理局の指導下に組み入れられ，同年 11 月，上海電業管理局楊樹浦発電廠に改名された（1958 年に上海楊樹浦発電廠に改名）．ここに至って，上海電力産業の中心的存在であった上海電力公司は，完全に政府の管理下に置かれたのである．

　それと前後して，他の電力会社の国営・公私合営化も進展している．1953 年 1 月 1 日には中国資本最大の電力会社であった閘北水電公司が公私合営化され，同年 11 月 2 日には，上海市人民政府が法商電車電灯公司を国営としてその全財産を代行管理した．同社は，その後滬南水電交通公司となり，発電部門は滬南電力処とされた．そして 1954 年 7 月 1 日，華商電気公司と浦東電気公司の 2 社が同時に公私合営化し，市内の電力会社がすべて国営・公私合営化されることとなった．

　以上のように，各電力会社の国営・公私合営化が進展するなかで，政府による事実上の独占営業権の回収が進み，上海電業管理局を中心とした市内電力産

---

19)　上海市人民政府「上海市供電事業画一価格暫行辦法」上海市電力工業局史誌編纂委員会［1994］p. 211.

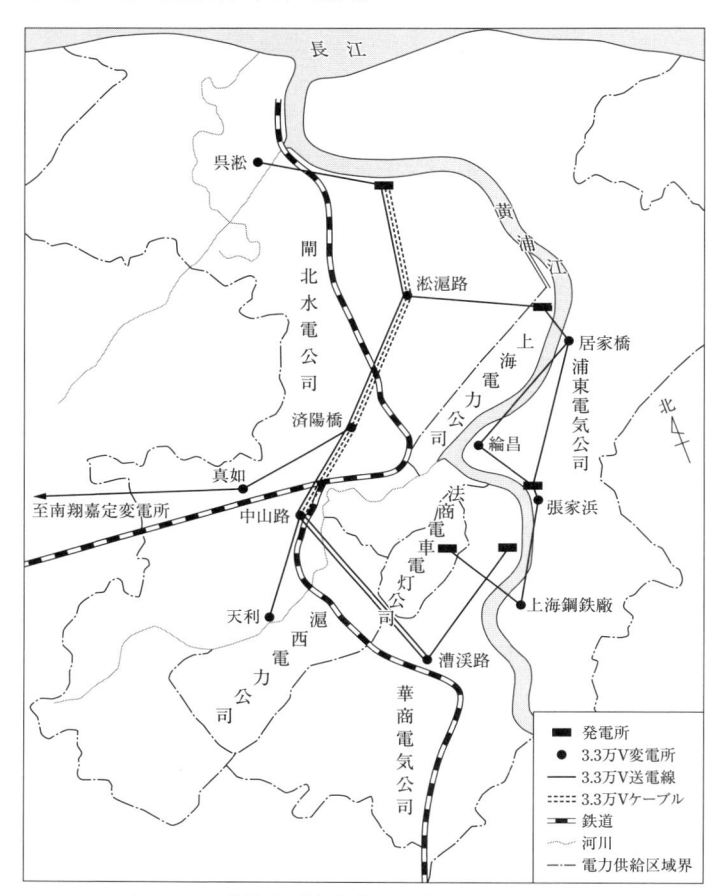

図 10-2　上海市電力供給区域と送電網（1951 年）
出所：『上海電網調度史』編委会［2004］p. 27 の図をもとに筆者作成.

業に対しての一元的管理体制が確立することとなった．こうした管理体制は，戦後国民政府期の聯合電力公司設立構想と比較すると，両者とも戦後復興と第1次五ヵ年計画（1953-57 年）という巨大な工業用電力の需要を背景としたものであること，既存の発電所を結び付けて環状送電網の設置することなどの点で共通点が見出せる．しかし，聯合電力公司設立構想があくまでも上海電力公司という外国資本企業が中心となって推し進められたものであったのに対し，上海電業管理局による管理体制は，上海電力公司に対する軍事管制という条件下

での政府主導のものであり，さらに中央燃料工業部という中央政府機関の管理
下にも置かれた点で，大きな相違が存在していた．

3. 広域送電ネットワークの形成

(1) 計画経済期上海電力産業の展開

さて，以下では国営・公私合営化を通じて統合された上海電力産業の計画経
済期における展開について，全国の電力産業の状況と対比しつつ，マクロ的に
考察したい．

まず表 10-3 から上海における発電容量の変化を見ると，1958 年までは緩や
かな増加傾向が続き，大躍進期（1958-60 年）に重なる 1958-61 年に急増し，以
後も何度かの停滞を経つつ増加傾向を示していた．しかし，全国の発電容量の
伸びと比較すると全体的に下回っており，その対全国比率は 52 年をピークに
一貫して緩やかに低下していることが確認できる．また発電量も，発電容量と
ほぼ同じく，57 年までは極めて緩やかな増加を示し，1959，60 年に急増した
後，63 年から持続的に増加している．ただし，こちらもやはり全国の伸びを
下回り，対全国比率は低下傾向にあった．このように，人民共和国成立以後，
上海電力産業の統合が進む一方で，清末から民国期にかけて形成された上海へ
の電力産業の集中という状況は徐々に失われていったのである[20]．

こうした傾向には，中央政府の工業発展戦略が大きく影響していた．第 1 次
五ヵ年計画期の上海においては，中央の沿海地域を重点投資対象としない方針
により，工業生産の増加にもかかわらず大規模な電源開発は行われず，南市・
楊樹浦・閘北の各発電所に機器が 1 台ずつ増設されただけであった［『上海電網
調度史』2004, p. 22］．続く大躍進期には，工業需要の突発的な増加に対応すべく
発電施設が増設され，1947 年時点で聯合電力公司構想が掲げていた 15 年以内
に発電容量 70 万 kW という目標は，図らずも 1961 年に達成されている．た
だし，この時期に急激に増設された施設は技術的に多くの問題を抱えていたと
される[21]．

---

20)　計画経済期の電力産業の全国的展開については，差し当たり以下の研究を参照．李 [1984]，
　　張 [1998]，田島 [2003]．

表 10-3 全国・上海市電力産業生産指標 (1949-78 年)

	発電容量（万 kW)			発電量（億 kWh)			発電燃料消費量（万トン）					
							石炭			石油		
	全国	上海	(%)	全国	上海	(%)	全国	上海	(%)	全国	上海	(%)
1949 年	184.9	26.0	14.0	43.1	10.1	23.4	…	51.6	…	…	19.0	…
1950 年	186.6	23.6	12.6	45.5	8.8	19.4	…	76.3	…	…	0.7	…
1951 年	188.3	26.6	14.1	57.5	11.9	20.7	…	90.5	…	…	0.7	…
1952 年	196.4	29.8	15.2	72.6	13.2	18.2	…	96.6	…	…	0.2	…
1953 年	235.0	30.1	12.8	92.0	15.8	17.2	485.4	108.1	22.3	…	0.5	…
1954 年	259.8	30.2	11.6	109.9	17.1	15.6	531.0	108.7	20.5	…	0.3	…
1955 年	299.7	31.2	10.4	122.8	15.3	12.4	652.5	96.0	14.7	…	0.1	…
1956 年	388.1	34.3	8.8	165.9	18.9	11.4	836.4	124.3	14.9	…	0.2	…
1957 年	463.5	34.4	7.4	193.4	18.9	9.8	…	121.2	…	…	0.2	…
1958 年	628.8	40.6	6.5	275.3	23.4	8.5	…	142.2	…	…	0.9	…
1959 年	953.7	58.0	6.1	422.9	31.8	7.5	…	235.6	…	…	2.3	…
1960 年	1,191.8	65.2	5.5	594.2	39.8	6.7	2,876.3	298.1	10.4	…	1.8	…
1961 年	1,285.6	72.7	5.7	480.5	32.2	6.7	…	178.5	…	…	27.7	…
1962 年	1,303.7	72.8	5.6	458.0	30.1	6.6	…	133.1	…	…	34.0	…
1963 年	1,332.9	72.8	5.5	489.8	37.4	7.6	…	163.3	…	…	34.0	…
1964 年	1,406.1	73.1	5.2	559.8	40.8	7.3	…	197.6	…	…	25.6	…
1965 年	1,507.6	72.3	4.8	676.0	51.3	7.6	…	273.8	…	…	16.5	…
1966 年	1,701.8	87.4	5.1	825.2	58.0	7.0	…	302.0	…	…	16.9	…
1967 年	1,799.3	87.5	4.9	773.8	56.6	7.3	…	234.9	…	…	42.8	…
1968 年	1,916.3	87.5	4.6	715.9	60.4	8.4	…	129.6	…	…	120.3	…
1969 年	2,103.6	102.5	4.9	904.3	66.4	7.3	…	94.4	…	…	160.4	…
1970 年	2,337.0	101.7	4.4	1,158.6	74.4	6.4	4,417.2	30.0	0.7	…	273.9	…
1971 年	2,628.2	103.4	3.9	1,383.6	84.5	6.1	…	51.1	…	…	232.1	…
1972 年	2,950.1	132.4	4.5	1,524.5	95.6	6.3	…	63.5	…	…	253.2	…
1973 年	3,392.5	145.2	4.3	1,667.6	101.8	6.1	…	49.2	…	…	276.8	…
1974 年	3,810.8	157.9	4.1	1,688.5	115.0	6.8	…	15.7	…	…	327.0	…
1975 年	4,340.6	182.8	4.2	1,958.4	123.1	6.3	…	26.4	…	…	344.0	…
1976 年	4,714.7	197.8	4.2	2,031.3	128.9	6.3	7,967.0	27.7	0.3	1,892	361.8	19.1
1977 年	5,145.1	195.6	3.8	2,234.0	127.9	5.7	…	38.5	…	…	337.9	…
1978 年	5,712.2	197.7	3.5	2,565.5	139.7	5.4	11,084.0	145.5	1.3	2,013	305.2	15.2

注：表中の「…」は，当該時期の当該項目の数字が不明であることを表す．以下の表も同じ．

出所：上海市電力工業局史誌編纂委員会［1994］pp.44-45, 張［1998］pp.270-271, 296, 中華人民共和国国家統計局工業統計司［1958］p.62, 張ほか［1994］p.97 を整理して作成.

　そして，発電燃料については，先に見たように，1950 年代における石炭使用の主流化という流れが確認できる．石油使用量は，1960 年代初頭に既存の石油資源開発の成果によりやや盛り返すが，1960 年代後半に大慶油田の開発

21）　大躍進期の上海における電力産業の展開については，中共上海市委工業工作委員会ほか［2003］pp.94-111 を参照.

によって原油産量が急増するまでは石炭にその主要な位置を譲っていた．その一方で，1950 年代において上海の石炭消費量の全国比率が徐々に低下している点には留意すべきである．人民共和国成立当初は，工業生産を維持するという目的から上海に対して優先的に石炭が投入されていたが，1950 年代の後半にはそうした配慮は相対的に減少していった．このことも，上海への電力産業の集中という状況が失われていく過程を物語っている．

(2)　華東電網と上海電力産業

こうした上海電力産業の相対的な規模の縮小と並行して，1950 年代後半から，華東電網と呼ばれる上海市と隣接諸省を結ぶ送電網が形成された点は注目される．

華東電網とは，図 10-3 に見えるように上海市と江蘇・浙江・安徽省を結ぶ広域送電ネットワークであり，その直接的な端緒は，1957 年に江蘇省東部の望亭電廠（発電所）と上海西郊変電所を結ぶ 11 万 V 送電線が完成したことによる[22]．これにより，上海の電力産業は，民国期からすでに形成されはじめ，1950 年代に南京下関電廠（旧首都電廠）を中心として東は栖霞山―丹陽―常州―戚墅堰―無錫，西は安徽省の馬鞍山―銅陵まで展開した蘇南電網と連結した［『華東電網調度史』編委会 2004, p. 11］．また 1960 年には，浙江省の新安江水電廠から杭州を経て上海へと到る 22 万 V 送電線が建設され，3 省を繋ぐ基本的な枠組みが誕生する．そして 1973 年には，合肥―蕪湖―南京―諌壁（江蘇省鎮江市郊外の発電所．1965 年に発電開始）を東西に繋ぐ 22 万 V の送電線が送電を開始した．こうした隣接各省を繋ぐ送電線の展開を背景として，1962 年に水利電力部華東電業管理局が設立され[23]，上海市と江蘇・浙江・安徽省の 3 省 1 市を結ぶ華東電網が実態として運営されるに到ったのである．

華東電網内の発電設備を見ると，華東電網が本格的にスタートした 1962 年末時点での発電設備容量は 184. 42 万 kW（うち火力が 80. 8%，水力が 19. 2 ％）で

---

22)　日中戦争以前に，戚墅堰電廠が太湖の沿岸の望亭に 1.5-2 万 kW 規模の発電所を建設する計画を立てており，すでに土地の買収は完成していたという．金丸［1994］p. 190.

23)　華東電業管理局は，これ以前にも 1952 年 4 月から 1955 年 1 月まで存在し，南京・蘇南・徐州・淮南等の電業局を管轄していたが，省間送電ネットワークの建設前であることから，個別的な管理に止まっていたと見られる．『華東電網調度史』編委会［2004］p. 48.

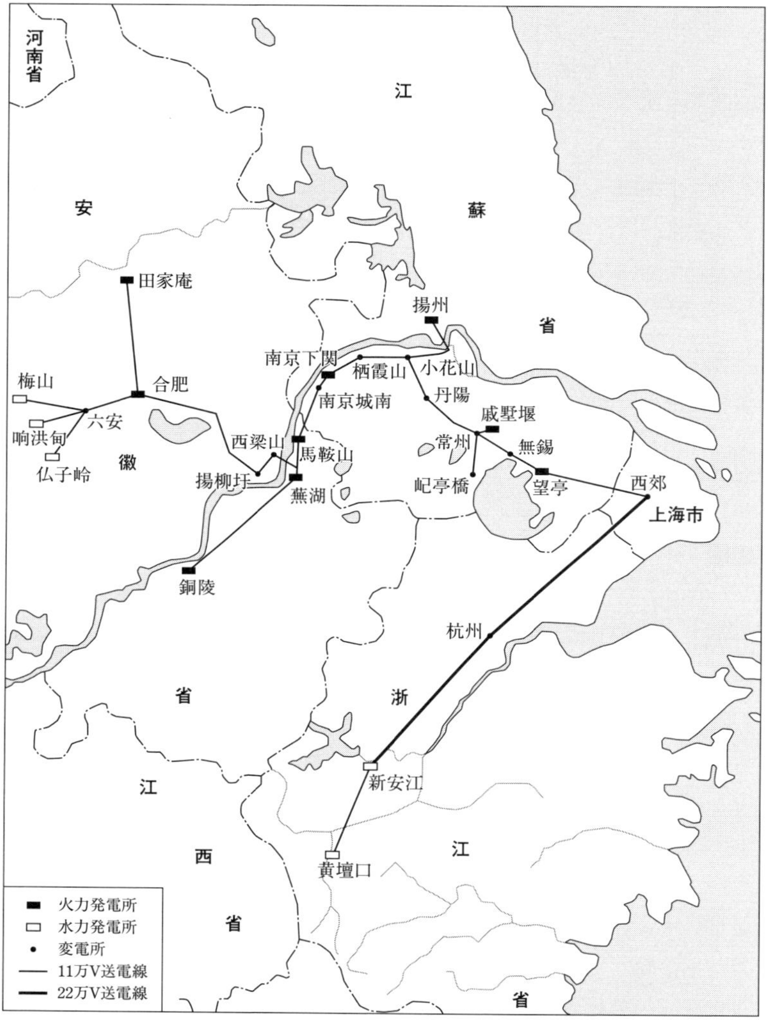

図 10-3　華東電網略図（1962 年前後）

注：本図は，1962 年前後の華東電網の主要発電所・送電線を記述史料をもとに再現したものであり，
　　送電線の経路等は必ずしも実際のものと一致しない．
出所：『華東電網調度史』編委会［2004］巻頭，「華東 500 千伏電網地理位置接線意図」，pp. 9-15，
　　江蘇省地方誌編纂委員会［1994］pp. 82-100，安徽省電力工業局［1995］pp. 69-81，
　　『浙江省電力工業誌』編纂委員会［1995］pp. 118-127 をもとに筆者作成．

あったが［『華東電網調度史』編委会 2004, p. 12］，同年の上海市の発電容量は，表10-3 によれば 72.8 万 kW で，華東電網全体の 39.5% に達している．ここから，上海市の全国における地位は相対的に低下していたとはいえ，華東電網内においては依然として大きな比重を占めていたことが看取できる．また，華東電網内の各省市の発電量と使用電量を示した表 10-4 によれば，上海の発電量の規模は一都市にもかかわらず一貫してその他の 3 省を上まわっていた．こうした構造は，1970 年前後を起点として顕著になる各省での発電量の増加傾向を受けても，計画経済期において基本的に変わることがなかった．

　ただし，ここで注意すべきは，華東電網内での電力需給関係である．華東電網においては，電力は主にいくつかの工業都市と鉱業地区に振り向けられ，1963 年の統計では，上海・南京・合肥・杭州と淮南鉱区（安徽省）・巨州化学工業区（浙江省）の 6 地区で華東電網総電力使用量の 81.6% を占め，なかでも上海の割合は 56.4% に達したとされる［『華東電網調度史』編委会 2004, p. 13］．

　この点について，華東電網内の各省市における電力生産・消費バランス（発電量−使用電量）をグラフ化した図 10-4 を見ると，安徽・浙江両省では基本的に省内の発電量が使用電量を上回っていたのに対し，上海市と江蘇省はほぼ一貫して使用電量が発電量を上回っており，華東電網内の他省からの供給を受けていたことが示唆される．とりわけ上海市については，発電量で他省をリードしていたにもかかわらず，華東電網内での相互融通がはじまった 1950 年代後半から 1970 年代前半まで，他省からの供給が上海市の使用電量に占める割合は 10-26% と無視できない量に上っていた．当時の華東電網全体にとっては，上海への送電は重要な任務とされていたのであり［『華東電網調度史』編委会 2004, p. 14］，これは社会主義体制での一貫した工業用電力需要の増加や，1958 年の上海行政区域の拡大などの要因によるものと考えられる．

　こうした構図は，圧倒的な電力容量を保持しつつ基本的に需要と供給が市内で完結していた民国期の上海電力産業の状況からすれば，大きな転換であった．つまり，上海電力産業は，工鉱業地区という点を線で結び優先的に電力を供給する華東電網の一部に組み込まれたことにより，工業発展の優先という国家戦略の下で，発電設備の規模では依然として優位にありながら，電力供給を受ける側に回ることとなったのである．

表 10-4　華東 3 省 1 市発電量と使用電量（1949-78 年）

（単位：億 kWh）

	上海市		江蘇省		浙江省		安徽省	
	発電量	使用電量	発電量	使用電量	発電量	使用電量	発電量	使用電量
1949 年	10.1	10.1	2.2	2.2	0.6	0.6	0.2	0.2
1950 年	8.8	8.8	2.5	2.5	0.6	0.6	0.3	0.2
1951 年	11.9	11.9	3.4	3.3	0.8	0.8	0.4	0.3
1952 年	13.2	13.9	4.1	4.1	0.9	0.9	0.5	0.4
1953 年	15.8	15.8	4.7	4.7	1.1	1.1	0.8	0.7
1954 年	17.1	17.0	5.2	5.4	1.3	1.5	1.3	0.9
1955 年	15.3	15.2	5.0	5.2	1.3	1.4	1.7	1.3
1956 年	18.9	18.8	6.3	6.5	1.6	1.8	2.2	1.8
1957 年	18.9	18.7	6.4	6.9	1.9	1.9	2.8	2.2
1958 年	23.4	26.4	9.2	10.6	3.5	3.4	4.2	3.7
1959 年	31.8	39.9	14.0	16.0	6.1	5.9	8.6	7.7
1960 年	39.8	52.1	20.5	22.9	10.6	9.5	14.8	12.4
1961 年	32.2	43.4	17.6	20.4	15.0	9.4	14.9	12.0
1962 年	30.1	39.2	15.4	20.0	16.7	10.1	12.5	9.2
1963 年	37.4	44.7	16.9	21.0	12.7	10.7	12.5	10.0
1964 年	40.8	53.0	20.2	24.3	19.4	13.2	13.5	11.4
1965 年	51.3	63.2	25.7	30.5	21.2	17.4	15.5	13.2
1966 年	58.0	70.3	32.8	39.3	29.0	21.9	20.1	17.6
1967 年	56.6	64.4	29.7	36.2	26.4	20.1	15.1	…
1968 年	60.4	67.0	28.3	34.7	21.1	18.0	15.4	…
1969 年	66.4	79.6	32.9	42.1	33.5	25.1	22.5	…
1970 年	74.4	84.9	50.1	57.3	33.2	30.2	29.3	24.7
1971 年	84.5	94.0	69.8	74.8	39.5	37.7	35.0	29.8
1972 年	95.6	99.5	74.6	83.9	33.3	41.4	41.5	33.8
1973 年	101.8	108.6	79.6	95.7	51.0	45.9	51.1	39.8
1974 年	115.0	112.2	67.1	88.9	47.1	41.0	46.1	38.2
1975 年	123.1	120.4	85.6	105.5	46.8	42.2	55.5	48.0
1976 年	128.9	125.1	96.9	118.7	42.5	46.9	60.7	52.2
1977 年	127.9	131.9	105.1	129.6	50.7	57.8	68.5	55.6
1978 年	139.7	147.7	127.4	145.9	50.6	69.8	83.4	66.7

注：1）上海市電力工業局史誌編纂委員会［1994］p. 193 によれば，上海市使用電量は，市内各発電所の発電量と華東電網からの輸入電量を合わせたものとされ，その他の省の使用電量も同様と見られる.
　　2）上海の発電量については，華東電力工業史編輯室［2004］pp. 178-181 の表では全般的に本表を上回る数値が示されている. 同表の出所は不明であるが，上海市統計局［1984］p. 97 など別の資料の数値を考慮した上，本表では上海市電力工業局史誌編纂委員会［1994］pp. 44-45 の数値を採用した.
　　3）江蘇省の使用電量は，「工場用電力」と「送電損失」を含む「全社会用電量」であり，安徽省はこれらを含まない. 上海市と浙江省については不明.
出所：上海市　上海市電力工業局史誌編纂委員会［1994］pp. 44-45，193.
　　　江蘇省　江蘇省地方誌編纂委員会［1994］pp. 71-72，173.
　　　浙江省　発電量：『浙江省電力工業誌』編纂委員会［1995］pp. 63，196.
　　　　　　　使用電量：華東電力工業史編輯室［2004］pp. 182-183.
　　　安徽省　安徽省電力工業局［1995］pp. 10-11，134. 原資料は安徽省統計局『安徽四十年』，華東電業管理局計画処編印『華東三省一市電力工業歴年統計資料彙編』等.

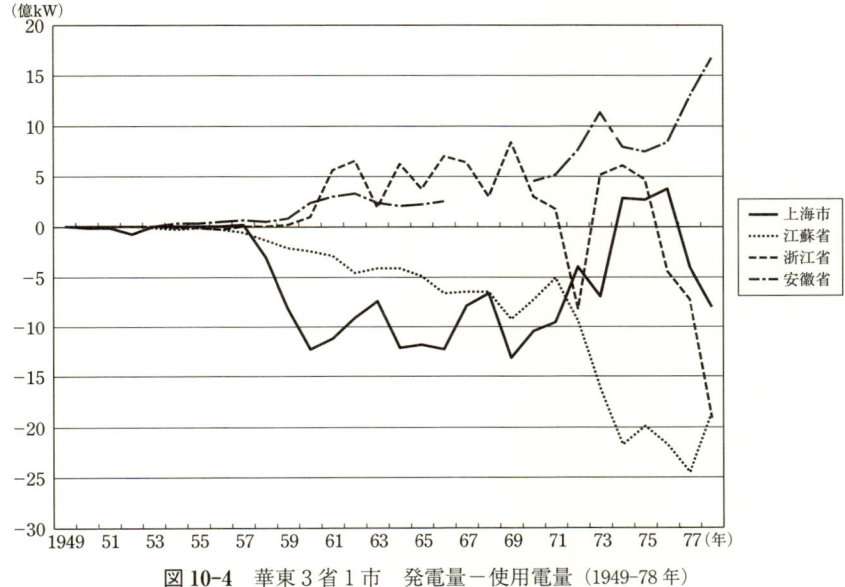

図 10-4　華東 3 省 1 市　発電量－使用電量（1949-78 年）

出所：表 10-4 の数値にもとづき作成.

　以上，第二次世界大戦後から計画経済期にかけての上海電力産業の展開とその広域送電ネットワークの形成過程を考察してきた．最後に本章で検討した内容を整理しておきたい．

　戦前以来，豊富な電力容量を誇りつつ近隣諸地域からは独立していた上海電力産業は，上海内においてさえも複数の電力会社が並存する状態であった．戦後上海の電力不足を背景として，アメリカ資本の上海電力公司が中心となり提起した聯合電力公司設立構想は，市電力産業の統一的管理を望む上海市政府公用局，安定した電力供給を望む市参議会と利害を共にしつつ，豊富な輸入石油資源をバックに新たな事業展開を探る長期的かつ大規模な計画だったと言える．しかしそうした計画は，外国資本による公共事業進出を主権の侵害とする国民政府に拒絶され，結局成立を見なかった．

　その後，人民解放軍の上海占領を経て，上海電力産業をめぐる環境は大きく変化し，欧米資本の電力会社が存在する基盤は徐々に失われていく．そして最終的には，中国の朝鮮戦争参戦を契機として，軍事管制という政治的手段で上

海電力公司の独占営業権が回収され，電力価格の統一と市内統一送電網の設立，その他の電力会社の国営・公私合営化により政府主導の一元的管理が成立した．しかし1950-70年代にかけては，全国的には工業投資の増加に対応し電力開発が進んだが，上海において大規模な電源開発は行われず，発電燃料の面でも，石油から石炭へのシフトにより中央燃料工業部の石炭配分に従属することとなる．これらの点から，政府主導による統合の下で，上海電力産業の全国における相対的規模は中華民国期に比して縮小したと言える．

　そして，そうした状況下において形成されたのが，江蘇・安徽・浙江と上海市をつなぐ広域送電ネットワークの華東電網であった．1950年代後半から形成されはじめた華東電網において，上海電力産業は一貫して他の3省を上回る発電量を維持していた．しかしその一方で，鉱工業地域に優先的に電力を配分するという国家戦略の下，上海市は華東電網内の他省から電力供給を受ける側に属することとなり，華東電網自体も上海市に対する電力供給を重要な任務としていた．

　こうした過程が示す含意は，人民共和国成立以後に政府主導によってはじめて形成された上海市と近隣諸地域を結ぶ広域送電ネットワークが，その政府主導という性格ゆえに全国的な工業発展戦略に強く規定され，1920年代の日本において見られた資本の運動にもとづく広域独占形成とは大きく異なるものとなったという点である．そして，この政府主導の広域送電ネットワークの下で，民国期に形成された上海電力産業の集中的かつ自己完結的な特徴は，大きく転換することとなったのである．

終章　中国社会主義体制の歴史的意義

　ここまで，上海市を事例として，中国社会主義体制の形成と構造，そしてそのインパクトについて考察してきた．本章では，本書の締めくくりとして，まず1978年の改革開放政策以降の上海経済の展開について概観した上で，中国社会主義体制の歴史的意義について検討する．

1.　改革開放と上海経済

　中国の改革開放政策は，一般に1978年12月の中共第11期中央委員会第3回全体会議をその端緒とするとされる．確かに，1978年以後に実施された体制「改革」と対外「開放」は，計画経済期に何度か試みられた制度改革とは異なり，社会主義体制の基本要素そのものを改変するものであった［岡本2013, pp. 267-269］．それは具体的には，計画にもとづく資源分配から市場を通じた資源分配への移行であり，生産手段の公有を原則とする体制からその私的所有を容認する体制への移行であった．

　まず，計画経済から市場経済への移行については，第9章のセメント産業の事例でも見た通り，1980年代を通じて計画にもとづく資源分配は減少し，市場を通じた分配が主流となっていった．生産手段の所有関係については，個別農家の経営を一定程度認める農業生産請負制の導入を契機に集団農業の解体が進み，農村における集団所有の象徴であった人民公社は郷鎮政府へと改組されることとなった．また，企業に関しては，企業自主権の容認を契機として国営企業体制の改革が進展する一方で，計画経済期の社隊企業を母体とする郷鎮企業，そして民間企業が出現し，その所有関係は多様化した．加えて，生産手段の私的所有の容認は，外資企業の中国進出をも容認したという意味で，対外開

放政策の推進とも大きく関わっていた．これらの変化から，1980年代には中国において本書が定義する社会主義体制の解体が進展していったことを確認することができる．

こうしたなかで，上海経済も新たな局面を迎える．しかし，1978年の政府の方針転換により上海経済が一変したと考えるのは誤りである．

対外開放の面で上海経済に大きなインパクトをもたらしたのは，改革開放政策の開始に先立つ1978年4月に調印された新日本製鐵からのプラント購入契約にもとづく宝山製鉄所（上海宝山鋼鉄総廠）建設である（1985年生産開始）．とはいえ，外資導入では，上海は深圳・珠海・汕頭・廈門の4つの経済特区を設置し「開放」が先行していた広東省と福建省に後れをとっていた．上海の対外開放を促進したのは，1990年の浦東新区の開発開始であり，また天安門事件（1989年）による外資進出の冷え込みを払拭した1992年の鄧小平の南巡講話であった．浦東新区開発は，上海市の再開発を意図した一大プロジェクトであり，経済特区と同等あるいはそれ以上の優遇措置が与えられたとされる．以後，浦東新区は多くの外資企業を受入れ，長江デルタ（上海，蘇州，無錫，常州，南通，杭州など）と長江沿岸諸都市（安徽省の蕪湖から四川省の重慶まで）を結ぶT字型発展戦略の結節点として，長江流域の経済発展のシンボルとされた［関1997，pp.132-162; 天児ほか1999, pp.54-55, 1154-1155］．

また，体制改革においても，上海の動きは必ずしも早いとは言えなかった．改革開放初期の時点での上海は，本書で検討してきた計画経済期の構造を引き継ぐ形で，地方国営企業のプレゼンスが極めて大きかった．1982年段階における上海市の工業企業の状況を見ると，全市8368単位のうち中央に属するのはわずか148単位で，市政府が直接管理する地方国営企業3161単位の生産額522.71億元は全市工業総生産額636.70億元の82.1%を占めるなど，規模の上で中央所属企業や集団所有制企業（市以下の行政単位所属企業や市街地居住者組織企業，郷鎮企業など）を圧倒していた[1]．この後，1990年代にかけての集団所有制企業や外資企業，私営企業の増加により，こうした構造は徐々に変化するが

---

1) 市政府が直接管理する工業企業の単位数および生産額は，上海市統計局［1984］pp.77, 85の表中の全市総計－(中央工業＋集体所有制工業＋其他経済類型工業) により算出．大阪市立大学経済研究所［1986］pp.134-139, 関［1989］pp.40-46も参照．

［関 1997, pp. 68-79］，民国期までの歴史的発展過程を基礎とし，人民共和国初期の税財政制度の下で市政府と結びついた市所属の地方企業は，市場経済が復活する改革開放期においても重要な経済主体として存在していたのである．

　こうした改革開放以後の上海経済の展開について，ホワンは，地方政府主導の強引な都市インフラ建設と外資導入，国営企業のプレゼンスの大きさ，他地域に比べた私営企業の発展の相対的な少なさ，江沢民と朱鎔基という全国的な政治リーダーを輩出することで中央政府から受けた優遇措置の重要性などを指摘している［Huang 2008, pp. 175-232］．つまり，上海においては，改革開放期にも政府——地方政府と，それと強力に結びついた中央政府——の影響力が依然として大きく存在していたわけである．こうした発展のあり方は，長期的に見れば，外資企業を含む民間企業の活動こそが発展の原動力であった中華民国期までの上海の発展スタイルとは異なるものであった．その意味で，1950 年代から 70 年代にかけての社会主義体制の導入は，上海経済に容易には消え去らないインパクトを残したと言える．

2. 中国社会主義体制の歴史的意義

　こうした改革開放期の上海経済の展開を踏まえて，本書の上海市における地方政府と企業の関係についての分析を総括するならば，それは以下の諸点にまとめられる．

(1) 経済主体としての地方政府の出現

　まず，社会主義体制の導入がもたらした重要な変化の第一は，本書で繰り返し主張してきたように，生産手段の公有化にともなう経済主体としての地方政府の出現であった．

　第 2 章で指摘した通り，従来の社会主義改造（＝生産手段の公有化）に関する研究の主要な論点は，私営企業がいかに公有（国営と公私合営）化されたかという点に置かれており，公対私，政府対民間という構図のなかで政府の経済統制が基本的に確立する過程——それは裏返せば私営企業の消滅の過程である——を分析するものであった．しかし本書の分析が示すように，そうした政府によ

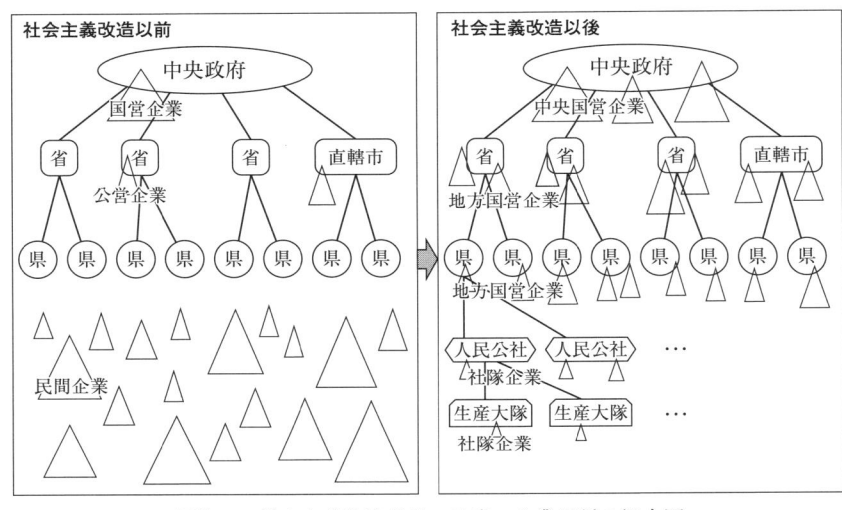

図終-1　社会主義改造前後の政府―企業関係の概念図

注：「社会主義改造以後」の人民公社以下の部分は，1958 年以降に形成された．
出所：筆者作成．

る経済統制の確立は，社会主義改造のもたらした変化の一面にすぎない．同様に重要なのは，実際には「公」，「国家」あるいは「政府」のなかにも複数の階層が存在し，生産手段の公有化は，それまで存在した多様な企業を全て国営あるいは公私合営としていずれかのレベルの政府に所属する企業に改編したという点である．この過程を図示すれば，図終-1 の通りである．

　もちろん，社会主義改造以前の中国にも国営あるいは公営企業は存在した．民国期においては，国営企業とは基本的に中央政府に直属する企業を指し，1930 年代半ばに設立された国民政府資源委員会の傘下には戦中・戦後を通じて機械工業・石炭石油産業・電力産業をはじめとする多数の事業体が帰属していた．また第二次世界大戦後に旧在華紡工場を基礎として設立された中紡公司は，当時の中国における綿紡織工業の生産設備の約半数を擁する巨大国営企業であった．そして地方レベルで言えば，山西省の閻錫山や広東省の陳済棠が設立した公営企業の存在が挙げられる [内田 1984; 姜 1996]．

　しかし，本書が強調したいのは，1956 年の社会主義改造が，地域的差異や企業の大小に関わらず，基本的に全国で画一的に実施されたことにより，民国

期までに見られた個別の国営・公営企業の設立あるいは私営企業の国営化とは異なる，幅広い影響を与えた点である．第3章の分析が示すように，1949年以降，有力な私営企業が個別に国営・公私合営化され中央企業となる一方，1956年の社会主義改造は，規模が小さく従来中央・地方政府から見て相対的に重要度が低かった民間企業も全て国営・公私合営企業化し，各級政府の所属に振り分けた点で特徴的であった．そして，地方政府と地域内企業の結合関係を決定づけたのが，1958年の中央企業の地方政府への下放であり，その後の揺り戻しにも関わらず，基本的には一部の中央企業を除いて地域内の企業は地方政府が管理する体制が形成された．

　上海市の歴史的文脈に即して見れば，こうした地方政府と地域内企業の結合関係の形成は，19世紀後半以来の経済発展の過程のなかで極めて大きな転換であったと言える．なぜなら，中華民国期における上海の相対的に大きな経済規模は，開港による国内外貿易の要衝としての地位と，租界の存在という特殊な条件の下で，外国資本を含む大小様々な企業が集積した結果であり，そのなかで市政府と企業との直接的な関係は，基本的には地方税の徴収や企業登記などに限定されていたからである．それゆえ，第5章で見たように，人民共和国初期において市政府と無数の私営企業が財務上において直接的に結びつけられたことは，市政府の上海経済に対する管理領域が従来に比べて飛躍的に拡大したことを意味していた．それは言わば，歴史的に形成された上海という巨大な経済都市が，市政府という一行政機構と一体化しながらその管理下に収められていく過程であった．

　これを別の視点から見れば，社会主義改造の影響は，1956年時点までの各地域における歴史的な発展状況によって異なったということでもある．上海市の事例で特徴的なのは，歴史的に形成された私営企業の多さであり，それゆえ社会主義改造においては私営企業の地方国営・公私合営化が広範な影響をもたらした．しかし，第6章で明らかにした通り，各地域の財政が地方企業からの収入に依存する程度は様々であり，その多様性は社会主義体制が形成される時点での当該地域の企業発展の度合いによるものと考えられる．

　ただし，留意すべきは，社会主義改造が1956年前後に実施されて以降，生産手段の全面的な公有は社会主義体制下における基本原則として維持された点

である．第9章のセメント産業の事例が示す通り，社会主義改造後に地域内において新しく建設された生産手段（工場や鉱山）は，上級政府の管轄に属するもの以外，基本的に当該地域の地方政府の所属に帰することとされた．この点は，以下に述べる地方政府を中心とする地域内統合に関わる重要な点である．

(2)　地方政府を中心とする地域内統合と地域間分断

　社会主義体制の導入がもたらした二つ目の重要な変化は，地方政府を中心とする地域内統合と地域間分断である[2]．

　地方政府を中心とする地域内統合は，基本的には上述の生産手段の公有化と全国的な制度としての計画経済の導入（＝市場経済の排除）が組み合わさり，地方政府が地域内の資源分配と経済管理において独占的な位置を占めたことによって形成された．第8章のゴム加工業や第9章のセメント産業の事例からも見て取れる通り，社会主義改造により公私合営化された企業は，市政府の機関あるいは専業公司の下で再編され，後の経済管理においても基本的に市政府の各部局が主体となった．経済主体となった地方政府を中心に，従来地域内に存在した多様な経済主体を一元的に管理する体制が生まれたことで，地域内統合が達成されたのである．

　ここで，地域内統合という観点から見れば，19世紀末から20世紀初頭にかけて生じた開港場市場圏の形成と分省化の傾向との類似性が想起されるかもしれない［黒田1994，第VIII章，第IX章; 木越2012，第2章］．しかし，分省化傾向は，中央政府の財政政策（主には賠償金借款の分担の強制）への地方政府の対応という政治的・政策的な側面があるにせよ，その基礎となった開港場市場圏の形成は，国際貿易の拡大という経済的変動によって生じたものであった．それに対して，社会主義体制の下での地域内統合は，何より生産手段の公有化と計画経済の導入という政府主導の制度変化によって起こったものであるという点で，大きな違いがある．また，分省化が辛亥革命へとつながり，国家の政治体

---

2)　Donnithorne［1972］は，文化大革命期（1966-1976年）に見られた人民公社や生産大隊を単位とする自給自足的経済を，細胞経済（cellular economy）と名づけている．ここで述べる地域内統合と地域間分断は，ある程度このイメージに近いが，筆者はその制度的枠組みは1950年代の社会主義体制の形成過程において形作られ，また人民公社レベルに限らず基本的に政府各レベルに応用できる概念であると考えている．

制まで揺るがしたのとは異なり，社会主義体制下の地域内統合は，あくまで中央政府がデザインした枠組みの中で形成されたものであったという点は，留意されるべきである．

　そして，社会主義体制下の地域内統合のもう一つの重要な側面は，それが各地域間の分断を伴ったということである．地域内に地方政府を中心とする経済管理体制が成立する一方で，他地域との交易など自由な経済活動は制限されていた．例えば物資の流通について言えば，第8章，第9章の事例が示すように，主要な工業原料の分配は基本的に中央政府の流通部門が掌握しており，地域間の交易は行政ルートを通じた限られた形でしか行われなかった．そしてこの資源移動における地域間分断の大きな前提となったのが，第8章の原料ゴムの統制の事例が示すように，1950年代初頭の国際環境の変化を契機とした国際貿易の制限と中央政府貿易部門への管理の一元化であった．とりわけ，歴史的に国際貿易の中心地であった上海にとって，これは大きな構造変動であったと言える．

　また，分断されたのは物資の流通だけではない．第8章で見たように，企業が中華民国期までに全国的に展開していた販売機構や工場といった資産の所有関係も，地域的に分断された．象徴的なのは，大中華橡膠廠の広州工場が1956年の社会主義改造後に現地政府に接収された事例であり，これはまさに所有制の転換を契機として地方政府による資源の属地的な領域支配が形成される過程の裏返しであった．第9章の事例でも，上海水泥廠が民国期において他地域に保有していた資産は，1949年以降現地政府に接収され，計画経済期に新たに他地域に建設した工場も最終的には現地政府に移譲することになっている．このような現象は，社会主義体制の形成過程において普遍的に存在しており，民国期までに形成された各産業・企業の広域的な経済活動のネットワークを断ち切るものであると同時に，社会主義体制下における経済活動を大きく規定するものであった．

　ただし，ここで言う地域間分断とは，地域をまたいだ経済関係が消滅したことを意味するわけでは決してない．第9章で見られたセメントの国家分配，および第10章の電力供給における広域ネットワークの事例が示すように，地域をまたいだ経済関係は社会主義体制下においても確かに存在した．また第5章，

第6章で見た中央送金と中央補助を通じた財政移転も，中央財政を経由した資金の広域的な移動と見なすことができる．しかし，それは中央政府の計画にもとづくルートに限定されたものであり，地域間の自主的な経済関係の結果として生まれたものではなかった．

　なお，電力産業の事例は，歴史的に上海電力公司という外資企業が主要な位置を占めていたため，朝鮮戦争を契機とする軍事管制という国際環境の変化を梃子として中央政府主導で地域内統合が実施された点で特徴的であった．電力産業や軍事産業など国家戦略に関わる重要度の高い産業は，その主要な部分が中央政府の強い指導下にあったのであり，その意味で経済管理全体における中央政府の主導的な地位は不変であった．ここではむしろ，社会主義体制の形成以前に存在した地域間をまたがる広域的な資源移動が，中央計画にもとづく分配というルートに原則的に一元化された側面を強調すべきであろう．ただし，本来計画経済下で主要となるべきこのルートでの資源移動が，実際の過程では不完全にしか運営されなかったことが，次に述べる中央の原則的コントロールと地方の自律的対応という構図の形成につながってくるのである．

(3)　「中央の原則的コントロールと地方の自律的対応」という構造の形成

　上述の二点に加えて最後に挙げられるのが，中央の原則的コントロールと地方の自律的対応という構図の形成である．もっとも，中国において，中央政府の政策に対して地方政府が独自の対応を行うこと自体は，清代や中華民国期，改革開放期を含め，どの時代にも見られる普遍的な現象であったと言える．しかし，本書が強調したいのは，社会主義体制下においては，その制度的特徴により，地方政府の対応が特異な形で現れ，それが社会主義体制全体の経済運営を特徴づけていたという点である．

　それが最も表れているのが，第9章のセメント産業の事例である．そこでは，中央政府の突発的な工業生産推進政策が上海市におけるセメント需要を喚起する一方で，それに対応する中央から上海市へのセメント分配が不足しているがゆえに，上海市は小規模セメント工場の建設など独自のセメント調達活動を行わざるをえなかった実態が明らかにされた．そして重要なのは，中央政府も自身の計画分配の不完全性を認識しており，地方政府に一定の裁量権を持たせて

いた点である．つまり，中央政府は，計画経済の制度にあえて抜け道を用意することで，自らの政策と計画的な資源配分能力との間にあるギャップを，地方政府の自律性を利用して埋め合わせていたのである．「自力更生」というスローガンは，まさにこうした中央政府の意図を体現したものであった．

こうした，原則的な中央政府によるコントロールと，それに対応した地方政府の自律性こそが，経済主体としての地方政府の出現と，地方政府を中心とする地域内統合と地域間分断という上記の二つの要素とともに，地方分権的な特徴を持つ中国社会主義体制を貫く核心的な要素であった．

以上のような社会主義体制の導入が中国経済にもたらした影響は，社会主義体制が実質的に崩壊していく改革開放以降の中国経済をも強く規定していった．改革開放以降の中国経済を取り扱った多くの研究が，経済主体としての地方政府の役割を強調し，地方政府が改革開放期の一定期間において経済成長を牽引した点を指摘している［加藤・久保 2009 など］．しかし，こうした現象を単純に「計画経済期＝中央集権，改革開放期＝地方分権」という枠組みで捉え，地方分権的な状況が改革開放政策によってはじめて発生したかのように扱うのは誤りである．

本書の分析にもとづけば，経済主体としての地方政府は，計画経済期にすでに形成されていた．その上で，改革開放以後に個々の地方政府が存在感を強めた要因としては，(1) 社会主義体制の改革が漸進的であったため，旧制度に依存して地方政府が地域内の資源を独占的に管理することができたこと，(2) 改革開放の初期時点で地域内に他の有力な経済主体が存在しない状態であったこと，(3) 市場経済化の進展のなかで，地方政府が自由に利用できる資源が計画経済期と比較して飛躍的に増加し，既存の「中央の原則的コントロールと地方の自律的対応」という枠組みにおける地方の自律的な要素がより積極的に発揮されたこと，などが考えられる．

もちろん，改革開放の進展によって，こうした社会主義体制の制度的要因にもとづく地方政府の優位は薄れており，現在の中国経済を十全に把握するには，グローバル企業化する中央国有企業や，力強い成長を見せる民間企業など，別の経済主体にも目を向けなければならない．しかし，近年問題とされている，地方政府の地域内における土地使用権の供給独占とそれを通じたレントの追求

は[3]，その根源を明らかに 1950 年代に形成された生産手段の公有化という社会主義体制の制度的枠組みに求めることができる．そして，より長期的に見れば，土地の所有権の確定は，近代的な私的所有権の確立のなかで最も重要な位置を占める問題の一つであるが，中華民国期においては，それが（所有自体は全人民＝国家であるとはいえ）当該地域の地方政府に事実上独占されるという状況は，本書が対象とした上海であれ，他地域であれ，全く想定されていなかったのである．

　このことは，本書冒頭に掲げた中国社会主義体制の歴史的意義という問いに対して，大きな示唆を与える．社会主義体制を経済体制と捉える本書の立場からすれば，中国社会主義体制の歴史的意義とは，開港以来，世界経済への編入とそれに適合する形で中国において緩やかに進行しつつあった，市場経済と民間企業の活動を促進するものとしての近代的な経済制度形成の流れを一旦せき止め，社会主義体制の運営に必要と考えられた政治的・行政的な中央―地方体系に合わせて所有と資源配分の制度を再構築したことにあった．そしてそのことは，各地域において経済主体としての地方政府を生み出し，また，政府の決定が常に優先されるという社会主義体制の前提ゆえに，その他の経済主体である民間企業や家計が主体的に政府と向き合うために必要となる制度――例えば，私的所有権――の形成を曖昧なままにした．上述の土地問題に代表されるように，現代の中国が直面しているいくつかの問題は，こうした社会主義体制の制度的要因に根差していると考えられる．その意味で，中国の社会主義体制の形成は，19 世紀後半から現代まで継続する中国経済の長期的な発展のあり方に対して，極めて重大な影響を与えたのであった．

3）　梶谷［2011］第 7 章．厳密に言えば，都市の土地は国有，農村の土地は集団所有という区分があり，前者の供給は当該地域の地方政府によって管理されている．

参考文献一覧

1 未公刊資料

上海市檔案館蔵檔案（各史料先頭の番号は，全宗番号，目録番号，案巻番号をさす．「□」は判読不能文字．）

• 中共上海市委工業政治部檔案（人民政府時期）

A36-2-69，事由「正泰橡膠廠広州分廠擬由当地合営」1954 年 1 月，公函，来文者：周克，中共上海市委私営工業部，収文第 7 号，「本部関於合営問題与市委工業生産委員会之来往文書」．

• 上海市人民政府檔案（人民政府時期）

B1-1-1361，「為擬具上海市地方自籌経費方案報請核備由」上海市人民政府→華東行政委員会，抄送：華東財委（2）・市財委・華東財政管理局，報告（54）滬府密財 656 号，1954 年 3 月26 日稿，1954 年 4 月 1 日封発．

B1-2-389，上海市人民政府公用局「公用処両個半月的工作報告（1949 年 5 月 28 日-8 月 23 日）」作成年月日不明．

• 上海市人民委員会軽工業辦公室檔案（人民政府時期）

B5-2-6，上海市第二軽工業局「橡膠工業五年来供産銷情況（初稿，絶密）」1955 年 5 月 12 日，滬人辦収分（55）字第 1152 号，上海市人民委員会軽工業辦公室「上海市軽，紡工業各局及有関単位関於供産銷情況報告」．

• 上海市統計局檔案（人民政府時期）

B31-1-32，上海市統計局編「上海市国民経済統計　1949-1956 年」1957 年 10 月．

B31-1-125，「1953 年私営大型工業企業接受加工訂貨等任務的企業単位数及職工人数」，「上海市大型加工訂貨発展状況（1953 年-1955 年）」作成年月日不明．

B31-2-193，「上海市私営工商業排隊表説明」作成年月日不明．

B31-1-230，「地方系統主要物資消費量及比重（1957-1962 年）」，上海市統計局「1958-1962 年上海市国民経済統計資料（物資）」1963 年 12 月．

B31-1-232，「主要物資分地区到貨量」，上海市統計局「1963 年物資統計資料彙編」（未付印）手抄本，作成年月日不明．

B31-1-232，「主要物資消費量」，上海市統計局「1963 年物資統計資料彙編」（未付印）手抄本，作成年月日不明．

• 上海市税務局檔案（人民政府時期）

B97-1-338，「上海市税務統計　1949 年 6 月至 12 月」作成年月日不明．

B97-1-340，「上海市税務統計　1950 年 4 月至 6 月」1950 年 10 月．

B97-1-342，「上海市税務統計　1950 年 10 月至 12 月」1951 年 6 月．

B97-1-343，「上海市税務統計　1951 年度」1952 年 8 月．

B97-1-344，「上海市税務統計　1952 年度」1953 年 3 月．

B97-1-345,「上海市税務統計　1953 年度」1954 年 9 月.
B97-1-346,「上海市税務統計　1954 年度」1955 年 7 月.
B97-1-347,「上海市税務統計　1955 年度」1956 年 3 月.
B97-1-348,「上海市税務統計　1956 年度」1957 年 3 月.

• 上海市財政局檔案（人民政府時期）
B104-1-116,「検討報告」上海市人民政府財政局→華東財政部, 報告, 1952 年 6 月 2 日発出, 市
　　財秘字第 177 号, 事由:「為報告工作検討請審核由」の附件.
B104-1-175,「1954 年工作総結」作成年月日不明.
B104-1-226,「関於本市 1955 年決算和 1956 年予算的報告」1956 年 8 月 7 日.
B104-1-272,「関於上海市 1956 年決算和 1957 年予算草案的報告（稿）」1957 年 8 月 15 日.
B104-1-273, 上海市財政局編「上海市 1949 年-1956 年度財政収支統計表及基本建設支出統計表
　　（包括地方自籌部分）」1957 年 10 月.

• 上海市物資局檔案
B109-3-71,「1965 年-1969 年水泥分廠産量情況表」, 上海市物資局革命委員会業務工作組「1965-
　　1969 年主要物資統計資料（内部資料）」機密, 1970 年 2 月.
B109-4-370,「1966 年-1973 年水泥資源, 供応, 庫存量」, 上海市物資局革委会「1965-1973 年上
　　海市主要物資源, 供応, 庫存情況」1974 年 9 月.

• 上海市工商行政管理局檔案
B182-1-222, 呉雪之「為函請調査中央軍委軍械部等単位採購情況並希函復由」1951 年 3 月 16 日,
　　華東軍政委員会貿易部→上海市工商局（函）.
B182-1-222, 許滌新等「函復□於中央軍委軍械部等各単位採購情況請査照」1951 年 3 月 24 日あ
　　るいは同年 3 月 26 日（不確定）, 上海市工商局→華東軍政委員会貿易部（□函）.
B182-1-226, 上海市工商局「寄送 1951 年度軽工業加工訂貨工作綜結報請審核」作成年月日不明.
B182-1-226, 中央人民政府軽工業部「編送加工訂貨綜結報告」1951 年 12 月 1 日.
B182-1-226,「51 年度軽工業加工訂貨工作総結」1951 年 12 月.
B182-1-360,〔上海市〕工商局「関於進行維持生産加工訂貨等初歩意見」1952 年 3 月 31 日.
B182-1-360,〔上海市工商局〕輔導処「加工定貨恢復生産工作総結」1952 年 4 月.
B182-1-360, 中央「対於上海五月分加工定貨及収購工作重要指示」〔1952 年〕5 月 12 日（工業
　　組編, 内部参考資料, 第一号）.
B182-1-366,「工繳利潤小組工作簡報」〔1952 年〕3 月 22 日.
B182-1-366,「関於調整工繳利潤擬訂規格標準工作進行情況的報告」（作成年月日の記載はない
　　が, 本文の内容から, 1952 年 8 月末の作成と推定される）.
B182-1-507,「関於上海加工定貨管理辦法的説明」作成年月日不明（許〔滌新〕・蔡〔北華〕・楊
　　〔延修〕「擬定加工定貨管理暫行辦法草案請核定公布」1953 年 1 月 6 日, 上海市工商局→上
　　海市人民政府〔報告〕に添付されたもの）.

• 上海市政府檔案（国民政府時期）
Q1-9-29, 上海市財政局統計室編印「上海市地方財政統計資料　第 3 号（包括 34 年 9 月至 36 年
　　度各項地方財政収支之統計分析数字）」1947 年 10 月.
Q1-14-456,「抄経済部等会呈」作成年月日不明（行政院秘書処→上海市政府　公函　9995
　　1948 年 3 月 1 日発出　事由「経済部等六部会会同核復上海聯合電力公司営業権契約草案意
　　見請査照核復由」の附件）.
Q1-14-456,「聯合電力公司権約草案」作成年月日不明（上海市公用局秘書室→上海市政府, 函,

市公秘（36）386，1947 年 9 月 23 日，事由「函送聯合電力公司案及参議会公函等件請印発
　　由」の附件）．
Q1-18-172，「35 年度統計総報告底稿」作成年月日不明．
Q1-18-174，「上海市政府 37 年度統計総報告司法交通地政等総結」作成年月日不明．
Q1-18-247，上海市財政局統計室編「上海市地方財政統計総報告　36 年度」作成年月日不明．

・上海市公用局檔案
Q5-3-5469，上海市公用局「籌組聯合電力公司卷」作成年月日不明．

・上海市財政局檔案（国民政府時期）
Q432-2-196，上海市財政局「関於参議会対提送施政工作報告決議案本局将遵辦情形報核」作成
　　年月日不明．
Q432-3-409，上海市財政局「呈送参会財政部分施政報告的呈文及大会有関財政部分決議案、執
　　行情形表等」作成年月日不明．

2　研究書・研究論文・資料集

日本語文献（五十音順）
青山瑠妙［1997］「建国前後における中国の対外経済政策」『法学政治学論究』（慶應義塾大学）
　　32 号．
天児慧・石原享一・朱建栄・辻康吾・菱田雅晴・村田雄二郎編［1999］『現代中国事典』岩波書
　　店．
天野元之助［1961］『現代中国経済論』ミネルヴァ書房．
石川滋［1960］『中国における資本蓄積機構』岩波書店．
石原享一［1985］「計画化と価格」丸山伸郎編『転機に立つ中国経済——新経済政策の諸様相と
　　その背景』アジア経済研究所．
――――［1989］「物資〔物資，国営企業間で流通する生産財・資本財〕」小島麗逸編『中国経済統
　　計・経済法解説』アジア経済研究所．
――――［1990］「1970 年代までの中国経済管理——システムと実態」毛里和子編『毛沢東時代の
　　中国〈現代中国論 1〉』日本国際問題研究所．
泉谷陽子［2000］「新中国建国初期の対民営企業政策——『民主改革』・『三反五反』運動と汽船会
　　社の公私合営化」『社会経済史学』66 巻 4 号．
――――［2001］「中国の社会主義化と朝鮮戦争——大衆運動を梃子とした総動員態勢の構築」『歴
　　史学研究』755 号（増刊号）．
――――［2002］「中華人民共和国建国初期の金融政策——金融業の社会主義改造」『立命館言語文
　　化研究』13 巻 4 号．
――――［2004］「中華人民共和国建国初期の国家による物資掌握過程——綿紡織業における大衆運
　　動の展開を中心に」『歴史学研究』793 号．
――――［2007］『中国建国初期の政治と経済——大衆運動と社会主義体制』御茶の水書房．
伊藤裕人［2002］『国際化学工業経営史研究』八朔社．
伊牟田敏充［1986］「セメント業における国内市場の形成」山口和雄・石井寛治編『近代日本の
　　商品流通』東京大学出版会．
磯部靖［1996］「中国における大行政区の成立と改組——中央・地方関係の一側面」『法学政治学
　　論究』（慶應義塾大学）28 号．
――――［2008］『現代中国の中央・地方関係——広東省における地方分権と省指導者』慶應義塾大
　　学出版会．

岩井茂樹［2004a］「正額財政の集権構造とその変質」『中国近世財政史の研究』京都大学学術出版会（初出は，同「清朝国家財政における中央と地方——酌撥制度を中心として」『東洋史研究』42巻2号，1983，pp. 318-346）．

———［2004b］「現代中国の請け負い財政」『中国近世財政史の研究』京都大学学術出版会（初出は，同「徭役と財政のあいだ——中国税・役制度の歴史的理解にむけて（一）」『経済経営論叢 京都産業大学』28巻4号，1994，pp. 1-58）．

上原一慶［1975-76］「国民経済復興期における対資本主義政策」『歴史評論』307・310号．

内田知行［1984］「1930年代における閻錫山政権の財政政策」『アジア経済』25巻7号．

エルマン，M. 著，佐藤経明・中兼和津次訳［1982］『社会主義計画経済』岩波書店．

王穎琳［2009］『中国紡織機械製造業の基盤形成——技術移転と西川秋次』学術出版会．

大阪市立大学経済研究所編［1986］『上海 世界の大都市2』東京大学出版会．

大塚恒雄［1966-1967］『中国計画経済の実態と分析』上下巻，税務経理協会．

岡稔・宮鍋幟・山内一男・竹浪祥一郎［1976］『社会主義経済論』筑摩書房．

岡本隆司編［2013］『中国経済史』名古屋大学出版会．

奥村哲［1990］「旧中国資本主義論の基礎概念について」中国史研究会編『中国専制国家と社会統合——中国史像の再構成 II』文理閣．

———［1999］『中国の現代史——戦争と社会主義』青木書店．

———［2001］「中国における資本主義と社会主義——東北の位置に注目して」東アジア地域研究会・植村泰夫・櫻谷勝美・堀和生編『講座東アジア近現代史2 東アジア経済の軌跡』青木書店．

———［2004］『中国の資本主義と社会主義——近現代史像の再構成』桜井書店．

尾上悦三［1971］『中国の産業立地に関する研究』アジア経済研究所．

梶谷懐［2011］『現代中国の財政金融システム——グローバル化と中央—地方関係の経済学』名古屋大学出版会．

加島潤［2005］「戦後から人民共和国初期にかけての上海化学工業再編——ゴム工業を中心に」田島俊雄編著『20世紀の中国化学工業——永利化学・天原電化とその時代』東京大学社会科学研究所研究シリーズ No.17.

———［2006］「戦後から人民共和国初期にかけての上海電力産業の統合過程」『中国研究月報』60巻3号．

———［2007a］「政権交代と上海市財政構造の変動（1945-1956）」『アジア経済』48巻7号．

———［2007b］「書評：張憲文等編著『中華民国史』（南京大学出版社，2005年）断代史のなかの経済史叙述——中華民国史と中華人民共和国史」『中国研究月報』61巻5号．

———［2008a］「1950年代中国研究の動向と課題——社会経済史を中心に」『近きに在りて』53号．

———［2008b］「上海電力産業の統合と広域ネットワーク：第二次世界大戦後から計画経済期にかけて」田島俊雄編著『現代中国の電力産業——「不足の経済」と産業組織』昭和堂．

———［2010］「計画経済期上海のセメント需給と物資管理制度」田島俊雄・朱蔭貴・加島潤編著『中国セメント産業の発展——産業組織と構造変化』御茶の水書房．

———［2012a］「計画経済期の経済史」久保亨編『中国経済史入門』東京大学出版会．

———［2012b］『中国計画経済期財政の研究——省・直轄市・自治区統計から』東京大学社会科学研究所現代中国研究拠点研究シリーズ No. 10.

加藤弘之・上原一慶編著［2004］『中国経済論』ミネルヴァ書房．

———・久保亨［2009］『進化する中国の資本主義』岩波書店．

加藤洋子［1992］『アメリカの世界戦略とココム——COCOM and CHINCOM』有信堂．

華中連絡部［1941］『中支セメント工業現況』華中連絡部．

華北連絡部［1941］『華北セメント製造業立地条件調査報告書』華北連絡部，調査資料198・経

済 63.

金子肇 [1988]「中国の統一化と財政問題──『国地財政劃分』問題を中心に」『史学研究』（広島大学）179 号.

───[1997]「1930 年代の中国における同業団体と同業規制──上海の工商同業公会を素材として」『社会経済史学』63 巻 1 号.

───[2000]「清末民初における江蘇省の認捐制度」『東洋史研究』59 巻 2 号.

金丸裕一 [1992]「工部局電気処の停電問題──1925 年 7 月 6 日前後」『近きに在りて』21 号.

───[1993]「中国『民族工業の黄金時代』と電力産業──1879 年-1924 年の上海市・江蘇省を中心に」『アジア研究』39 巻 4 号.

───[1994]「江北における電力産業の成長──「企業城下町（Kigyo-Jokamachi）」南通のケース」『帝京史学』9 号.

───[1999]「統計表中之江蘇電業──以「建國十年」時期爲中心的討論稿」『立命館経済学』48 巻 5 号.

───[2002]「中国工業調査──電力産業史の事例から」本庄比佐子・内山雅生・久保亨編『興亜院と戦時中国調査』岩波書店.

───[2005]「『支那事変』直後，日本による華中電力産業の調査と復旧計画」『立命館経済学』53 巻 5・6 号.

ガリー，J. 著，中兼和津次・矢吹晋訳 [1978]『中国経済と毛沢東戦略』岩波書店.

川井伸一 [1987]「戦後中国紡織業の形成と国民政府──中国紡織建設公司の成立過程」『国際関係論研究』6 号.

───[1991]『中国企業とソ連モデル──一長制の史的研究』アジア政経学会.

───[1992]「大戦後の中国綿紡織業と中紡公司」『愛知大学国際問題研究所紀要』97 号.

───[2001]「中紡公司と国民政府の統制──国有企業の自立的経営方針とその挫折」姫田光義編『戦後中国国民政府史の研究 1945-1949 年』中央大学出版部.

川原勝彦 [2003]「中国同郷団体の改造・解体過程 (1945-1956 年)──山東旅滬同郷団体の事例を中心に」『アジア研究』49 巻 3 号.

姜拶亜 [1996]「1930 年代広東陳済棠政権の製糖業建設」『近きに在りて』30 号.

神原周 [1970]『中国の化学工業』アジア経済研究所.

気賀健三編 [1964]『ソ連経済の流通・財政・金融制度』清明会叢書 II，清明会（非売品）.

木越義則 [2012]『近代中国と広域市場圏──海関統計によるマクロ的アプローチ』京都大学学術出版会.

喜田昭治郎 [1993]「中国と朝鮮戦争──休戦交渉をめぐって」『アジア研究』39 巻 3 号.

久保亨 [1983]「国民政府の財政と関税収入，1928-1937」増淵龍夫先生退官記念論集刊行会編『中国史における社会と民衆』汲古書院.

───[1996]「近現代中国における国家と経済──中華民国期経済政策試論」山田辰雄編『歴史のなかの現代中国』勁草書房.

───[1999]『戦間期中国〈自立への模索〉──関税通貨政策と経済発展』東京大学出版会.

───編著 [2006]『1949 年前後の中国』汲古書院.

───[2005]『戦間期中国の綿業と企業経営』汲古書院.

───[2011]「1950 年代の中国綿業と在華紡技術」富澤芳亜・久保亨・萩原充編著『近代中国を生きた日系企業』大阪大学出版会.

─── ・加島潤・木越義則 [2016]『統計でみる中国近現代経済史』東京大学出版会.

黒田明伸 [1994]『中華帝国の構造と世界経済』名古屋大学出版会.

江小涓著・田島俊雄訳 [2003]「綿紡織業──移行過程における低効率競争」田島俊雄・江小涓・丸川知雄著『中国の体制転換と産業発展』ISS Research Series No. 6，東京大学社会科学研究所.

高尚全［1987］「1979-86 年，着実に進展する経済改革」『北京周報』27 号.

上妻隆栄［1963］『中国市場の構造的変革』法律文化社.

国分良成［1987］「中国第一次五ヵ年計画期の経済官僚制とソ連モデル（1953-57 年）──国家計画委員会を中心として」山極晃・毛里和子編『現代中国とソ連』日本国際問題研究所.

小嶋正巳［1963］『現代中国の労働制度』評論社.

───［1972］『中国社会主義労働の研究』評論社.

───［1988］『中国社会主義賃金の展開』千倉書房.

───［1993］『中国社会主義企業の展開』千倉書房.

小島麗逸編［1989］『中国経済統計・経済法解説』アジア経済研究所.

小杉修二［1988］『現代中国の国家目的と経済建設──超大国志向・低開発経済・社会主義』龍渓書舎（本書では 1994 年増補版を利用）.

小浜正子［2000］『近代上海の公共性と国家』研文出版.

小早川洋一［1998］「浅野総一郎と明治期における浅野セメントの考察」『経営論集』（明治大学）45 巻 2・3・4 合併号.

小林弘二［1974］『中国革命と都市の解放──新中国初期の政治過程』有斐閣.

呉暁林［2002］『毛沢東時代の工業化戦略──三線建設の政治経済学』御茶の水書房.

コルナイ，ヤーノシュ著，盛田常夫編訳［1984］『「不足」の政治経済学』岩波書店.

斎藤修［2008］『比較経済発展論』岩波書店.

在上海中国通信社調査部［1937］『上海電力会社の組織と事業』中通資料 67 号.

財団法人日本経営史研究所編［1981］『小野田セメント百年史』小野田セメント株式会社.

佐藤博［1965］『ソビエト財政論』未来社.

座間紘一［1978］「社会主義への移行と「三反」・「五反」運動」『講座中国近現代史』7 巻，東京大学出版会.

塩川伸明［1999］『現存した社会主義──リヴァイアサンの素顔』勁草書房.

社史編纂委員会編［1983］『百年史──日本セメント株式会社』日本セメント株式会社.

朱蔭貴［2010］「近代中国セメント産業と資金調達──劉鴻生企業集団と上海華商水泥公司」田島俊雄・朱蔭貴・加島潤編著『中国セメント産業の発展──産業組織と構造変化』御茶の水書房.

周小萌［1997］「仕切られた国家・組織された混乱──中国における国家・職場・個人」『現代中国』71 号.

朱建栄［1991］『毛沢東と朝鮮戦争』岩波書店.

嶋倉民生・丸山伸郎［1983］『中国経済のディレンマ──新たな模索の始まり』有斐閣.

白石麻保［2016］『計画経済の実証分析──中国の経済開発』京都大学学術出版会.

城山智子［2011］『大恐慌下の中国──市場・国家・世界経済』名古屋大学出版会.

鈴木智夫［1992］『洋務運動の研究』汲古書院.

関満博［1989］「上海市における中小機械金属工業の基礎構造──事例にみる集団企業と国営企業」『機械経済研究』20 巻.

───［1997］『上海の産業発展と日本企業』新評論.

セルデン，マーク著，小林弘二・加々美光行訳［1976］『延安革命──第三世界解放の原点』筑摩書房.

高橋孝助・古厩忠夫編［1995］『上海史──巨大都市の形成と人々の歩み』東方書店.

高橋勇治［1975］『中国人民革命の研究』弘文堂.

田島俊雄［1990］「中国の経済変動──大躍進・小躍進と経済改革」『アジア経済』31 巻 4 号.

───［1994］「中国の国有企業改革と政府間財政関係」『中国研究月報』48 巻 4 号.

───［2000］「中国の財政金融制度改革──属地的経済システムの形成と変容」中兼和津次編『現代中国の構造変動 2　経済──構造変動と市場化』東京大学出版会.

──[2003]「重工業──移行経済期の「五小工業」」『中国の体制転換と産業発展』東京大学社会科学研究所研究シリーズ No. 6.

──編著［2005］『20 世紀の中国化学工業──永利化学・天原電化とその時代』東京大学社会科学研究所研究シリーズ No. 17.

──編著［2008］『現代中国の電力産業──「不足の経済」と産業組織』昭和堂.

──・朱蔭貴・加島潤編著［2010］『中国セメント産業の発展──産業組織と構造変化』御茶の水書房.

田中祥之［1978］「建国初期の経済政策──中国革命の成長転化の問題によせて」『講座中国近現代史』7 巻，東京大学出版会.

中国資本蓄積研究会［1976］『中国の経済発展と制度』アジア経済調査研究双書 232，アジア経済研究所.

中支建設資料整備委員会訳編［1940］『護謨工業報告書』編訳彙報第 21 編，南京：中支建設資料整備事務所編譯部（全国経済委員会『橡膠工業報告書』1935 年の日本語訳）.

趙宏偉［1998］『中国の重層集権体制と経済発展』東京大学出版会.

張善良［1995］「中国におけるセメント流通体制」原田忠夫編『中国における生産財流通──商品と機構』ASEAN 等現地研究シリーズ No. 29，アジア経済研究所.

張忠任［2001］『現代中国の政府間財政関係』御茶の水書房.

青島出張所［1941］『膠済沿線ニ於ケル「セメント」工業立地条件調査報告』青島出張所，興青調査資料 66.

塚瀬進［2001］「国共内戦期，東北解放区における中国共産党の財政経済政策」『長野大学　紀要』23 巻 3 号.

辻美代［2000］「繊維産業──輸出振興政策の帰結」丸川知雄編『移行期中国の産業政策』アジア経済研究所 .

富澤芳亜［1991］「綿紗統税の導入をめぐる日中紡織資本」『史学研究』（広島大学）193 号.

──［2011］「在華紡技術の中国への移転」富澤芳亜・久保亨・萩原充編著『近代中国を生きた日系企業』大阪大学出版会.

中兼和津次［1979］「中国　社会主義経済制度の構造と展開」岩田昌征編『経済体制論　第 IV 巻』東洋経済新報社.

──［1992］『中国経済論──農工関係の政治経済学』東京大学出版会.

──［1999］『中国経済発展論』有斐閣.

──編著［2010］『歴史的視野からみた現代中国経済』財団法人東洋文庫.

──［2012］『開発経済学と現代中国』名古屋大学出版会.

中西功［1969］『中国革命と毛沢東思想』青木書店.

中村靖［1992］『計画経済のミクロ分析』日本評論社.

南部稔［1982］「商品流通と価格メカニズム」游仲勲編著『現代中国の計画経済』ミネルヴァ書房.

──［1991］『現代中国の財政金融政策』多賀出版.

日中経済協会［1981］『中国の紡織工業』日中経済協会.

日本国際問題研究所中国部会編［1969］『新中国資料集成』3 巻，日本国際問題研究所.

──編［1974］『中国共産党史資料集』10 巻，勁草書房.

日本ゴム工業会［1969］『日本ゴム工業史　第二巻』東洋経済新報社.

──［1971］『日本ゴム工業史　第三巻』東洋経済新報社.

日本ポルトランドセメント同業会調査部・小林行雄編［1936］『支那セメント工業概観』日本ポルトランドセメント同業会（調査資料第 3 号）.

根岸佶［1951］『上海のギルド』日本評論社.

野崎幸雄［1965］『現代中国の経営管理』ダイヤモンド社.

———［1974］『中国経営管理論』ミネルヴァ書房．

野澤豊編［1995］『日本の中華民国史研究』汲古書院．

橋本寿朗［1977-78］「「五大電力」体制の成立と電力市場の展開」『電気通信大学報』27巻2号，28巻1・2号（同論文は，同著，武田晴人解題『戦間期の産業発展と産業組織II──重化学工業化と独占』東京大学出版会，2004，再録）．

———［1985］「セメント連合会」『両大戦間期　日本のカルテル』御茶の水書房（同著，武田晴人解題『戦間期の産業発展と産業組織II──重化学工業化と独占』東京大学出版会，2004，再録）．

波多野善大［1961］『中国近代工業史の研究』京都大学文学部内東洋史研究会．

林幸司［2002］「建国初期中国共産党による都市「接管」工作について──重慶市を中心に」『中国研究月報』56巻3号．

日比野良夫［1956］「チンコムリストの緩和」『世界週報』時事通信社，1956年7月11日号．

藤村俊郎［1973］「中国における新民主主義革命の発展とプロレタリア階級独裁の成立について──わが国における代表的見解の検討」『商学論集』福島大学経済学会．

藤本昭［1971］『新中国の国家財政の研究』有斐閣．

フレッド・アフタリオン［1993］『国際化学産業史』日経サイエンス社．

原田忠夫編［1995］『中国における生産財流通──商品と機構』アジア経済研究所．

平野正［1980］「中国革命最終段階における民族ブルジョアジーの動向」『西南学院大学文理論集』21巻1号．

古島和雄［1969］「国民経済復興期における統制政策とその性格」『社会科学研究』（東京大学社会科学研究所）20巻5・6号．

ブルス，W.著，鶴岡重成訳［1971］『社会主義経済の機能モデル』合同出版．

———著，佐藤経明訳［1978］『社会主義における政治と経済』岩波書店．

古田和子［2000］『上海ネットワークと近代東アジア』東京大学出版会．

古厩忠夫［2000］「日中戦争末期の上海社会と地域エリート」日本上海史研究会編『上海　重層するネットワーク』汲古書院．

堀井伸浩［2005］「石炭供給体制の変遷──計画経済期の戦略物資，市場経済化における変容」『現代中国研究』17号．

堀和生［1987］「『満洲国』における電力業と統制政策」『歴史学研究』564号．

———編［2016］『東アジア高度成長の歴史的起源』京都大学学術出版会．

松本俊郎［2000］『「満洲国」から新中国へ──鞍山鉄鋼業からみた中国東北の再編過程1940-1954』名古屋大学出版会．

丸川知雄［1993］「中国の「三線建設」」『アジア経済』34巻2・3号．

———編［2000a］『移行期中国の産業政策』アジア経済研究所．

———編［2000b］『中国産業ハンドブック　2001-2002年版』蒼蒼社．

丸山伸郎［1983］「経済管理制度」嶋倉民生・丸山伸郎『中国経済のディレンマ──新たな模索の始まり』有斐閣選書．

満洲電業股份有限公司調査課［1935］『中華民国電気事業　第1巻　江蘇省・浙江省』調査資料9輯．

満鉄北支事務局調査室（三品頼忠）［1938］『工業立地より看たる北支セメント工業の現態と其の発展動向』満鉄北支事務局調査室（三品頼忠）．

三木毅［1971］『中国回復期の経済政策』川島書店．

南満洲鉄道株式会社天津事務所調査課［1937］『支那に於ける酸，曹達及窒素工業』北支経済資料32輯．

南亮進・牧野文夫編著［2014］『アジア長期経済統計　3　中国』東洋経済新報社．

宮下忠雄［1967］『新中国の通貨政策』清明会叢書V，清明会．

宮田道昭［2006］『中国の開港と沿海市場——中国近代経済史に関する一視点』東方書店.

村松祐次［1949］『中国経済の社会態制』東洋経済新報社（本書では 1975 年復刊版を利用）.

毛里和子［1990a］「1970 年代末までの中央と地方——上海市のケース」毛里和子編『毛沢東時代の中国〈現代中国論 1〉』日本国際問題研究所.

———［1990b］「社会主義の変容と頓挫した中国の改革」『人民の歴史学』105 号.

———［1994a］「中国の社会主義選択と国際環境」山極晃編『東アジアと冷戦』三嶺書房.

———［1994b］「冷戦と中国」山極晃編『東アジアと冷戦』三嶺書房.

山岸猛・伊井健一郎訳［1986］『中国社会主義・物資管理体制史略』JETRO.

游仲勲編著［1982］『現代中国の計画経済』ミネルヴァ書房.

盧徴良［2010］「近代中国セメント産業と市場競争・カルテル問題」田島俊雄・朱蔭貴・加島潤編著『中国セメント産業の発展——産業組織と構造変化』御茶の水書房.

和田春樹［1992］『歴史としての社会主義』岩波書店.

渡邉恵一［2005］『浅野セメントの物流史——近代日本の産業発展と輸送』立教大学出版会（発売：有斐閣）.

中国語文献（ピンイン順）

安徽省電力工業局編著［1995］『安徽省電力工業誌』当代中国出版社.

薄一波［1993］『若干重大決策与事件的回顧（上）』中共中央党校出版社.

財政部国庫司・予算司編［各年］『地方財政統計資料』中国財政経済出版社.

———［各年］『全国地市県財政統計資料』中国財政経済出版社.

財政部税務総局編［1987］『中華人民共和国財政史料（第 4 輯：工商税収）』中国財政経済出版社.

財政部綜合計画司編［1982］『中華人民共和国財政史料（第 1 輯：財政管理体制 1950-1980）』中国財政経済出版社.

陳潮・陳洪玲主編［2003］『中華人民共和国行政区画沿革地図集』中国地図出版社.

陳永発［2005］「中共建国初期的工商税収——以天津和上海為中心」『中央研究院近代史研究所集刊』48 期.

陳雲［1984］『陳雲文選（1949-1956）』人民出版社.

崔国華編著［2004］『抗日戦争時期国民政府財政金融政策』台湾商務印書館（初版は同主編『抗日戦争時期国民政府財政金融政策』西南財経大学出版社，1995 年）.

崔津渡主編［2000］『天津財政五十年（1949-1999）』中国財政経済出版社.

大公報出版委員会編［1951］『新上海便覧』上海大公報.

大公報社［1952］『人民手冊』出版単位不明.

『当代中国財政』編集部［1990］『中国社会主義財政史参考資料』中国財政経済出版社.

『当代中国的工商行政管理』編集委員会編［1991］『当代中国的工商行政管理』当代中国出版社.

『当代中国的化学工業』編集委員会［1986］『当代中国的化学工業』中国社会科学出版社.

当代中国叢書編輯部編輯［1984］『当代中国的紡織工業』中国社会科学出版社.

———編［1988］『当代中国的財政』上・下，中国社会科学出版社.

———編［1990a］『当代中国的機械工業』上・下，中国社会科学出版社.

———編［1990b］『当代中国的建築材料工業』中国社会科学出版社.

———編［1993］『当代中国物資流通』当代中国出版社.

董志凱主編［1996］『1949-1952 年中国経済分析』中国社会科学出版社.

———・呉江［2004］『新中国工業的奠基石——156 項建設研究（1950-2000）』広東経済出版社.

杜崚峰編著［1984］『中国社会主義財政管理』中国人民大学出版社.

杜恂誠主編［2002］『上海金融的制度，功能与変遷（1897-1997）』上海人民出版社.

方顕廷・谷源田［1938］「中国水泥工業之鳥瞰」方顕廷編『中国経済研究』2 冊，商務印書館，南開大学経済研究所叢書，2 版（初出は『大公報』1934 年 12 月 5 日）.

葛致達［1957］『過渡時期的中国予算』財政出版社.

顧準［2002］『顧準自述』中国青年出版社.

桂勇［2006］『私有産権的社会基礎──城市企業産権的政治重構（1949-1956）』立信会計出版社.

貴州省財政庁綜合計画処［1986］『貴州省財政収支統計資料　1950-1985』貴州省財政庁綜合計画処.

国家税務総局主編［2001］『中華民国工商税収史綱』中国財政経済出版社.

国家統計局工業交通物資統計司編［1985］『中国工業経済統計資料　1949-1984』中国統計出版社.

国家統計局工業統計司編［2012］『中国工業経済統計年鑑　2012』中国統計出版社.

国家統計局国民経済核算司編［2007］『中国国内生産総値核算歴史資料1952-2004』中国統計出版社.

国家統計局国民経済綜合統計司編［1999］『新中国五十年統計資料彙編』中国統計出版社.

───編［2005］『新中国五十五年統計資料彙編』中国統計出版社.

───編［2010］『新中国六十年統計資料彙編』中国統計出版社.

国家統計局綜合司編［1990］『全国各省、自治区、直轄市歴史統計資料彙編』中国統計出版社.

国務院全国工業普査領導小組辦公室・国家統計局工業交通物資統計司編［1987］『中国工業経済統計資料　1986』中国統計出版社.

海関総税務司署統計科編印［1947］『中華民国35年海関中外貿易統計年刊　巻1』上海（『中国旧海関史料』編輯委員会編『中国旧海関史料（1859-1948）』京華出版社，2001年，146巻所収）.

何建章・王積業主編［1984］『中国計画管理問題』中国社会科学出版社.

侯坤宏［2000］『抗戦時期的中央財政與地方財政』国史館.

胡鞍鋼［2007］『中国政治経済史論（1949-1976）』清華大学出版社.

華東電力工業史編輯室編［2004］『中華人民共和国電力工業史　華東巻』中国電力出版社.

『華東電網調度史』編委会編［2004］『華東電網調度史』中国電力出版社.

華東軍政委員会財政経済委員会編［1951］『華東区財政経済法令彙編（上冊）』華東人民出版社.

黄漢民［1989］「1933和1947年上海工業産値的估計」『上海経済研究』1期.

機械工業出版社編輯部編［1960］『十年来的機械工業（文集）』機械工業出版社.

加島潤［2007］「上海橡膠工業的市場和産業組織：1946-1956」胡春恵・唐啓華編『両岸三地歴史学研究生研討会論文選集［2006］』香港珠海書院亜洲研究中心・国立政治大学歴史学系.

賈士毅編著［1962］『民国財政史三編』上下，台湾商務印書館.

蔣乃鏞編著［1948］『上海工業要覧』学者書店.

江蘇省地方誌編纂委員会［1994］『江蘇省誌・電力工業誌』江蘇科学技術出版社.

江蘇省中華民国工商税収史編写組・中国第二歴史檔案館編［1996］『中華民国工商税収史料選編（第1輯：綜合類）』南京大学出版社.

金志煥［2006］『中国紡織建設公司研究（1945-1950）』復旦大学出版社.

金鐘主編［1996］『南京財政誌』河海大学出版社.

景林［1955］『第一個五年計画中的機器製造業』中華全国科学技術普及協会.

李成瑞［1959］『中華人民共和国農業税史稿』中国財政経済出版社（邦訳は川村嘉夫訳『現代中国の農業税制度』アジア経済研究所，1968年．ただし底本は1962年刊の再版）.

李代耕［1983］『中国電力工業発展史料──解放前的70年』水利電力出版社.

───編著［1984］『新中国電力工業発展史』企業管理出版社.

李権時［1929］『国地財政劃分問題』上海世界書局.

林美莉［1990］「外資電業的研究（1882-1937年）」国立台湾大学歴史学研究所碩士論文.

───［2005］『西洋税制在近代中国的発展』中央研究院近代史研究所.

林同華主編［2001］『蔡北華文集』上海社会科学院出版社.

劉大鈞［1937］『中国工業調査報告』上中下冊，軍事委員会資源委員会参攷資料第20号（李文

海・夏明方・黄興濤主編『民国時期社会調査叢編』二編，近代工業巻，上，福建教育出版社，2010 年に所収）．

――――［1940］『上海工業化研究』商務印書館．

劉宋斌［1997］『中国共産党対大城市的接管（1945-1952）』北京図書館出版社．

劉志城主編［1988］『中華人民共和国工商税収史長編』1-3 部，中国財政経済出版社．

楼継偉主編［2000］『新中国 50 年財政統計』経済科学出版社．

馬洪主編［1986］『中国経済与管理入門』雲南人民出版社．

南開大学経済研究所・南開大学経済系編［1963］『啓新洋灰公司史料』生活・読書・新知三聯書店．

裴斐（Nataniel Peffer）・韋慕庭（Martin Wilbur）インタヴュー，呉修垣訳，高雲鵬訳文校閲，馬軍校注［1999］『従上海市長到「台湾省主席」（1946-1953 年）――呉国楨口述回憶』上海人民出版社．

倩華等編［1957］『七年来我国私営工商業的変化』財政経済出版社．

銭健夫［1946］「十五年来上海市財政及其批判」『財政評論』15 巻 4 号．

銭宜慶主編［1994］『回力之路――正泰橡膠廠発展史』改革出版社．

銭之光［1959］「高速度発展紡織工業」『紅旗』8 号．

全国経済委員会［1936］『機械工業報告書』全国経済委員会経済専刊第 9 種，全国経済委員会．

全国政協文史資料研究委員会工商経済組［1988］『回憶国民党政府資源委員会』中国文史出版社．

『上海財政税務誌』編纂委員会編［1999］『上海財政税務誌資料長編』上下，上海市財政局・上海市税務局．

『上海電網調度史』編委会編［2004］『上海電網調度史』中国電力出版社．

『上海紡織工業誌』編纂委員会編［1998］『上海紡織工業誌』上海社会科学院出版社．

上海工商行政管理誌編纂委員会編［1997］『上海工商行政管理誌』上海社会科学院出版社．

『上海化学工業誌』編纂委員会編［1997］『上海化学工業誌』上海社会科学院出版社．

上海機電産品流通誌編委会［2001］『上海機電産品流通誌』上海機電設備総公司．

『上海機電工業誌』編纂委員会編［1996］『上海機電工業誌』上海社会科学院出版社．

『上海価格誌』編纂委員会編［1998］『上海価格誌』上海社会科学院出版社．

『上海建築材料工業誌』編纂委員会編［1997］『上海建築材料工業誌』上海社会科学院出版社．

上海社会科学院『上海経済年鑑』編輯部編［1983］『上海経済 1949-1982』上海人民出版社．

上海社会科学院経済研究所［1980］『上海資本主義工商業的社会主義改造』上海人民出版社．

――――編［1981］『劉鴻生企業史料』上中下冊，上海人民出版社．

――――・上海市国際貿易学会学術委員会編［1989］『上海対外貿易 1840-1949』上冊，上海社会科学院出版社．

上海市編制委員会辦公室編［1988］『上海党政機構沿革　1949-1986』上海人民出版社．

上海市檔案館編［1989］『呉蘊初企業史料・天原化工廠巻』檔案出版社．

――――編［1992］『呉蘊初企業史料・天厨味精廠巻』檔案出版社．

――――編集・撮影［2002］『中華人民共和国建国初期上海経済恢復檔案選集（1949-1953 年）』マイクロフィルム，上海市檔案館．

上海市電力公司述［1946］『上海市電力問題』出版単位不明．

上海市電力工業局史誌編纂委員会編［1994］『上海電力工業誌』上海社会科学院出版社．

『上海市電力工業史』編委会編［2003］『中華人民共和国電力工業　上海巻』中国電力出版社．

上海市工商行政管理局・上海市第一機電工業局機器工業史料組編［1966］『上海民族機器工業』中華書局．

――――・上海市橡膠工業公司史料工作組編［1979］『上海民族橡膠工業』中華書局．

上海市計画委員会編［1998］『上海市計画報告集（1949-1998）』出版単位不明．

上海市棉紡織工業同業公会籌備会編［1950］『中国棉紡統計史料』上海市棉紡織工業同業公会籌

240　　参考文献一覧

　備会.
上海市人民政府秘書処編［出版年不明］『1949 年上海市綜合統計』出版単位不明.
上海市統計局編［1984］『上海統計年鑑　1983』上海人民出版社.
───編［1992］『新上海工業統計資料（1949-1990）』中国統計出版社.
───編［2001］『上海市国民経済和社会発展歴史統計資料（1949-2000）』中国統計出版社.
───・国家統計局上海調査総隊編［2009］『光輝的六十載──上海歴史統計資料彙編：1949-
　　2009』中国統計出版社.
───・国家統計局上海調査総隊編［2013］『上海統計年鑑　2013 年』中国統計出版社.
上海市通誌館年鑑委員会編［1946］『上海市年鑑』中華書局.
上海市政府統計処編［1947］『上海市統計総報告（民国 35 年）』出版単位不明.
───編［出版年不明］『上海市統計総報告（民国 36 年）』出版単位不明.
上海水泥廠編［1990］『上海水泥廠七十年（1920-1980）』同済大学出版社.
『上海天原化工廠誌』編写委員会編［1994］『上海天原化工廠誌』内部資料.
『上海橡膠工業誌』編纂委員会編［2000］『上海橡膠工業誌』上海社会科学院出版社.
『上海物資流通誌』編纂委員会編［2003］『上海物資流通誌』上海社会科学院出版社.
商業部物価局［1959］『物価政策重要文件彙編（1949-1958）』出版単位不明.
『双銭雄風』編委会編［1993］『双銭雄風：大中華橡膠廠発展史（1926-1992）』企業管理出版社.
宋新中主編［1997］『当代中国財政史』中国財政経済出版社.
蘇寧主編［2007］『中国金融統計（1949-2005 年）』上・下，中国金融出版社.
孫果達［1991］『民族工業大遷徙──抗日戦争時期民営工廠的内遷』中国文史出版社.
孫懐仁主編［1990］『上海社会主義経済建設発展簡史──1949-1985』上海人民出版社.
孫慧敏［2006］「上海律師業的改造與消滅（1949-1957）」陳永発主編『両岸分途──冷戦初期的
　　政経発展』中央研究院近代史研究所.
汪馥蓀［1947］「戦前中国工業生産中外廠生産的比重問題」『中央銀行月報』新 2 巻 3 期.
王健英編著［1994］『中国共産党組織史資料彙編──領導機構沿革和成員名録』中共中央党校出
　　版社.
王菊［2004］『近代上海棉紡業的最後輝煌』上海社会科学院出版社.
王樹槐［1991］「中国早期的電気事業，1882-1928──動力現代化之一」中央研究院近代史研究所
　　編『中国現代化論文集』中央研究院近代史研究所.
汪渭泉主編［1995］『上海財政税務誌』上海社会科学院出版社.
王燕謀編著［2005］『中国水泥発展史』中国建材工業出版社.
巫宝三主編［1947］『中国国民所得（1933 年）』上下冊，中華書局.
呉承明・董志凱主編［2001］『中華人民共和国経済史　第 1 巻　1949-1952』中国財政経済出版社.
呉景平等［2001］『抗戦時期的上海経済』上海人民出版社.
武力［1996］「建国初期金融業的社会主義改造」『当代中国史研究』4 期.
───主編［1999］『中華人民共和国経済史（上・下）』中国経済出版社.
新華社参考消息組［1952］『内部参考』出版単位不明.
許滌新［1947］『官僚資本論』南洋書店.
───［1949a］『中国経済的道路』新中国書局.
───［1949b］『工商業家的出路』新民主出版社.
徐新吾・黄漢民主編［1998］『上海近代工業史』上海社会科学院出版社.
徐友春主編［2007］『民国人物大事典』増訂本，河北人民出版社.
薛暮橋［1996］『薛暮橋回憶録』天津人民出版社.
厳中平［1955］『中国棉紡織史稿』科学出版社（本書では商務印書館 2011 年再版を利用）.
楊蔭溥［1985］『民国財政史』中国財政経済出版社.
張淋等主編［1994］『当代中国的電力工業』当代中国出版社.

―――主編［1998］『中国電力工業誌』当代中国出版社.

張徐楽［2006］『上海私営金融業研究（1949-1952）』復旦大学出版社.

張仲礼主編［2008］『近代上海城市研究（1840-1949 年）』修訂版，上海文藝出版社（初版：上海
　　人民出版社，1990 年）.

趙岡・陳鍾毅［1977］『中国棉業史』聯経出版事業公司.

趙匡華主編［2003］『中国化学史（近現代巻）』広西教育出版社.

趙夢涵［2002］『新中国財政税収史論綱』経済科学出版社.

趙雲旗［2005］『中国分税制財政体制研究』経済科学出版社.

『浙江省電力工業誌』編纂委員会［1995］『浙江省電力工業誌』水利電力出版社.

鄭友揆・程麟蓀・張伝洪［1991］『旧中国的資源委員会―史実与評価』上海社会科学院出版社.

中共天津市委党史資料徴集委員会・中共天津市委統戦部・天津市檔案館編［1991］『中国資本主
　　義工商業的社会主義改造（天津巻）』中共党史出版社.

中共上海市委工業工作委員会・中共上海市委党史研究室・上海市檔案館編［2003］『「大躍進」時
　　期的上海工業』上海科学普及出版社.

中共上海市委統戦部・中共上海市党史研究室・上海檔案館［1993］『中国資本主義工商業的社会
　　主義改造（上海巻，上・下）』中共党史出版社.

中共上海市委組織部・中共上海市委党史資料徴集委員会・中共上海市委党史研究室・上海市檔案
　　館［1991］『上海市政権系統、地方軍事系統、統一戦線系統、群衆団体系統組織史資料
　　（1949.5-1987.10）』上海人民出版社.

中共中央党史研究室著・胡縄主編［1991］『中国共産党的七十年』中共党史出版社.

中共中央文献研究室編［1992a］『建国以来重要文献選編（第 1 冊）』中央文献出版社.

―――編［1992b］『建国以来重要文献選編（第 2 冊）』中央文献出版社.

―――編［1992c］『建国以来重要文献選編（第 3 冊）』中央文献出版社.

―――編［1993］『建国以来重要文献選編（第 4 冊）』中央文献出版社.

中国財政年鑑編集委員会編［各年］『中国財政年鑑』中国財政雑誌社.

『中国対外経済貿易年鑑』編輯委員会編［1984］『中国対外経済貿易年鑑　1984』中国対外経済貿
　　易出版社.

中国紡織工業年鑑編輯委員会［1983］『中国紡織工業年鑑　1982』中国紡織出版社.

中国工業経済研究所編［1949］『上海紗廠的生産効率問題、上海棉紡織工業的電力供応問題』工
　　商経済出版社，工業経済調査報告，新 2 号.

『中国経済年鑑』編輯部編［1983］『中国機械工業的発展』中国農業機械出版社.

中国科学院上海経済研究所・上海社会科学院経済研究所編［1958］『上海解放前後物価資料彙編
　　（1921 年-1957 年）』上海人民出版社.

―――編著［1959］『上海資本主義工商業的社会主義改造』上海人民出版社.

中国社会科学院経済研究所［1978］『中国資本主義工商業的社会主義改造』人民出版社.

中国社会科学院・中央檔案館編［1990］『中華人民共和国経済檔案資料選編 1949-52（綜合巻）』
　　中国城市経済社会出版社.

―――編［1993］『中華人民共和国経済檔案資料選編 1949-1952（工商体制巻）』中国社会科学出
　　版社.

―――編［1994］『中華人民共和国経済檔案資料選編 1949-1952（対外貿易巻）』経済管理出版社.

―――編［1995a］『中華人民共和国経済檔案資料選編 1949-1952（商業巻）』中国物資出版社.

―――編［1995b］『中華人民共和国経済檔案資料選編 1949-1952（財政巻）』経済管理出版社.

―――編［1996］『中華人民共和国経済檔案資料選編 1949-1952（工業巻）』中国物資出版社.

―――編［1998］『中華人民共和国経済檔案資料選編 1953-1957（工業巻）』中国物価出版社.

―――編［2000］『中華人民共和国経済檔案資料選編 1953-1957（財政巻）』中国物価出版社.

―――編［2011］『中華人民共和国経済檔案資料選編 1958-1965（財政巻）』中国財政経済出版社.

中国水泥協会編［2007］『中国水泥年鑑（2001-2005）』吉林教育出版社.

中華人民共和国財政部綜合計画司編［1987］『中国財政統計（1950-1985）』中国財政経済出版社.

中華人民共和国国家統計局編［各年］『中国統計年鑑』中国統計出版社.

中華人民共和国国家統計局工業統計司編［1958］『我国鋼鉄、電力、煤炭、機械、紡織、造紙工業的今昔』統計出版社.

中央財経領導小組辦公室［1999］『中国経済発展50年大事記』人民出版社.

中央檔案館編［1992］『中共中央文件選集』18冊，中共中央党校出版社.

中央党部国民経済計画委員会主編［1937］『十年来之中国経済建設』南京扶輪日報社.

中央工商行政管理局・中国科学院経済研究所資本主義経済改造研究室編著［1962］『中国資本主義工商業的社会主義改造』人民出版社.

中央工商行政管理局秘書処編［1957］『私営工商業的社会主義改造政策法令選編（上）』北京財政経済出版社.

中央巻編集部編［1992］『中国資本主義工商業的社会主義改造（中央巻）』上下冊，中共党史出版社.

中央人民政府法制委員会編［1952］『中央人民政府法令彙編（1949-1950)』人民出版社.

―――編［1953］『中央人民政府法令彙編（1951)』人民出版社.

―――編［1954a］『中央人民政府法令彙編（1952)』人民出版社.

―――編［1954b］『中央人民政府法令彙編（1953)』人民出版社.

周太和主編［1984］『当代中国的経済体制改革』中国社会科学出版社.

総税務司署統計科編印［各年版］『海関中外貿易統計年刊』（『中国旧海関史料』編輯委員会編『中国旧海関史料』京華出版社，2001，収録).

左春台・宋新中主編［1988］『中国社会主義財政簡史』中国財政経済出版社.

英語文献（アルファベット順）

Bramall, Chris [1993], *In Praise of Maoist Economic Planning: Living Standards and Economic Development in Sichuan since 1931*, Oxford: Clarendon Press.

Brugger, William [1976], *Democracy & Organization in the Chinese Industrial Enterprise: 1948-1953*, Cambridge: Cambridge University Press.

Chan, Kai Yiu [2006], *Business Expansion and Structural Change in Pre-war China: Liu Hongsheng and his enterprises, 1920-1937*, Hong Kong: Hong Kong University Press.

Coble, Parks M [1980], *The Shanghai Capitalists and the Nationalist Government 1927-1937*, Cambridge, Massachusetts: Council on East Asian Studies, Harvard University Press.

Donnithorne, Audrey [1967], *China's Economic System*, New York: F. A. Praeger.

―――[1972], "China's Cellular Economy: Some Economic Trends since the Cultural Revolution," *China Quarterly*, 52.

Feuerwerker, Albert [1967], "Industrial Enterprise in Twentieth-Century China: The Chee Hsin Cement Co.," Albert Feuerwerker, Rhoads Murphey, Mary C. Wright eds., *Approaches to Modern Chinese History*, Berkeley: University of California Press.

Gardner, Jhon [1969], "The Wufan Campaign in Shanghai: A Study in the Consolidation of Urban Control," Doak A Barnett ed., *Chinese Communist Politics in Action*, Seattle: University of Washington Press.

Hsiao, Katharine Huang [1987], *The Government Budget and Fiscal Policy in Mainland China*, Taipei: Chung-Hua Institution for Economic Research.

Hsiao, Liang-lin, [1974], *China's Foreign Trade Statistics, 1864-1949*, Cambridge, Massachusetts: Harvard University Press.

Huang, Yasheng [2008], *Capitalism with Chinese Characteristics: Entrepreneurship and the*

State, New York: Cambridge University Press.

Jin, Hehui, Qian, Yingyi and Weingast, Barry R. [2005], "Regional Decentralization and Fiscal Incentives: Federalism, Chinese Style," *Journal of Public Economics*, Vol. 89.

Kornai, János [1992], *The Socialist System: the Political Economy of Communism*, New York: Oxford University Press.

Lardy, Nicholas R. [1978], *Economic Growth and Distribution in China*, Cambridge: Cambridge University Press.

Liberthal, Kenneth G. [1980], *Revolution and Tradition in Tientsin: 1949–1952*, Stanford: Stanford University Press.

Maddison, Angus [2007], *Chinese Economic Performance in the Long Run*, 2nd edition, Paris: Development Centre of the Organisation for Economic Co-operation and Development.

Perkins, Dwight H. [1966], *Market Control and Planning in Communist China*, Cambridge, Massachusetts: Harvard University Press.

Schurmann, Franz [1966], *Ideology and Organization in Communist China*, Berkeley: University of California Press.

Wang, Shaoguang [2001], "The Construction of State Extractive Capacity: Wuhan 1949–1953," *Modern China*, Vol. 27 No. 2.

初出一覧

第I部　上海経済と社会主義体制の形成

　第1章　上海経済の基本構造

　　書き下ろし

　第2章　人民共和国の成立と上海企業

　　「中華人民共和国建国初期（1949-1953年）の対私営工業政策——上海における委託加工・発注を中心に」（東京都立大学大学院人文科学研究科史学専攻提出の修士論文改定版，2003年1月）.

　第3章　朝鮮戦争と社会主義体制の形成

　　「中華人民共和国建国初期（1949-1953年）の対私営工業政策——上海における委託加工・発注を中心に」（東京都立大学大学院人文科学研究科史学専攻提出の修士論文改定版，2003年1月）.

第II部　社会主義財政システムと上海

　第4章　税財政制度の変革と上海市

　　「政権交代と上海市財政構造の変動（1945-56年）」（『アジア経済』48巻7号，2007年7月）.

　第5章　上海市財政と企業

　　「政権交代と上海市財政構造の変動（1945-56年）」（『アジア経済』48巻7号，2007年7月）.

　第6章　地方財政構造の地域間比較——上海モデルの位置

　　『中国計画経済期財政の研究——省・直轄市・自治区統計から』（東京大学社会科学研究所現代中国研究拠点研究シリーズ No.10，2012年3月）.

第 III 部　上海の産業発展と社会主義体制

第 7 章　社会主義体制下の産業発展——紡織工業と機械工業

　書き下ろし

第 8 章　産業組織の再編——ゴム加工業

　「戦後から人民共和国初期にかけての上海化学工業再編——ゴム工業を中心に」『20 世紀の中国化学工業——永利化学・天原電化とその時代』（東京大学社会科学研究所 Research Series no. 17，2005 年 3 月）および「上海橡膠工業的市場和産業組織：1946-1956」（中国語）胡春恵・唐啓華編『両岸三地歴史学研究生研討会論文選集［2006］』（香港珠海書院亜洲研究中心・国立政治大学歴史学系，2007 年 6 月）.

第 9 章　物資分配と需給関係——セメント産業

　「計画経済期上海のセメント需給と物資管理制度」（田島俊雄・朱蔭貴・加島潤編著『中国セメント産業の発展——産業組織と構造変化』御茶の水書房，2010 年 3 月）.

第 10 章　地域内統合と広域的分配——電力産業

　「戦後から人民共和国初期にかけての上海電力産業の統合過程」（『中国研究月報』60 巻 3 号，2006 年）および「上海電力産業の統合と広域ネットワーク——第二次世界大戦後から計画経済期にかけて」（田島俊雄編著『現代中国の電力産業——「不足の経済」と産業組織』昭和堂，2008 年 2 月）.

本書収録に際して，既発表論文にいずれも大幅な加筆・修正を行った.

図表一覧

あとがき

　本書は，2010 年 10 月に東京大学大学院人文社会系研究科に提出した博士論文「中国社会主義経済体制における地方政府と企業——上海市を事例として」を大幅に加筆・修正したものである．

　本書の研究をはじめたきっかけは，社会主義体制の下での経済活動とはどういうものなのだろうかという素朴な疑問を抱いたことである．ある日を境に，生産手段の私的所有が禁止されて「みんなのもの」となり，財の市場での取引がなくなって計画による分配だけとなったときに，人々の生活や企業の活動はどうなってしまうのか．それは非常にエキサイティングな実験のように思え，純粋に興味を抱いた．

　社会主義体制に関する書物を紐解いてみると，制度や政策を取り扱った研究は，政府の方針や法令について豊富な情報を提供してくれたが，制度の下での経済主体の実際の行動については多くを語らなかった．また，個人の体験を綴った回顧録や伝記は，社会主義体制下での生活に関して鮮烈で具体的なイメージを与えてくれたが，それだけにいっそう，個別事例の背後にある経済体制のメカニズムを構造として理解したいという欲求が掻き立てられた．それならば，とはじめたのが本書の研究である．

　本書の研究は，経済学の分析枠組みで過去の経済事象を考察する経済史研究としては，分析方法が素朴に過ぎるかもしれない．また，一次史料にもとづいて過去の事実を解明する歴史研究としては，一次史料の利用が不十分と映るかもしれない．そうした批判は甘んじて受け入れたい．ただ，中国の社会主義体制という捉えどころのない難物と向き合うにあたり，本書のような方法にもそれなりに意味があるのではないか，というのが筆者の思いである．本書は，冒頭の問いに対する筆者の試行錯誤の産物であり，本書が，社会主義体制あるいは歴史・経済史に関心を抱く人々に対してなんらかの示唆を与えることができるならば，これに勝る喜びはない．

　本書の研究の過程では，国内外の研究者や所属あるいは訪問した研究機関のスタッフをはじめとして，実に多くの方々のご助力を賜った．あまりにもたくさんの方々にお世話になったので，ここで個別にお名前を挙げることは控えるが，この場を借りて全ての方々に感謝を申し上げる．ただ，埼玉大学教養学部歴史学コースで研究の道へ導いてくださった坂野良吉先生，東京都立大学大学院人文科学研究科史学専攻修士課程で研究者としての基礎を叩き込んでくださった奥村哲先生，東京大学大学院人文社会系研究科アジア文化研究専攻博士課程で自由な研究環境を与えてくださった吉澤誠一郎先生，復旦大学歴史学系留学時に快く受け入れを承諾してくださった朱蔭貴先生，特任助教として在籍した東京大学社会科学研究所現代中国研究拠点で現代中国経済研究との接点をもたらしてくださった田島俊雄先生には，特に記して謝意を表したい．また，神戸大学大学院経済学研究科の梶谷懐さんには，草稿段階の本書原稿に対して有益なコメントをいただいた．あらためて御礼申し上げる。

　そして，本書の原稿に関心を寄せ，刊行まで導いてくださった東京大学出版会の山本徹さんには，特別な感謝の意を表したい．同氏の編集者としての硬軟併せ持つ対応力は，本書刊行の準備過程において極めて有効に発揮された．本書を曲がりなりにも上梓することができたのは，必ずしも「計画的」に進まない筆者の作業を，同氏が粘り強くコントロールしてくださったことによる．

　最後に，これまでの研究活動を支えてくれた家族，特に母・三和子に本書を捧げる．母の温かく忍耐強い支援がなければ，本書の研究も，研究者としての筆者も，そもそも存在することはなかった．ありがとうございました．

2017 年 12 月

加島　潤

　本書各章の執筆に際しては，富士ゼロックス小林節太郎記念基金 2005 年度フェローシップ（2005 年 9 月-2006 年 8 月），科学研究費補助金若手研究（B）「中国計画経済期（1949-78 年）の財政金融制度に関する通時的・地域間比較研究」（研究代表者，2008 年 4 月-2011 年 3 月，課題番号：20730228），若手研究（B）「中国計画経済期（1949-78 年）の政府—企業間関係に関する事例比較研究」（研究代表者，2011 年 4 月-2014 年 3 月，課題番号：23730321），基盤研究（C）「中国近代企業の発展への社会主義経済制度の影響に関する事例比較研究」（研究代表者，2015 年 4 月-2019 年 3 月，課題番号：15K03570）の助成を受けた成果を一部利用している．

　また，本書刊行にあたっては，日本学術振興会平成 29 年度科学研究費補助金（研究成果公開促進費）を受けた．

索　引

著者略歴
1976 年　神奈川県横浜市生まれ
1999 年　埼玉大学教養学部卒業
2002 年　東京都立大学大学院人文科学研究科修士課程修了
2010 年　東京大学大学院人文社会系研究科博士課程修了
　東京大学社会科学研究所現代中国研究拠点特任助教をへて
現　在　横浜国立大学大学院国際社会科学研究院准教授，博士
　（文学）

主要著書
『統計でみる中国近現代経済史』（久保亨・木越義則と共著，東京大
　学出版会，2016 年）
「計画経済期の経済史」（久保亨編『中国経済史入門』東京大学出版
　会，2012 年）
『中国セメント産業の発展——産業組織と構造変化』（田島俊雄・朱
　蔭貴と共編著，御茶の水書房，2010 年）

社会主義体制下の上海経済
計画経済と公有化のインパクト

2018 年 1 月 30 日　初　版

［検印廃止］

著　者　加島　潤
　　　　かじま　じゅん

発行所　一般財団法人　東京大学出版会

代表者　吉見俊哉

153-0041　東京都目黒区駒場 4-5-29
電話　03-6407-1069　Fax 03-6407-1991
振替　00160-6-59964

印刷所　株式会社三秀舎
製本所　誠製本株式会社

© 2018 Jun Kajima
ISBN 978-4-13-046124-5　Printed in Japan

久保　　　亨 加　島　潤 木　越　義　則 著	統計でみる中国近現代経済史	A5	2900 円
久　保　　　亨 編	中　国　経　済　史　入　門	A5	3800 円
家　永　真　幸 著	国　宝　の　政　治　史	A5	5400 円
藤　原　敬　士 著	商　人　た　ち　の　広　州	A5	6800 円
古　泉　達　矢 著	ア ヘ ン と 香 港 1845-1943	A5	6200 円
平　井　健　介 著	砂　　糖　　の　　帝　　国	A5	4800 円
飯　島　　　渉 久　保　　　亨 村　田　雄　二　郎 編	シリーズ 20 世紀中国史〈全四巻〉	A5	各 3800 円
高原明生ほか 編	日 中 関 係 史　1972-2012〈全四巻〉	A5	3000〜3800 円